沟通力是怎样炼成的

自我沟通与人际沟通

姜汉忠 著

How to Perfect Communication Within and Without

北 京
冶 金 工 业 出 版 社
2018

内 容 提 要

本书根据作者多年的亲身经历和观念对历史、现实、古今、中外发生的与沟通有关的案例进行分析、判断、梳理、升华，进而体悟出相关的沟通道理。将这些源于直接实践与间接实践的沟通体悟与生活、工作、学习乃至人生的各个方面结合起来，为人们提高沟通能力提供借鉴。本书的一大特点就是与实践紧密相连，书中的一些沟通观念，非多年实践与总结而不成，非阅历丰富而难有。如果身处社会急速变化中的您感到迷茫，尤其是对与人沟通、打交道的事情有些许困惑，那么阅读、咀嚼本书也许能为您摆脱困境、走向未来提供一些有益的帮助。

图书在版编目(CIP)数据

沟通力是怎样炼成的：自我沟通与人际沟通/姜汉忠著.—北京：冶金工业出版社，2018.3

ISBN 978-7-5024-7759-2

Ⅰ.①沟… Ⅱ.①姜… Ⅲ.①人际关系学 Ⅳ.①C912.11

中国版本图书馆CIP数据核字(2018)第052761号

出 版 人　谭学余
地　　址　北京市东城区嵩祝院北巷39号　邮编　100009　电话　(010)64027926
网　　址　www.cnmip.com.cn　电子信箱　yjcbs@cnmip.com.cn
策划编辑　任静波　责任编辑　杜婷婷　任静波　美术编辑　彭子赫
版式设计　孙跃红　责任校对　卿文春　责任印制　李玉山
ISBN 978-7-5024-7759-2
冶金工业出版社出版发行；各地新华书店经销；北京虎彩文化传播有限公司印刷
2018年3月第1版，2018年3月第1次印刷
169mm×239mm；14.75印张；218千字；228页
46.00元

冶金工业出版社　投稿电话　(010)64027932　投稿信箱　tougao@cnmip.com.cn
冶金工业出版社营销中心　电话　(010)64044283　传真　(010)64027893
冶金书店　地址　北京市东四西大街46号(100010)　电话　(010)65289081(兼传真)
冶金工业出版社天猫旗舰店　yjgycbs.tmall.com

（本书如有印装质量问题，本社营销中心负责退换）

自序

人一生下来就要与别人打交道。即便不会说话，借助其他手段也要与别人沟通。养育过孩子的人大概都很熟悉，婴儿啼哭是在告诉大人饿了或者身体某个地方不舒服了。如果大人忽视婴儿发出的这个信号，就有可能造成严重的后果。人会说话了，就能用语言来与人沟通；即便一两个字，也能表达某种意思。当一个人学会了说一些较长的语句，就具备了表达复杂意思的能力。当一个人有能力表达比较系统的思想时，就可以去演讲，也可以写文章。当然，如果一个人的思想需要很多篇幅去表达，也可以写成数百页的著作，就像各位读者眼下阅读的这本书。有时候因为条件限制，无法当面说给对方听，写又不可能，画图也是一个不错的选择。电影《小兵张嘎》中张嘎子伤愈归队时就画了几张图留在养伤的老乡家，告诉老乡他去找部队了。

任何事情都有规律，都有法则，沟通也不例外。按照规律与法则去沟通，沟通就简单；违背规律与法则，沟通不仅达不到目的，或许还会生出意想不到的矛盾。常有文学作品描写这样的情景：远远看到一男一女在激烈争吵，而这一男一女多多少少又与观察者有些关系，于是观察者便醋意大发。这也许是创作者为了增加戏剧冲突而设置，可是现实中只凭表象就对是非曲直作出判断者屡见不鲜。除此之外，还有其他一些违背沟通规律的现象存在，诸如对不同的对象采用同一种沟通方式、简单粗暴意气用事、当面不说背后乱讲、自己一贯正确等。正是由于上述提及以及未提及的违背沟通规律与法则的现象大量存在，很多本可以避免的矛盾频频生出，本可以节约的成本大幅增加，本可以提高的效率显著降低，本可以完成的事业中途夭折。

沟通顺畅与否不仅影响着人与人之间的关系，影响着团队的发展，影响着社会的进步，还影响着一个人的人生价值能否实现。如果您读过足够多的成功者励志故事，您一定会发现这些成功者无一不是沟通大师，也无一不在沟通方面拥有独到的见解与方法。相反，不懂沟通、不善沟通往往会使一个人难以摆脱困境，甚至裹足不前。在我看来，最严重的后果莫过于无法与他人合作，要知道这世界上完全靠一个人成就一番事业者实在是太少了。人一旦无法摆脱困境、无法取得进步、无法与人合作，实现人生价值便极有可能成为一句空话。

以上这些认识并非我凭空想出，也不是我抄录的名家警

自序

人一生下来就要与别人打交道。即便不会说话，借助其他手段也要与别人沟通。养育过孩子的人大概都很熟悉，婴儿啼哭是在告诉大人饿了或者身体某个地方不舒服了。如果大人忽视婴儿发出的这个信号，就有可能造成严重的后果。人会说话了，就能用语言来与人沟通；即便一两个字，也能表达某种意思。当一个人学会了说一些较长的语句，就具备了表达复杂意思的能力。当一个人有能力表达比较系统的思想时，就可以去演讲，也可以写文章。当然，如果一个人的思想需要很多篇幅去表达，也可以写成数百页的著作，就像各位读者眼下阅读的这本书。有时候因为条件限制，无法当面说给对方听，写又不可能，画图也是一个不错的选择。电影《小兵张嘎》中张嘎子伤愈归队时就画了几张图留在养伤的老乡家，告诉老乡他去找部队了。

任何事情都有规律，都有法则，沟通也不

例外。按照规律与法则去沟通，沟通就简单；违背规律与法则，沟通不仅达不到目的，或许还会生出意想不到的矛盾。常有文学作品描写这样的情景：远远看到一男一女在激烈争吵，而这一男一女多多少少又与观察者有些关系，于是观察者便醋意大发。这也许是创作者为了增加戏剧冲突而设置，可是现实中只凭表象就对是非曲直作出判断者屡见不鲜。除此之外，还有其他一些违背沟通规律的现象存在，诸如对不同的对象采用同一种沟通方式、简单粗暴意气用事、当面不说背后乱讲、自己一贯正确等。正是由于上述提及以及未提及的违背沟通规律与法则的现象大量存在，很多本可以避免的矛盾频频生出，本可以节约的成本大幅增加，本可以提高的效率显著降低，本可以完成的事业中途夭折。

沟通顺畅与否不仅影响着人与人之间的关系，影响着团队的发展，影响着社会的进步，还影响着一个人的人生价值能否实现。如果您读过足够多的成功者励志故事，您一定会发现这些成功者无一不是沟通大师，也无一不在沟通方面拥有独到的见解与方法。相反，不懂沟通、不善沟通往往会使一个人难以摆脱困境，甚至裹足不前。在我看来，最严重的后果莫过于无法与他人合作，要知道这世界上完全靠一个人成就一番事业者实在是太少了。人一旦无法摆脱困境、无法取得进步、无法与人合作，实现人生价值便极有可能成为一句空话。

以上这些认识并非我凭空想出，也不是我抄录的名家警句，而是人们的普遍共识，也是本人几十年人生的切身体会。正因为我这种体会太深，太有切肤之痛，太有惋惜之感，我才愿意将我的体会、经验以及认识写出来，供各位读者参考。当然本书中写的不仅有我自己的经验，还有我广读古今中外著作以及从其他渠道获得的体会与启发。这些体会与启发不仅使我的沟通经验更加丰富，还使我对沟通的认识更上一层楼，因而对认识沟通以及如何改善沟通具有积极意义。

本书第一章论及我是如何获得沟通能力的以及我对沟通的看法，尤其是对广义沟通的理解与应用。第二章讲述我在版权贸易生涯中积累的若干典型案例，以使各位读者了解沟通对文化产品交易有多大帮助。之所以从版权贸易入手，是因为那是我最熟悉、最有把握的领域，正所谓"三句话不离本行"。一个人的自我改变从最熟悉、最有把握的领域开始易于树立自信心，也最有可能取得显著进步。一旦在最熟悉、最有把握的领域取得成效，推而广之便会容易得多。谓予不信，请君试之。从第三章开始介绍我建立在广泛实践基础上的独特见解与经验心得，篇幅有长有短，长则几百字，短则寥寥数十言。不论长短，不论题材，都是围绕沟通这个主题展开的。本书提供的不是"鸡汤"，而是基于实践总结出来的可用以指导读者实践的观念、思路以及方法。

最后我想强调几句。不论做什么，都是需要条件与筹码的，所以做事之前要好好掂量一下您有什么条件可以依靠，又有什么筹码可以打出，自我沟通与人际沟通也是如此。这世界上很多东西可以充当条件，也有大量东西能够用作筹码，只是条件好坏不同、筹码大小各异而已。不过有三种东西不可用来充当条件或当作筹码，那就是人的声誉、自由与生命，因为这三种东西是人立身的根基。所以沟通之前要好好想一想，您有什么东西可当作沟通的条件与筹码。千万不要临时抱佛脚，否则只能以声誉、自由乃至生命为条件、当筹码。如果一个人真到了要用上面三种东西为条件、当筹码的地步，这个人这一辈子注定是无法自我沟通的，更不可能与人沟通。这是我的体会，也是我的忠告。

各位读者如有什么建议和意见，也可以告诉我，以使本书更适合读者需求，让更多的人从中获益。

2018 年 1 月 15 日于北京

目录

引　言

多年的实践证明，沟通是一个很广泛的概念。这个概念不仅包括我们耳熟能详的语言表达，还涉及很多其他方面，甚至与很多我们平时很难想象的东西密切相关。沟通不仅包括人际沟通，还有自我沟通，也就是内在沟通。

人际沟通是通常意义上的沟通，而自我沟通恐怕很多人就不知道是怎么回事了。所谓自我沟通，就是一个人自身各方面，尤其是内在方面协调的问题，一旦您的诉求与您的价值观、思维方式、观念、习惯一致，您内部的各个“部门”才算沟通好；您内部的各个“部门”沟通好了，才会谈得上您与他人的外部沟通。如果您想交到一个诤友，随时得到人家的提携与建议，您就要坚持“君子之交淡如水”这样的观念。如果您想在关键时刻赢得别人的同情与帮助，您平时就要有乐于助人的习惯，关键时刻对人施以援手，遇到问题时与人沟通就不用花费什么口舌。如果您有“亲兄弟明算账”的意识，您搞人际合作时就会先把您的利益底线划清楚，如此谈妥的交易就不会因为指望对方照顾您的利益而与人发生争执，从而避免很多矛盾。这种化沟通于无形或者“不战而屈人之兵①”的思路，远比遇到问题再去与人面对面谈判要省事得多，也无伤及彼此情谊之虞。如果您的价值观是为信念而生活，那您与那些有类似价值观的人沟通起来就简单得很，深入得多。如果您懂得“有为才会有位”这样一个道理，您在遇到心仪工作时与招聘单位就不会锱铢必较，洽谈问题时也一定很顺畅，最终给人家留下美好的印象。如果您将“友谊第一”的信念看得很重，就不会在做了对不起朋友的事情之后还向对方隐瞒，导致您的朋友从第三方获悉实情后根本不给您辩白的机会，更不给

① ［春秋］孙武：《孙子兵法·谋攻篇》。

您改过的时间，瞬间就与您断绝一切关系。

说到沟通还有一个问题要引起重视，那就是沟通介质。说到沟通介质，人们会立刻想到语言表达，很多讲沟通的书也将语言表达列为主要或者唯一的沟通手段。从语言表达入手，讲人际沟通问题没错；如果仅从语言表达角度讲这个问题，那就不对了，因为人身上有很多东西可以调动，因而也就有很多沟通介质可资利用。甚至可以这样说，很多不起眼的介质虽然没有语言表达显得那么直截了当，那么显而易见，可是用起来效果却并不差，甚至还胜过语言表达——只因这世界上越是直接的手段，用起来效果越不好，尤其是面对人的时候，这个道理就更加明显。比如一个动作、一个眼神都是很有杀伤力的沟通工具，正因如此才有握手言欢、回眸一望、捶胸顿足、面沉似水、毛发为竖、暗送秋波等说法。除了这些外在介质，在一些看不见的介质上更要多下功夫，看不见的东西有时候作用更是不容小觑，比如品行、诚信、人格、信念、能力等也可起到感染人的作用。人一旦受到感染，会立即对其产生影响，品牌在销售中的威力应该是尽人皆知的，这种威力完全可以理解成一种沟通，一种胜过千言万语的交流。有一次我寻找一位著作权人，在微博中发了个帖子，很快就有认识或者不认识的人提供信息，没过几天就联系上了著作权人。为英国一本书去联系英国的一家出版公司，电话打不通，请英国朋友帮忙，对方二话不说就给相关人士打电话，最后告知要联系的那家公司可能被收购了。我又通过其他方面的朋友寻找，没多久就联系上了那本书的作者，作者告诉我那家公司确实被收购了。如果没有交情，要说多少话，要经多少周折呢？就算说了很多话，费了很多周折，事情也未必做得成，更别说做得好。

上面讲的自我沟通与沟通介质，实际上很大程度上是一回事。之所以说很大程度上，就在于沟通介质中有不少就属于自我沟通的范围，比如上文提到的品行、诚信、人格、信念、能力。这些地方率先沟通到一定程度，达到一定水平，再与他人沟通，成效会好得多。可以这样说，自我沟通是人际沟通的坚实基础，人际沟通是自我沟通成果的充分展现。这便是我讲的广义沟通。

沟通除了自我沟通、人际沟通，还包括与人交往。这是因为人际沟通的过程就是交往的过程，而交往的过程也是人际沟通的过程，只是侧重点不同，着力点有别。前者重在“通”，即理解、包容、接受、改变，后者重在“往”，即来往、友好、交际，进而建立友谊。简单而言，沟通既可以是目的，也可以是手段。作为目的，沟通可使人与人之间在思想、观点、立场上相互理解、相互包容，直至趋于一致或者完全一致。作为手段，沟通可以使人拥有共同语言，进而展开交往与合作，甚至建立长久友谊。

本书讲沟通就是按照广义的思路展开的。在我看来，只要能让您的思想、观点、立场、见解、意见以及诉求传递出去并为人所了解、理解、包容、接受并换来同情与帮助，一切介质都可派上用场。不论是有形的还是无形的，不论是外在的还是内在的，不论是有生命的还是无生命的，不论是用过的还是没用过的，统统都可采用拿来主义。一旦这些介质或者说要素的积极性都能有机搭配、充分协调、无缝衔接、相互融合，沟通带给您的将是另一幅您一般时候想象不出的图景。

本书讲沟通，切入点便是我的编辑出版与版权贸易业务，因为我的沟通历练与研究就是从这里出发的，沟通的成果与成就也大多呈现在这些领域中。沟通的效果越来越好，就迫使我不得不总结这当中的规律、法则与道理，然而仅仅总结一番是不够的，还要通过学习、思考使总结出来的东西得到升华。升华之后的体会从某种意义上讲就是理论，就是观点，就是观念，甚至说就是“道”。用这些来自生活而又高于生活的“道”去指导工作以及生活的各个方面。简单说来，就是从工作到总结，从总结到思考，从思考到梳理，从梳理到升华，从升华到观点，从观点到观念，最后用比较成熟的观念进一步指导我的工作以及生活的各个方面。可以说，一点受益，点点受益；一面有得，面面有得。

最后，有一点需要提醒各位，若要在沟通理论与历练上有显著的效果与成绩，就必须讲“静”，讲“无知”。这是因为“学问实自静中有得；不静，则心既杂乱，何由有得?[1]”再者，“得道者必静，静者无知，知乃无知[2]”，知道自己无知，方有改进、提高的动力。为什么这么讲呢?擅长致虚、守静者虚怀若谷，总以无“知”之状现世对人。如果一个人内心充满杂念，就不会“虚”，更不会致虚，于是心胸狭窄成为常态，道理难进其心也就顺理成章。这与“善学者，若齐王之食鸡，必食其跖数十而后足；虽不足，犹若有跖[3]”所描写之情形简直不可同日而语。所以，要想在沟通方面得道，要想在沟通方面达到很高的一个境界，先要使自己安静下来，先要排除杂念，先要致虚，自觉自愿地守静，这大概是得道所不可或缺的条件吧。

---

① ［明］薛瑄：《薛文清公读书录·论学》。

② ［战国］吕不韦：《吕氏春秋·君守》。

③ ［战国］吕不韦：《吕氏春秋·用众》中有“必食其跖数十而后足”一句，其中的“数十”在很多版本中为“数千”，似乎不合情理，故改为“数十”。

第一章

沟通出转机

有个朋友牙疼了好几年，时有时无。去了四五家医院，结论都差不多。实在不放心，找了一位牙科朋友给看，结果也说没什么大问题。没问题却总有症状，又是为什么？

我想这个问题并不难回答，那就是医患之间的沟通可能出了问题。也许是患者的主诉，医生没有听懂；也许是医生弄清楚了，可是相关情况却未给患者解释明白。还可能是患者主诉时表达的信息过多，医生没有抓住要点，更有可能是医生没有在意患者的表达，只是按照程序诊治。我经常碰到这样的问题，那就是一方以为另一方对某一问题的关键要素很了解，于是就说得很简略，另一方觉得对方待人实在不负责。医患沟通不畅，患者的病痛有可能治愈吗？

其实，沟通不当的问题并不仅仅发生在医患之间，社会生活中出现的很多关系都会因为沟通无效或者效果不佳而使问题解决起来难以如愿，甚至在沟通者之间产生摩擦。我相信，这种摩擦如果不能借助沟通得到进一步控制，那就有可能酿成比较大的问题，甚至产生严重后果。张三看了李四一眼，李四就大打出手；王五碰了赵六一下，赵六就叫来一群人来围攻……

以上提及的仅仅是一些日常琐事，然而沟通涉及或者影响的远不止这些，很多领域甚至是您没想到的。如果您掌握着某个问题的答案或者解决方案，可是与人沟通时难有作为，结果会怎么样呢？需要答案或者解决方案的人恐怕就会大失所望。这样一来，机会就会丧失，资源就会浪费，收益也就无从谈起。可以这样说，不论是家庭，还是企业、社区、国家乃至世界，都离不开沟通①。

第一节 “热板凳”与“冷板凳”

据观察，沟通有问题并非人们的主观故意，很多时候是人们确实不懂何为沟通，更不知道如何沟通才能获得最佳效果。那么沟通到底是什么？沟通就是借助各种手段、影响、方法、介质向沟通对象表达思想、观点、立场、见解、意见，使其得到沟通对象的理解、包容，甚至接受，从而改变沟通对象原有的思想、观点、立场、见解、意见。沟通并非一蹴而就，也不意味着一下子解决所有诉求。沟通最常见的结果有两个，一个是理解与包容，另一个是妥协与共赢。如果一方指望另一方完全接受其想法、观点、立场、见解，那是很难的，很多情况下除了强制、要挟、恐吓、诱惑，似乎没有别的办法。借助强制、要挟、恐吓与诱惑手段与人沟通，在我看来不是我们平常讲的沟通，至少不是入心的沟通。

各位读者的情形我不得而知，那就用我自己的经历来解剖沟通这只“麻雀”到底是怎么回事吧。当然，解剖沟通这只麻雀不能毕其功于一役，本书其他章节还要对其解剖，彼处解剖不是泛泛地做，而是分类解决。具体情形，请参阅本书后面各章。

说实话，以前我对沟通真是一窍不通。小时候，因为不能很好沟通，经常与邻居家的小朋友闹得不愉快。长大以后去学校念书，与同学之间有了问题不是忍着，就是把对方气跑，不是走这个极端，就是走另一个极端。工作以后从事教师行业，学生上课“捣乱”，我也不懂怎么去劝说，只好采取简单办法，将违反纪律的学生赶出教室了事。我在 20 世纪 80 年代中期开始从事体育新闻工作。尽管工作需要与很多方面打交道，但是沟通问题依然没有引起我的注意，我当时甚至连“沟通”这个词都没怎么听说过。采访时，既

① Dr. Rick Kirschner Introduction, *Insider's Guide to the Art of Persuasion*, Talk Natural Press, 2007.

不知问对方什么问题为好，也不知如何与对方建立比较好的关系，以使今后的采访得以顺利开展。在体育新闻部门工作了 8 年，没交到什么朋友，工作也就谈不上做得有多好。后来，我转入图书出版领域，前七八年这种情形仍没有出现任何改变，即便是改变的征兆也没出现过。加上情绪控制不力，时常为一些现在看来完全没必要动怒的事情发怒。进入出版社之后，本想大干一场，进而成就一番事业，品尝一下坐“热板凳”的味道。谁曾想，由于沟通不当以及其他一些因素，我竟然坐了有 4 年多“冷板凳”，不仅部门副主任职务被撤，业务上也没什么起色。职业生涯中，大概很多人都会遇到这种挫折，可是真正找对原因的却不多，否则便不会见很多人遇事不顺便一个劲地抱怨，我也不例外。我的运气还不算太坏，2001 年，我供职的出版社重组，在老领导的斡旋之下，我最终得以出任我社从未设置过的职位——版权部主任。这项工作在很多人看来无需与他人打交道，否则相关领导也不会这么放心地将一个部门交给我。

事实出乎所有人的预料，包括我自己。版权部主任工作不仅要与所在部门的同事打交道，还要与领导、财务、印制、发行、后勤等其他所有部门的所有人打交道。这还不够，还要与社外的很多人打交道——社会上没关系，信息全不灵；国外没客户，生意做不成；业内没朋友，经验没法学；相关部门不熟悉，政策规矩完全不了解。更大的压力是，版权部主任如果再当不好，说不定职业生涯就会在中年早早结束。可以这样说，面前只有一条路，那就是当好版权部主任，一定要在版权贸易领域干出名堂。

不论做什么工作，不论是否愿意，都必须与人打交道。要想在版权贸易领域干出名堂，有一个条件不可少，那就是要善于沟通，精于沟通，乃至将沟通水平提高到极致境地。唯有这样，才有可能做好版权贸易工作，唯有这样才能在版权贸易领域干出名堂。加上我又是个不甘落后的人，沟通方面仅仅符合工作要求还不够，还要使其达到炉火纯青的程度，这样我才能在版权贸易领域取得响当当的成就。当时所以有这样的认识，完全是困境逼出来的，因为从其他方面寻求突破根本没效果。

细想起来，不仅我当年有这样的问题，据我了解，其他很多人同样遇到类似的困境，而且不仅以前有、现在有，恐怕将来也很难避免。可以这样说，沟通不畅往往是一个人在职业生涯中是坐“热板凳”还是“冷板凳”的重要因素。

第二节 摆脱沟通困境

症结找到了，就要开始行动，停留在口头和纸面上，沟通不畅的问题估计永远也解决不了。于是巨大的工程开始了——内向性格，换！不敢讲话，改！懒于交往，变！正所谓，好汉长在嘴上，好马长在腿上。必须会说话，一定会交往。之所以如此，就是怕做不好工作，就是怕因为做不好工作而提前结束职业生涯。人一旦有了改变的内动力，很多事情就都能办成了。以前请示一个问题，不分场合，直接去领导办公室，结果扫兴而归，后来我慢慢明白，场合有多重要。场合要是不合适，无论怎么讲，都不会有好效果。以前出错，马上给人家解释，结果越解释，人家越生气，后来我慢慢明白，解释的本质是文过饰非，最好的办法是承认有错——承认有错对很多人可能很难，但是要想改进沟通效果，必须努力克服之。以前请相关部门办一件事，总是那么气宇轩昂，理直气壮，后来我慢慢悟出一个道理，这世界本就没有理所当然的事情，即便有“规定”，也不能视为理所当然。规定可以约束人的言谈举止，但是很难约束人的心态。最好预先做些铺垫，融洽关系，这样到了需要人家帮忙时才会让人家内心拐过这道弯，才有可能如愿以偿。以前事情做不好总怕别人兴师问罪，一遇到情况就张口结舌，后来我渐渐知道，怕是没用的，要认真应对才行，适当幽默一把，试上几次，就会知道怎么做，日子一长就会取得化解困境的预期效果。

从版权贸易业务入手，逐渐将沟通方面的心得与改进用于一些图书的编辑工作中。比如主动与首都师范大学的对外汉语教师接洽，询问他们掌握什么素材。情况调查清楚以后，拟出编写提纲，交给这些老师讨论。经过几轮讨论，眉目有了，我就亲自去老师家中召开老师作者座谈会，使编辑提纲具体化，直至以其为基础编出适合外国读者使用的图书，以便有针对性地将版权卖到潜在国家的客户手中。开始时与老师们讨论问题张口结舌，如此反复多次，慢慢有了条理，表达也清晰多了。如果缺少沟通，坐在办公室推广现成的书，不仅沟通方面得不到锻炼，对外推广图书时还显得十分被动。利用相同的办法，与清华大学一位老师连续沟通两个多小时，说服对方后将编出的若干对外汉语教学图书版权卖给周边国家的出版商。以前向领导请示要做什么事情，如果领导回答"不"，我一般就不再坚持，也不会去想什么办法，有些机会就这样失去了。后来我就有所改变，一次请示不行，过几天就再请示，而且专找非正式场合，话语也显得很随意，理由也更充分，只要不太为难，领导多半会同意。

在沟通方面尽管有了进步，业务活动也越来越有成效，但是依然觉得不那么系统，也缺少条理化。于是我就重拾一些过去读过的哲学著作，比如毛泽东的《实践论》和《矛盾论》以及其他一些哲学著作，逐渐学会从认识论和思想方法论的高度理解沟通问题。与此同时，我也读了一些心理学方面的书，从科学角度了解人际沟通与交往时应该掌握的人的心理。读书使我有了一些理性思考，也让我知道如何对沟通方面的经验和教训进行梳理；有关沟通方面的思路清晰了，遇到问题就知道从何处下手，也知道如何去应对。

一天中午通过网络与一位杭州的版权代理商聊天，无意中说起最近将两本书的版权卖给韩国出版商的事情。对方问我是什么书，我就把书名告诉了对方，结果对方大惊，说他们正在与权利持有公司接洽其中一本书的版权，合同已经谈妥，正准备签字。我说，那本书的韩国版权已经卖掉，预付版权使用费都到账了。没过几分钟，一个编辑部的主任来到我的办公室，哭丧着脸对我说："出事了。"我问怎么了？这位主任就把事情的来龙去脉讲了一下——原来是杭州人将我们刚刚谈论的版权问题通报给了版权持有公司，版权持有公司来电话，质问这位主任是怎么回事，还说我们无权代理那本书的出版问题。我马上回答："别着急，我去与权利持有公司交涉。"说完，我就跟着这位主任去了她的办公室。接通权利持有公司老板的电话，我跟他解释前因后果，对方说我们无权出版那本书的韩文版——原来是对方搞错了，把代理韩文版当成出版韩文版，两字之差，相距甚远。现实中，矛盾的出现很多时候与搞错事实、对象、时间、场合等有关。在这种情况下，听准关键环节，简明扼要地解释一番即可。我对着电话另一端的权利持有公司的老板说，我们只是代理了那本书韩文版版权的销售，没有出版那本书的韩文版。再说，此前我们已经通过编辑征询过该公司的意见，该公司同意我们代表他们将该书韩文版版权卖给韩国出版商。只是我们与韩国出版商合同谈妥后没有及时知会权利持有公司，为此我向那位老板表示歉意。实际上不是我没及时将谈判结果告诉编辑，是编辑得到我的报告之后没有及时通报权利持有公司。权利持有公司的老板连忙表示，没问题，以后多合作。通过沟通，事实澄清了，问题就解决了，这便是沟通的力量。沟通不仅使我轻而易举地解决了工作中的问题，还为我在版权贸易中取得巨大成就奠定了雄厚的基础。顺便说一下，沟通时准确掌握信息、保持清醒的头脑也是不可或缺的。

在十几年的版权贸易生涯中，我总共向境外销售图书版权460余种，从境外购买图书版权580多种。为此，我5次获得北京市新闻出版局（版权局）和北京市人力资源社会保障局的表彰。在努力完成版权贸易任务的同时，我还担负起介绍我的编辑和版权交易经验的责任，发表过100余篇专业文章和其他文章，出版过3本出版方面的专著，其中《版权贸易经略》是如今仍在动销中的唯一一本由中国的版权贸易人员撰写的专著。撰写专著的同时，我还出版了4本翻译著作，其中两本是英译中，均为与他人合作，一本由中文译成英文，是我独立完成，还有一本是从古文译成白话文。这些年还应40多家高校、出版单位、培训机构邀请作了80多场讲座，介绍我在版权贸易、编辑出版、人际沟通等方面的经验。

这些成绩的取得当然与我的努力分不开，可是若是还像以前那样在沟通方面存在巨大障碍，即便有成绩，估计也不会这么显著。只要仔细观察，就会发现凡是建有丰功伟绩者绝大多数是沟通高手，因为做事离不开与人合作，而与人合作则离不开人际沟通。

第三节　多悟则“通”

人的进步与成功离不开读书与历练，前者使人明事理，后者让人长经验。然而由于经历与环境的关系，有些人书读了很多，却没什么历练；有些人实际锻炼不少，可是肚子里的墨水却十分有限。

如果只知读书，往往道理知道一堆，讲话口若悬河，可是遇到实际问题就不知如何是好，战国的赵括、三国的马谡之流就是很好的教训。还有一种人读书也不少，整天扎在故纸堆中，社会上的事情却知之甚少甚至一无所知，这样一来读书获得的道理就没办法用到实际当中去了。如今有些人挖出一些“根据”，说人们对赵括、马谡有所误解，那是历史学家考虑的问题，我在这里只不过是用其来说明缺少实践的危害而已。

如果只有历练，不知为何去干，不知为何这样干而不那样干，说明事理懂得太少，大好局面终被葬送也是在所难免的。历史上这种失败者或者说难有进步者，可以说是数不胜数，多如牛毛。这种人最显著的表现是张嘴就说话，抬手就做事，不考虑，没计划，一切都显得特别盲目而又漫无目的。如果有人指出其存在的问题，这样的人还说是什么“多少年来行之有效的老办法”，从来没错过。什么动脑子，什么想后果，统统不是他们职责范围的事情。有一部20世纪60年代拍摄的电影叫《青年鲁班》，讲的是工人改革木工工艺的故事。工人要用计算的方法取代实行了多年的“放大样”做法，一些人就以“不尊重传统”为由加以反对。之所以如此就在于当年他们学习的时候“只许看，不许问”，知其然却不知其所以然。

只明道理没有经验的人与只有经验不懂道理的人有个共同点，那就是任性。在他们看来，似乎整个人世间就是他们认识的那样，或者就是他们通过书本了解的那个程度，没有任何例外，没有任何特别，没有任何差异，没有任何不同，所以说本本主义与经验主义都是害死人的。

只知读书的结果不妙，只知历练的结果也好不到哪儿去。实际上，即便在两个方面都努力，结果也未必就一定会圆满，有时甚至还会走向预期的反面。前文提到过的两位古人读书可谓不少，跟着上级或者父辈走南闯北，阅历也不能说贫乏，可是结局为何如此悲惨？

读书、历练多的人有个毛病很显眼，那就是刚愎自用。具体说就是，总觉得自己懂的事情多，总觉得自己的经验足，总觉得自己的成绩大，总觉得自己的水平高。殊不知道理懂得再多，经验再丰富，如果不能与时俱进，不能触类旁通，就有可能成为僵死的认识，就有可能得出脱离实际的判断，而僵死的认识与脱离实际的判断有百害无一利。在此基础上作出的决策、提出的解决方法，您觉得会合乎实际吗，会收到积极效果吗？

道理懂得多，经验总结得也不少，很多事情虽然能完成，甚至做得还不错，可是论其投入产出比，就不敢恭维了——所下的功夫比别人多几倍，效果也很好，可是程度却跟别人差不多，是不是还有问题？谁有那么多时间可以去消耗？谁又有那么多资源可以浪费？有一句老话叫“杀敌一千，自损八百”，大概说的就是这种人、这种情形。

学了一件事，见到类似事情时，能够认识差不离；熟悉第二件事后，认识道理相同的一件事，结果估计也不会差很远。若要通过已知、见过的事情认识不知、没见过的事情，很多人就说那不是他的专业，更别说把问题给圆满解决了。您能说他不懂道理吗？您能说他没有经验吗？这个世界可不是学一件事知道一件事、学一件这样的事知道一件这样的事、换个样子就全然不知的世界。很多人如此认识世界，根本原因是缺少悟性，缺少一种将道理与世界上其他事物联系起来分析、判断的能力。

人世间的道理也罢，经验也罢，就像地球的经纬线，纵横交错。如果将经线挑出认识一通，再将纬线找到见识一番，肯定不行；如果将经纬线简单结合一下，了解表面情形，得出浅层结论，人的作用依然是太小了。人的思维能力如果真是这样，那未免太差了，人这种动物还有什么伟大之处？很多人读了很多书，懂了很多道理，历练也不少，经验也足够，可是却无法取得与其付出相称的成就，无法为人类作出与其相称的贡献，原因盖出于此。

只有“悟”的能力达到相当的水平，才可将读书明白的事理与历练得到的经验串联起来，才可将道理、经验这个经纬线融合之后产生的内在规律摸清楚，才可使二者有机地结合起来，才可使二者的结合游刃有余地“活”起来，才可在处理棘手问题时不慌不忙，不急不躁拿出简单而又富有奇效的应对之策。20 世纪 20 年代末期中共中央军委特科有个叫李强的，本是土木工程专业出身，结果在很短的时间内研制出了与其专业毫不搭界的无线电收发报机，解决了信息高效传递的问题①。20 世纪 40 年代，江南新四军中有一位叫涂克的画家，在领导鼓励下通过几本书自学了与绘画毫无关系的作曲艺术，结果成了一位著名的作曲家②。

可以这样说，这世界上思维的最高境界是在“悟”字上产生的，这世界上做事的最高境界是简单、出奇、效果非同一般。一旦事理与经验打通，共同发力，相互配合，一个人才会取得长足的进步，才会在事业上取得光辉的成就，才会在事关生死存亡之时作出正确的判断与抉择。读书、历练外加悟性的提高，一个都不能少，一个都不能糟，一个都不能慢，一个都不能偏！

人生进步是这样，建功立业是这样，事关生死存亡之时作出正确的判断与抉择是这样，人际沟通也是这个道理。必须对沟通的规律参悟透彻，必须对沟通涉及的不同方面、不同层次、不同角度多方研究，这样方可四通八达，信手拈来。要想达到这一程度，必须大量实践，必须充足阅读，更必须经常动脑筋总结。然而不论怎么阅读，如何研究，实践都是第一位的，书本或者说理论只是用来改进、提高实践的，不是用来控制或者代替实践的。

当然，也许有人会说：“我没什么伟大的计划，也没什么远大抱负，只求快快乐乐过好眼下每一天，所以沟通对我来说意义不大。”果真如此？恐怕没那么简单。如果您把本书的相关章节读完了，我相信您就不会如此思考问题了。这世界上本无大事，而大事的出现无一不是从小事积累而成的。小事上沟通妥当，不仅生活会增添不少快乐，说不定还会在您意想不到之际取得您从未敢想的收获呢。

---

① 姚华飞：《中共特科奇才——李强》（上），载《新民晚报》，2017 年 9 月 12 日 A29 版。

② 陈利明：《谭震林传奇》中第四章“驰骋疆场救中华”，中国文史出版社，1994 年。

第二章

沟通显神威

不懂沟通很多事情做不好，我估计大家对这个结论不会有太大的异议，可是沟通好了事情能做到什么程度呢？我还是像本书第一章第一节那样，用我自己的经历来说明问题，再次解剖一下沟通这只“麻雀”，如此讲述估计会得到更多的启发。对我来讲，最熟悉的莫过于出版与版权贸易，所以我还是从这个领域入手。

在如今这个社会，什么事情最难做？我以为是销售最难做。那什么销售最难做呢？在我看来是文化产品的销售最难做，因为文化产品的价值不易估算，即便是估算出来，也很难让人心服口服，只因文化产品的价值通常是仁者见仁、智者见智，很难统一。那么什么样的文化产品销售最难做？据我观察是图书的销售最难做，因为图书卖的是载体和形式，也就是纸张、印刷等，这种载体与形式在市场上“逗留”的时间稍微长一点，便成为旧书；一旦“新桃”成了“旧符”①，降价就是很难避免的命运。细究起来，图书卖的并不是纸张，也不是印刷，而是内容，可是面对内容谁又能一下看出好坏优劣呢？图书往什么地方卖最难呢？这个问题应该好回答，那就是往国外卖最难，尤其是中国的书，外国人读中文非常困难，一则难学，二则难用。如果细想一下，这些都不算最难，最难的应该是向外国人销售中国图书的版权。为何会有这种结论？

① ［北宋］王安石：《元日》。

要想说明这个问题，先得弄清什么是版权。用通俗一点的话解释，版权就是法律赋予作者在一定时间内处置自己作品的权利。市场上要想销售一本有版权的书，就必须征得作者的同意，必须与作者签订合同，有了收益，要按合同约定付给作者一部分。在中国是这样，在其他实行版权保护的国家也是如此。如果一本书要漂洋过海，拿到另一个国家出版、销售，就需要买卖之间进行贸易，这种贸易就叫版权贸易。

相对于具有物理形态的纸书，版权完全是另一回事——看不见摸不着，摆在人们面前的只有一个概念和一个法律授予的权利。仅凭概念就向外卖权利，可利用的东西是不是非常有限，是不是感到很困难，是不是有点英雄无用武之地的感觉？听着有点悬，只要抓住版权贸易就是做买卖的本质，搞清其来龙去脉并不困难。

毫不夸张地讲，向国外销售中国图书版权所能依赖的手段，除了沟通这个法宝，大概没有别的了。事实上，做任何事情都需要沟通，做买卖就更是如此。在如今这个商品丰富的年代，走进商店，绝大多数店员都会主动向您推荐商品，而推荐本身就是沟通。对做版权贸易的人而言，沟通更是杀手锏，交际才是敲门砖，用西方人的话讲就是交朋友①。一手举锏，一手拿砖，这便是我做版权贸易的全部家当呀，我相信买卖做得好的人大多如此。下面就通过若干案例详细介绍一下，看看我是如何借助沟通做成版权贸易的。

第一节　弥合分歧有力量

大概是在 2004 年，我供职的出版社领导对我说，上级领导去国外访问回国时带回了一套传播学方面的书，交给我社，要我们联系版权持有人，购买版权。这套书一共是三本，我记得都比较薄。接到领导安排，我立即上网搜索，搜了几天没找到。后来又跟国外的一位朋友联系，请其帮忙。朋友发来邮件，告知这三本书的作者叫巴里·麦克劳林，同时将其电子邮件地址给

① John Kremer: Chapter 1 Some Basic Fundamentals of Marketing, 1001 *Ways to Market Your Books*, 6th Edition, Open Horizons, 2006.

了我。

当年9月9日，我给作者发出邮件，询问版权是否可以出售。作者当天回复邮件，告诉我中国的版权还未售出过，包括中国香港等地区的版权也处于开放状态，作者的意思是这几本书的版权贸易可以洽谈。对方开出价码，预付款是10万美元。看到报价，我才往下看这位仁兄的头衔，原来是一家多媒体出版公司的总裁兼首席执行官——大老板呀。我没有马上回信，目的是让对方冷静一下——沟通开始了。9月14日，我才给对方回信。我在信中介绍了我们的报价：首印数6000册，版权使用费费率是7%，预付款是1000美元。我告诉对方，中国虽然有13亿人口，可是从多数人的购买力来看，依然是发展中国家的水平。我还告诉对方，在中国一本200页的书零售价不超过20元人民币。就这位作者的书而言，考虑其内容与篇幅，顶多卖10元人民币，在当时合1.2美元。很多人希望拓宽自己的眼界，但是从全国来看，据了解，希望在传播学领域拓展眼界的人似乎不是很多。这种书由于是小众读物，读者很少，印数不会太多。

两天后，作者从加拿大给我打电话，介绍他的书如何如何好。这位先生越讲越细致，我只好耐着性子听他讲。他告诉我预付款10万美元是有道理的，说我可以制作成各种载体的作品，尤其是中文作品，可在华人集中地区发行。对方甚至给我出主意，要我将其作品改编成电视片。我告诉对方，这些权利我不需要。对方一听，停了一会儿，说那就5万美元吧。我当即回答，5万美元也没可能。他说，那我想想。就这样，电话沟通宣告结束。我记得对方后来又发来邮件，说可以降到1万美元，不过版权使用费费率必须提高到20%。这个费率着实吓了我一跳，跟最初的报价一样，都是令我“猝不及防”。一天后，对方又发来一封邮件，将报价改为5000美元，而且声言那是他最后的报价——真有点最后通牒的架势。

作者很是坚持他的看法，看来给对方做做工作是很有必要的。下面是我给对方回信的中文译文：

坦率地讲，您的报价与中国实际情况相差甚远。中国确实有13亿人，可是图书市场并未发展到西方国家那种程度。您的报价依然很高，如果说给很多中国出版商，他们一定会深感震惊。多数中国人生活在农村，知识极为有限，指望他们自掏腰包买很多书是不可能的。另外，中国每年有10多万种新书上市，可是多数只卖五六千册。换句话说，只有一小部分成为畅销书，销量超过1万册。就您的大作而言，仅供一部分人阅读。正因如此，您提出20%的版权使用费费率是不可行的。从另一个角度说，这几本书以多媒体方式出版困难多多。尽管中国的移动电话用户达到前所未有的水平，可是多数读者还不习惯通过多媒体阅读。所有这一切都应归咎于收入水平有限。我们现在要做的是将您的大作出版，让这个国家相关领域的人了解您。只有这样我们才有可能在一个您不太了解的国度取得成功。您可以向其他出版商了解一下，看我说的情况是否属实。您也可以去书店看看，每本书印数是多少。我们希望您采取一种灵活的态度对待三本大作的授权问题，我们愿意与您合作。谢谢。

9月20日，我发信告诉对方版权使用费费率可以提高到8%。9月21日，对方来信表示，如果版权使用费费率是8%、预付款是1500美元就同意。我回信，我方对这个报价没有异议。10月29日，作者来信说要去意大利威尼斯开会，不过合同草案已经起草完毕，只要收到预付款1500美元，即可通过传真给我传送签署完毕的合同。我告诉对方，我们希望双方履行完合同签署的手续之后再支付预付款。11月4日，作者再次来信，表示对中国版权保护现状怀有疑虑。对方建议一旦双方发生争议，可以通过网上临时仲裁程序解决。对方说网上临时仲裁程序的听证过程透明、公正且收费便宜。对方又提出其他一些问题，比如财务报告、版权记录。经过评估，我们确信版权贸易过程中，卖方要承担的风险要大一些，诸如印制、销售、推广、收款，而买方的风险小得多，于是我们同意了对方有关仲裁的建议。一个问题一个问题地沟通，最终所有问题均得到解决。2005年2月20日，我方将订立妥当的合同传真给对方，双方签约程序履行完毕，接下来是付款。当年10月，对方3本传播学作品中文版在中国出版，旋即我给对方邮寄样书，11月9日对方告知，样书收到。事实证明，这3本书销售情况很不理想。如果当初不据理力争，进而将版权使用费预付款降下来，我们将损失惨重。

这个案例告诉我们，只要与您沟通的另一方愿意把事情做成，即便来势很强，口气很大，也不要怕，只要采取有理有利有节的方式与对方沟通，再难的问题也有可能解决。但是这需要一个前提，那就是必须拥有足够的耐心。耐心够多，沟通的效果很可能会出乎意料的好。我能做到，您也能做到。

第二节　有根有据讲条件

做事有时候需要讲条件，这是因为需要的条件不具备，事情做不成，也做不好，可是条件提得不恰当，又会失去一些极好的机会。从某种意义上讲，讲条件就是生活、工作与人际交往的一部分，讲条件也就成了生活、工作与人际交往中一个不可忽略的课题。

2004年8月22日是我国改革开放的总设计师邓小平诞辰100周年纪念日。为纪念这个有意义的日子，我供职的出版社与中共中央文献研究室、中央电视台合作出版了《百年小平》一书。该书采用图文相间的办法，文字是根据百位亲历者采访记形成，图片中有一部分来源于亲历者，一部分来源于家庭合影或者档案。该书在当年8月中旬出版。一经出版便引起中国台湾地区和韩国出版商的注意。经过几番接触发现，韩国一家出版商对该书特别有兴趣，对方通过韩国一家版权代理公司驻北京办事处与我们接洽。9月21日，韩国版权代理公司发来报价，首次印刷3000册，版权使用费费率是6%，预付款是1500美元。

收到报价之后，我马上报告给副总编辑，副总编辑说这个报价应该可以，我说这可不行，不仅不行，还差得远呢。首先，邓小平是世界水平的领导人，韩国普通民众很佩服邓小平，准备引进这本书版权的韩国出版社社长就是一个邓小平迷。面对这种情况，我们完全可以把价格提高一些，使其与书的价值相吻合。经过评估，我首先将版权使用费费率提到10%，预付款改为4000美元。书中还有500余张照片，如前所述，其中不少照片很珍贵，获取渠道更是难得。这也是一个提高报价的理由，必须讲明白。照片不仅应该单独收费，而且还要按照在书中所占面积大小、彩色黑白分类定价。代理公司来信，说照片应该给个一揽子价格，不要一张一张计价。我回答，一张一张计价对其客户有利。万一在编辑过程中发现哪张照片不合适怎么办？花了钱就要用，可是用在里面又不合适，这不左右为难吗？我为对方着想，对方委托的代理商却不听，非要就照片给一个总报价不可。不管对方怎么说，我都是逐张计算，一方面是为把合同签下来积累数据，另一方面是为报价准备根据。我记得图片大致分为跨页、整页、半页以上不足整页以及半页以下，各类标价好像分别是 120 元、100 元、80 元和 50 元人民币。经过核算，最终结果是 9320 美元，刻录光盘很费时间，这方面也不能无偿付出，收费 30 美元。三项合计，预付款是 13350 美元。通过邮件向其说明我们的报价根据。韩国代理商很快回信说，这个价格可以接受，于是双方着手准备合同。

就在这时，我前往德国法兰克福参加书展。我告诉对方，我在国外期间，请对方与我社总编室主任接洽此事。等我从法兰克福书展回到北京，总编室主任说，韩国代理商在我不在期间给她打电话，说有要紧事找我商量。其实我已交代，可与总编室主任沟通。尽管我已回到办公室上班，韩国人也没联系我，我也就没给他们打电话。有一天我去书店了解情况，刚从三联韬奋书店出来，便接到韩国代理商的电话。当时正在下雨，我一手举着雨伞，一手拿着手机接电话。对方说，开始没太注意，用韩元计算，数额太大了，有点吃不消，问我能否在图片费方面给予优惠。我回答，我个人可以考虑，不过我还要向领导请示。所以这样讲，一方面是要黏住韩国出版社，防止鱼儿脱钩，另一方面是为了今后，以使交涉多有回旋余地。向领导汇报之后，觉得可以给一些优惠，于是我把价格向下调了调，最终预付款金额为 12530 美元。合同起草完成，双方就合同条款进行磋商，很快达成一致。11 月 8 日，韩国代理商告诉我，合同文本校核完毕，只等双方签字盖章。就在这时，韩国代理商提出了照片取舍问题，大概有 20 几张照片不能用。我没有就对方的过失教育对方，只是说了一句，这件事我可是提醒过你们的。购买版权的韩国出版社社长决定亲自飞来北京与我们订立合同。就在这时，韩国代理商又提出，能否降低版权使用费费率，我回答达成一致之后再反悔恐怕是不好的，如果这样我们永远也达不成协议。

11 月 19 日，韩国出版社的女社长来到北京，我陪我们社长前往韩国代理商北京办事处，双方在那里签了合同。晚上，我们社长在故宫附近的一家餐厅宴请韩国客人，我用半生不熟的韩文周旋其间——韩国人不会讲中文，也不会讲英文。我方人员除了我，都不会讲韩文和英文。听到“乡音”，韩国来的几位客人非常高兴，贵我双方距离一下拉近了许多。

当年的 12 月 24 日，韩国出版商支付的版权使用费预付款进入我社账号，扣除税款、代理费和银行手续费，我方收入人民币 100078. 25 元。第二年的 4 月 30 日，我们收到韩国方面邮寄来的《百年小平》韩文版样书。

很多人与他人沟通不懂得提条件，显著提高条件就更不可能。根本原因是这些人“怕”字当头，故而与对方谈交易不讲条件，有时候壮着胆子提了条件，条件也很低。这样做很容易产生后遗症，加重交易对手的误解，认为您要交易的东西或者要提供的服务价值不高或者根本没有价值。一旦让对方形成这样的认识，您的沟通就很难达到预期效果。提条件不可怕，只要有根有据，只要切合实际，就有可能说服对方接受。

第三节　怎样说服别人

说服人是一个很吃功夫的事情，自古以来就是一个非常令人重视的问题。时代不同了，但是说服人的准则、规律却变化不大，即便如此，我们也不可疏忽大意，因为可资利用的手段古今大不一样。这就需要我们不断实践、不断总结，只有这样才能与时俱进，达到说服人的目的。

2007 年 9 月，越南一家出版社希望购买我国一位著名武侠作家的 6 部作品的版权，当月 11 日发来报价。收到之后，我马上向委托人报告，并向其索要更多的信息，以备回信之用。当然，我还从侧面了解武侠小说在周边一些地区和国家的流行情况。综合各方面的信息，我回复越南方面如下：

第一，我的委托人步入文坛以来，虽然时间不长，已有10本书问世，创作潜力可谓了得。我的委托人创作的作品武侠题材占大多数，而武侠题材在中国有着相当广阔的前景。据不完全统计，我的委托人业已问世的作品平均每一种销售量不下10万册。毫不夸张地讲，我的委托人已经成为中国文坛一位畅销书作者、著名作家。要知道，在中国新崛起的一代作家中，以武侠题材见长的作家有几位，然而深得读者欢迎、博得武侠小说泰斗金庸好评的不多。有的媒体惊呼，我的委托人有可能成为中国金庸第二，前途不可限量。

第二，我的委托人的作品如此受欢迎，与其深厚的语言功底及对大江南北的了解不无关系。我的委托人在中国最著名的高等学府北京大学专修中国语言文学专业，当时已获硕士学位。她出生在南方，长期在北方生活，所以大江南北两地的文风兼而有之，简单说就是刚柔相济。据我了解，受过如此专门训练的年轻武侠小说作家在中国文坛恐怕是不多的。

第三，根据我掌握的情况，越南读者很喜欢武侠小说，特别是中国的武侠小说。前几年，中国台湾地区古龙的作品在越南大行其道，其他中国作家的作品在越南也有销售，那时候越南没有参加伯尔尼公约，所以在越南出版的武侠小说都是没有经过作者授权使用的作品。现在越南对版权管理很严，所以中国作家的作品，特别是武侠作品在越南正式获得授权出版的还很少。我的委托人的作品正好能够满足越南读者的需要，填上这一空白。

基于以上考虑，我建议每一本书版权使用费费率是8%，预付款至少在1200美元。对方回信，版权使用费费率降到6%，预付款为200美元。版权使用费费率可以说达到了我们的要求，可是预付款还差得很远。

于是我给对方回信，告诉对方，如果200美元可以接受，我的委托人“将在中国文坛创造一个很不好的先例，文坛上的其他作家也会认为我的委托人水平太低，以很低的价格将自己的作品出售了”。我进一步提出建议，双方各让一步而且公平合理，那就是各让400美元，我方从1200美元降低到800美元，对方从200美元提高到600美元。对方回信，将预付款提升到每一本书400美元。然而，这个预付款金额还没有达到我的委托人心理底线，但是这次我没有立即给对方回信，而是放了3天，目的是让对方摸不清我此时此刻是何想法。下面是我当年9月17日，也就是收到对方400美元报价3天后给对方的回信原文：

第一，不知您是否了解，中国从今年以来居民消费物价指数（CPI）直线上涨，1月份为2.2%，2月是2.7%，到了6月达到了4.4%，7月是5.6%，8月则创下了历史最高水平6.5%，相反银行利息一年期本月15日才上涨到3.87%，银行利息早就成了负数，相差几乎3%。同时，人民币对美元的汇率从8.28∶1上升到7.45∶1左右。人民币汇率上升的结果导致用美元结算，作者无形之中少收入很多。按照以往的汇率，400美元相当于3312元人民币，现在则变成了2900元。少400元。加上消费物价指数上涨，实际上收入也就是2800元。这还不包括所得税和银行手续费等等。

第二，两年前，我代理了六七个作者的作品，贵国出版社给出的预付款从每一本800美元到1200美元不等。为表示我们的诚意，我们把预付款的数额降到了700美元，这已经创造了我的委托人卖给越南出版社作品预付款的新低。这一点也是我的委托人和我不得不考虑的因素。

可以这么讲，我们也很愿意让贵方满意，然而现实情况弄得我们也无能为力，非不为也，实不能也。这一点还请贵方予以理解。尽管如此，我和我的委托人不断磋商，看看有什么办法让双方的差距不断缩小。我们同时也希望贵方在这个问题上做出相应的努力。

第二天，对方回信，将预付款提高到每一本550美元并说：“跟您商量的时候、我发现您是很有才的人，是很会说服别人的人。我很佩服也很喜欢这样的人。”上面这个预付款金额可以说达到了我们的心理底线，可是考虑到越南的税款比中国高，要想让我的委托人满意，我还要加一把劲，下面是我回信的原文：

来信收悉。您及贵社的诚意令我们感动。您说贵社已经尽了最大努力，将预付款提高到每本550美元，这一点我是理解的，我相信我的委托人也会理解。我已经将贵社的最新条件呈报给我的委托人，不过我还没有得到委托人的回复。其实，也不是我们故意为难贵方，一定要这么高的价格，确实有难言之隐。一则，如我所说，通货膨胀实在不堪重负，而且涨价最凶的不是什么耐用消费品，而是每天不可或缺的日用品。二则，我的委托人周围也有一些作家，大家年龄差不多，作品受欢迎程度也没有多大区别，可是得到的条件却非常不同，这让我的委托人实在无颜去见江东父老①。我会尽量做我的委托人的工作，至于能否成功我实在不好说。

鉴于你们颇有诚意，我倒是有个建议，不知是否合适，供你们考虑。

每一本书预付款600美元，税后，也就是不含税，也不含银行手续费，包括中转行的手续费。换句话说，让我的委托人每一本书实实在在得到600美元。

当然，这个建议我还没有与我的委托人磋商，不过这应该算是进了一大步，我想我做工作的难度会小很多。如果这个建议她不能接受，我也就无能为力了，只好辞去代理人的职务。

我们谈判到这个程度，彼此之间已经熟悉了不少，应该说已经有了一个很好的合作基础。一点是，您是一个很实在的人，也是一个很有耐心的人，这点值得我钦佩。另外一点，就是贵社对我国作家的作品这么喜欢，有哪个作家不高兴呢？我希望我提出的最新建议能为双方当事人接受。

彼此都有难处，也彼此都有苦衷。只要双方有诚意，达成共识就不是一件十分困难的事情。如果我的建议成为双方的共识，您和我的努力也算有了成效，没有白忙。您说呢？请向贵社有关人员转达我以及我的委托人的问候。让您费心了。静候佳音。谢谢。

一个星期以后，对方回信，预付款提高到650美元，但是一切税费由我的委托人承担。我还是坚持一切税费由对方支付，这样我们便于控制。于是

① ［西汉］司马迁：《史记·卷七·项羽本纪第七》。

对方又提出每一本书的预付款降低到600美元，一切税款由越南方面支付。于是双方达成一致。

不知各位是否注意到，在我给越南客户回信时不仅谈及了当时我国市场的一些经济数据，还适度称赞对方很实在、很有耐心。这样的称赞令对方觉得她在与我沟通时很受尊重，很有价值体现。无形之中，这让我们之间的沟通更近了一步，关系也密切了许多。关系密切了，事情办起来就会容易一些。

第四节　反复沟通与深入沟通

做版权贸易有时候很简单，一来一往，签约、付款、出书，大致便可告一段落。有时候则不然，谈了许久，甚至一年多，结果不知是什么地方出了岔子，谈判中止，一切努力付诸东流。也有一些情况虽然达成了一致，交易也做成了，可还有意想不到的问题等着您。这就要求当事人沉着冷静，既不可简单处理，更不能感情用事，这是因为我们不是做一锤子买卖，我们要的是长久合作。即便这次与您交易的人以后永远碰不上了，那也不能率性而为，因为要想长久在这行做下去，就必须有名声。可以说，名声可立，不可倒。名声有了，沟通难度就少了一大半。下面这个案例着实锻炼人。

2012年8月，越南太和出版社希望我代表他们购买一套中文书的越南文版权。这套书的书名叫《经理四书》，书上的作者署名是和仁、管家民。从名字上看，前边这个名字应该是笔名，而后面这个名字是真名。

接到信件之后，我先与这本书的出版者——西北大学出版社联系。找到了西北大学出版社的电子邮箱，发去了两封信，都没有回复。通过查询发现，这本书的另一位作者管家民是郑州一家房地产公司的营销负责人。借助互联网，我查到了这家公司的若干个电话号码，逐一打过去，有的打不通，有的是楼盘销售点，有的倒是靠谱，可是一问三不知。又到网上搜索微博，终于找到了这家公司的微博，留言之后不久便得到了回复，一个电子邮件地址映入我的眼帘，那一天是9月10日。给管家民发了两封信，都没有回复。后来，通过聊天软件，才与管家民联系上。给管先生邮寄授权委托书，请其签字，事情办理很痛快。但是授权的具体条件方面一直没有进展。后来，管先生要我与一位在北京的先生联系。与这位先生联系妥当之后我才知道，这位北京的先生就是另一位作者。

2012 年 9 月 18 日，作者来信，同意将《经理四书》授权给越南方面。于是我与越南出版社的代表开始洽谈授权条件。经过几个来回的洽谈，双方终于达成一致。接下来起草合同，这又是一番较量。直到当年 10 月中下旬，双方才就合同条款取得一致意见。合同弄好了，越南方面先签字盖章。11 月 25 日，我带着合同前往北京这位作者所在的公司，还真巧，这家公司就在离我家不远的一座写字楼中。见面之后，谈了很多问题，最后在合同上签字盖章并带走样书。第二天，我去邮局，将合同和样书邮寄给越南出版社。一个月以后，越南出版社收到合同和样书。

以为越南方面会马上签约，谁知道他们在 12 月 28 日，也就是收到合同与样书的第二天告诉我，他们从我邮寄的样书上看到，作者除了出版过《经理四书》之外，还出版过《领导四书》。据越南人讲，他们最初看上的是《领导四书》，只是相关信息查不到，才决定购买《经理四书》的版权。如今知道了《领导四书》的下落，决定退掉《经理四书》，改买《领导四书》。这一换不要紧，此前做过的事情全都作废。我马上与作者联系，作者很淡定，同意更换图书。这样一来，全部手续要重新做一遍，不仅费时费力，而且还耗费不少金钱。经过研究，我在 2013 年 1 月 2 日根据作者意见给越南出版社回信，就《领导四书》版权购买提出新建议。一个建议是就《领导四书》授权订立合同。《领导四书》由上下两册组成，预付款各 1500 美元，一共 3000 美元，其中 600 美元是《经理四书》合同作废的补偿。《领导四书》的合同采用传真形式签约，签约后付款。收到预付款之后才提供电子版书稿。第二个建议，就是《经理四书》的合同正常履行，《领导四书》授权问题另行洽谈。1 月 3 日，越南方面回信，接受第一个建议。2013 年 1 月 8 日将《领导四书》越南文版授权合同发给作者审阅，2 月 19 日双方签字盖章完毕，2 月 26 日收到越南方面汇来的《领导四书》版权使用费预付款，2 月 28 日将应该支付给作者的费用付给作者，向作者支付版权使用费的当天，我将《领导四书》的电子版发给越南方面，3 月 1 日将该套丛书的纸版样书挂号邮寄给越南出版社。有关这个合同的问题终于告一段落了。

出人意料的是，2013 年 9 月 28 日傍晚，收到越南太和出版社来信，说有越南出版社出版了越南文版的《领导四书》。对方问我当初签约时是否为作者本人签署，我当即回信对方，绝对是作者本人签约。当晚我给作者发短信，作者回答他正在培训班上讲课。第二天，作者给我回信，说他没有向任何其他越南出版社出售过《领导四书》的版权。与此同时，作者又与西北大学出版社联系，回信说出版社最近一段时间也没有向外销售过这本书的版权。然而需要知道的是，这套书若干年前由西北大学出版社授权给越南一家出版社出版过越南文版，不过授权期已过。太和出版社又来信说，他们已经与出新版的越南出版社进行了交涉，出新版的越南出版社说，他们与中文版出版社有长期合作，可以先出书，后订合同。这一下我糊涂了。事情还没解决，我便出发去参加法兰克福书展了。

在书展上，我又接到作者来信，他说他已经请中文版出版社向几年前获得授权的越南出版社出具公函，要求其停止发行该书的越南文版。中文版出版社还将公函转发给我，要我转给太和出版社。太和出版社接到公函后与那家新版出版社交涉，可惜还是没有结果。太和出版社再次来信说，这次因为有出版社捷足先登，他们出版社损失很大，提出索赔，索赔金额是 6000 美元，不仅如此，还要追偿已经支付的版权使用费。这件事越想越蹊跷，我问太和出版社到底是怎么回事，跟新版出版社交涉为什么没有结果。又过了几天，太和出版社来信，他们终于搞明白了事情的原委。

《领导四书》多年以前确实通过中文版出版社授权给越南某家出版社出版越南文版。合同失效以后，那家越南出版社就再也没有重印过。可是多年以后，那本书的越南文译者却私自将译稿交给另一家越南出版社出版。这便是前面提到的那个新版本。由于是擅自印刷，新版出版社自然拿不出授权合同。这个新版应视为盗版。太和出版社拿着我们之间的合同、作者重新出具的授权书以及中文版出版社出具的公函与出盗版书的越南出版社交涉去了，结果如何，我不得而知，估计是妥善解决了。

这本书的授权已过4年多，为保证该书在越南长期合法销售，越南出版社2017年2月与我接洽续约问题。经过与作者和越南出版商一个月的沟通、磋商，授权与被授权方订立了新的授权合同。续约不仅涉及授权继续有效问题，也包括授权条件是否有变事项，所有这些事情无一不需深入沟通才得以解决。

这次交易让我记忆深刻，沟通不仅反复，还要深入，否则很多问题解决起来就停在表面，很多事情约定就会很不周全，一旦成为事实，就有可能给将来留下隐患。倘若约定条款时，写上一条非著作权人原因出现侵权而无需著作权人承担责任，那么后面这个插曲便不会出现。很多事情之所以出现“找后账”的现象，就在于当初沟通不彻底，约定不缜密。如果每次交易之后总有这等事情等着，一个人一辈子大概很难做成几件事情。反复沟通与深入沟通太重要了。

第五节 《青铜葵花》成功的学问

沟通往往会给人带来意想不到的收获。做一般的业务如此，做需要经常、反复、深入与若干人，尤其是文化背景差异很大的人沟通恐怕更是如此。

在我的职业生涯中，成功将著名作家曹文轩的小说《青铜葵花》代理到英国是一件非常值得我骄傲的事情。为什么这样说呢？中国的小说进入西方国家，尤其是英美国家颇有难度，这里面有语言问题，也有社会、历史等其他方面的因素。即便如此，我们还是可以看到中国的小说有进入英美两国的。我这里讲的“中国小说”指的是给成年人阅读的文学作品。可是给儿童阅读的小说就不同了。了解英美出版市场的人大概都知道，英美国家儿童小说市场的培育时间长，如果是外国儿童小说，市场培育时间就更长，往往是效果还没见到，与作者订立的合同就到期了。正是因为这样一个因素，英美出版社一般情况下是不引进外国儿童小说的。在这样的背景下，《青铜葵花》成功在英美两国出版并受到好评，其难能可贵之程度可想而知。《青铜葵花》能够进入英美市场，除了作品自身的优势以外，推广时坚持不懈、有条不紊的沟通是非常关键的。毫不夸张地讲，没有推广过程中的有效沟通，《青铜葵花》是不可能进入英美市场的。

2017年年底，该书被美国《华尔街日报》和《纽约时报》评为最佳童书。美国著名出版刊物——《出版者周刊》也将该书列入年度最佳图书榜。当然，《青铜葵花》英文版在英美出版之后获得的好评远不止这些，本节末尾对此将有所叙述。

下面就请各位读者随我一起重温《青铜葵花》英文版的推广过程，细细体味沟通在其中的作用与价值。

2011年9月，我前往北京顺义参加一年一度的北京国际书展。书展上，在完成既定任务的同时，与同行交流是我的保留节目。当我来到江苏少儿出版社的展台时，该社的版权经理向我介绍了《青铜葵花》这部小说，那是我第一次听人讲起这部小说。当时这本书的法文版、越南文版、韩文版的版权已经售出，唯独英国、美国英文版的推广工作困难重重。他们希望我能帮助将其英国英文版版权卖到英国。

听了情况介绍，我决定先搜集相关信息，尤其是与作品本身关系密切的信息，而掌握作品的详细情况是版权推广的重要一环。我把作品从头到尾读了一遍，感觉本书所讲的故事很有意思。当然，我读这本书不能仅以普通读者的身份，还要判断这本书有无推荐给西方人的潜质与条件。经过仔细研究，我判断这本书基本上符合西方人的阅读习惯，更无妨碍西方人顺利阅读的时代和社会背景障碍。

不过，光我觉得书有潜力还不行，多一个人阅读，判断起来才更有把握。于是，我立刻将这本书推荐给我妻子阅读。开始她并没有太大的热情，毕竟这是一本有关小孩子的书。在我的劝说下，妻子开始阅读。大概是到了第三天晚上，我发现她的眼圈红了，又了过一会儿，眼泪出来了，真应了文学作品中常有的一句话——潸然泪下。过后，妻子告诉我，这本书写得太好了，太感人了，凭直觉，西方国家的小读者也一定会喜欢，你应该将其版权推荐出去。

在妻子的鼓励下，我决定代理这本书的英文版版权。我与江苏少儿出版社版权经理联系，索要与作者曹文轩以及《青铜葵花》相关的所有资料，特别是这本书的版权销售情况。接着，我开始用英文撰写作者及其作品介绍，与此同时寻找合适的人翻译这本书中的精彩章节。我先找了北京一家由美国人创办的专门从事中国文学翻译与推荐工作的公司，未果。后来在杭州一位朋友的引荐下，我找到了一位英国朋友。有了译者，费用也是问题。经与江苏少儿出版社接洽，他们同意支付章节翻译费，每千字好几百元——尽管如此，比美国人的那家公司要价还是低很多。

拿到译文之后，我先与一家美国代理公司联系。此前这家美国公司代理过若干本中国小说的版权和多本韩国小说的版权。我将详细资料发给这家美国代理公司的著名代理人芭芭拉·基特沃。基特沃很快给我回信，说我推荐给她的这本书看起来很棒，这本书的法文版出版商她也认识，她很愿意代理这本书。不过，她需要法文版的完整译本，可是我们只能提供几页样章，并没有整本书法文版的电子文档。几天以后，基特沃又给我来信，说我推荐的这本书看起来非常不错，但是却很难成为国际市场上的畅销书，并明确告诉我，她不准备代理这本书。看来与美国代理商的沟通一时半会儿无法取得进展，说服对方接受这部作品还有难度。

既然向美国推广有难度，那我就转移阵地，集中精力向英国推广。面对英国市场，我比较有信心，一则小说中体现的人间大爱会在英国小读者中引起共鸣，二则我此前从其他渠道了解到世界上已经有若干地区作家的作品在英国出版后反响很好。2011 年 10 月 17 日，我将我发给美国人的英文样章发给一家英国代理商的老板彼得·巴克曼。这标志着我向英国代理商推荐《青铜葵花》的攻势正式开始。

过了几天，巴克曼回信说，我提供的作品风格对英文读者来讲有点简约，不过题材、时代和人物很有趣。对方觉得有趣，事情就好说得多。我拿出此前翻译妥当的样章仔细阅读，才发现所选的章节并不是该书的精彩部分，于是与中文版出版社联系，要求按照我选定的章节，请英国那位译者重新翻译。译完后，这次我不敢怠慢，认真阅读一遍，还是发现了问题。虽然译文所选的章节是我指定的，但是由于缺乏相关的背景介绍，只看这个译文根本无法了解这本书的精彩之处。由于时间的关系，我只好自己动手撰写相关背景。

然而，这次我还是忽略了一个问题，那就是英国人之前提到的“简约”。巴克曼看了新样章的英文译本，仍然觉得不太满意。不过他没有拒绝，而是决定找一两个旅居英国的中国人从头到尾阅读一遍中文版并提出相应的审读报告。巴克曼之所以没有拒绝，部分原因是我在向其推荐这本书之际接受了向美国人推广的教训，提前给这位英国代理人打了“预防针”，那就是仅仅阅读一部分样章，有时候很难领略全书的魅力。言外之意，必须请一位他信得过的人阅读全书，这样给出的意见才真实、客观。

找到合适的读者审读并不容易。当年 12 月 15 日，巴克曼告诉我，旅居英国的一位中国作家读了这本书，很喜欢。他向一家出版商推荐这本书，出版商准备找一位年轻的中国女士审读。2012 年 1 月 26 日，巴克曼来信告诉我说，有一位正在学习中文的小女孩在读这本书，小女孩对这本书印象不错。同时，他将《青铜葵花》交给了儿童及少年出版商弗朗西斯 · 林肯，后者的一位副总编辑认识一位正在学中文的年轻女士，准备请这位女士从头到尾读一下这本书。此外，巴克曼还给在企鹅出版公司工作的一位朋友写信，问他们有没有懂中文的年轻人可以帮助审阅该书。一直到当年的 4 月 4 日，巴克曼才告诉我，他联系了一位在大学学习文学且精通中文的英国人来阅读。第二天，巴克曼给我发来了审读报告，长度大概有 A4 纸的一页半。审读报告总体来讲评价很积极，审读者对作者的评价也不错，认为作品很值得出版。不过，由于英国儿童图书市场培育起来难度较大，需要时间较长，如果有人能给翻译提供一些资助，出版商的兴趣会更大一些。

怀揣这一页半的审读报告，我的英国代理朋友巴克曼前后联系了九家出版社。2012 年 4 月，他还利用伦敦书展进行了地毯式推广。到了 4 月下旬，巴克曼告诉我有出版社对该书有兴趣，不过，有一些出版商需要阅读一下这本书的法文版——他们大多都能阅读法文，阅读法文版对他们了解全书的精神以及作品风格会有很大帮助。我马上回信给巴克曼，告诉这位老兄何处可以购买该书的法文版。看来，一部作品如果先将法文版版权卖掉并有法文版出版，对英文版的推广将会起到促进作用。

2012 年 8 月 14 日，巴克曼给我发来了邮件，高兴地通知我，他收到了沃克尔出版社的报价。不过，对方随信发来的合同草案中有一个条件，就是翻译费的一半要通过向中国图书对外推广办公室申请资助解决。同时，沃克尔出版社还希望尽可能将未曾授权出去的权利交给他们代理。代理其他国家版权的事情应该没有什么问题，申请中国政府的资助则需要与有关方面事先沟通一下。于是，我在收到沃克尔出版社准备接受这部作品信息的当天晚上，给负责资助的一位领导发短信，以探口风。领导回信，让我与具体经办人接洽。随后在与相关人员接洽过程中，我掌握了更多的情况，包括资助申请程序以及申请方的资质。在对资助申请有了把握之后，我开始与英国代理人和出版社讨论合同细节。2012 年 9 月 17 日，版权交易双方的所有分歧全部得到解决并就合同文本达成一致意见。

就在即将签约之际，英国代理人突然提出能否给他 20%的代理费。他说这本书的推广让他花了很多心血和费用，10%的代理费让他入不敷出。我告诉巴克曼，代理费标准此前双方已经议妥，中途修改比较困难。我在与对方沟通这个问题时，语气和缓，但态度坚定。巴克曼表示理解，同意按照此前的协议继续合作。2012 年 9 月 28 日，巴克曼告诉我，他收到了中方签署妥当的合同并将其转给了沃克尔出版社。当年 10 月 19 日，他收到了沃克尔出版社签署完毕的合同。我请巴克曼采用快递方式将沃克尔出版社签署的合同寄回来。巴克曼说，合同已经用挂号形式寄走了。末尾他还不忘说上一句："快递合同会让他的开销超过所获得的代理费"，不过这句话是放在了括号当中。这意味着，这位英国代理商的想法得到了充分表达，但是又不失含蓄，看来我这位英国合作伙伴也是很善于沟通的。必要时，实话实说比吞吞吐吐要好得多，一则大家都痛快，二则合作道路平坦，三则有利于建立长久友谊，进而产生更多的合作。

合同签署之后，双方履行各自的义务。英方支付预付款，中方向中国图书对外推广办公室申请资助。经过相关的程序，资助申请成功。江苏少儿出版社收到资助款后，我与他们立即协商支付方式与程序。要知道，从我们这里向西方国家出版社付款，其形式与程序都不简单。待一切手续办理停当之后，资助款很快便付给了英国的沃克尔出版社。

2015 年 4 月该书英文版问世。2015 年 12 月 13 日，英国作家丹尼尔·汉在《独立报》推荐《青铜葵花》，将其作为当年圣诞节期间英国儿童阅读书籍之一。2016 年 4 月，该书作者获得汉斯·克莉丝汀·安徒生奖。2017 年 1 月 15 日，该书美国版书评刊登在美国著名书评杂志《克尔库斯》（KIRKUS）上。还是在 2017 年 1 月，该书英文版译者汪海岚（Helen Wang）获得英国马什儿童文学翻译奖（Marsh Award for Children's Literature in Translation）。2017 年 3 月，沃克尔出版社的美国分公司推出《青铜葵花》美国英文版。

重温几年前的事情很难面面俱到，尽管如此，各位读者依然可从字里行间中体会到推广版权，尤其是向英美这样的国家推广中国文学作品版权凝聚的沟通效果，每个环节都要耐心沟通，每个环节都要反复交涉，既不能焦心，也不能粗心。唯此，事情才会圆满成功。

第六节　让“一般”变得“不一般”

前面讲的都是业务问题。从这些案例不难看出，业务沟通的成果并非仅服务于业务领域，沟通的道理可以用于很多其他方面，日常小事就是一个离不开沟通的领域。实践证明，善于沟通对生活小事的顺畅解决会有不小的帮助，这世界上的很多“大”问题都是由小事引起来的；小问题解决了，大问题就不会出现，更不会殃及其他方面。

2009 年 12 月下旬，我接到正在南京读大学的小女打来的电话，说她发高烧，当天下午去医院输液，当天晚上就退了烧，可是到了第二天中午和下午再次发烧。小女又去医院就诊。看完病回到学校后不久，小女给我打电话，说换了一种药，非常管用，很快就退烧了。没想到的是，到了第三天下午，旧景重现，高烧再次袭来。没办法，小女买了一张火车票，连夜往北京赶。到了家，妻子带小女去我家附近的一家医院急诊科治疗。拍完胸片之后医生确诊是患上了肺炎，马上输液。前两天似乎没有任何好转，后来虽然体温有所降低，可是到了晚上七八点钟依然发烧，偶尔还出现高烧。妻子再次带小女去急诊室看医生，此前给她治疗过的一位胡姓医生说前后两次拍摄的胸片显示，肺炎已经有所好转。妻子不放心，又给急诊科主任验看，主任却说前后两次的片子所差无几。妻子回到家，把在医院就诊的经历跟我说了，我回答，第二天下午我带小女输液，看看可否咨询其他医生。

1月2日下午我带小女去医院输液。趁小女输液的空隙，我去急诊室观瞧，发现内科诊室有一位男医生。见有医生值班，我就进去了。打过招呼之后，将前后两次拍摄的胸片交给医生，问医生小女的病情有无好转，对方回答跟主任一样，两次拍摄的片子没有任何差异。看来，妻子让“胡医生”给忽悠了。我又请这位男医生看病例，这位医生说，治疗方法有问题。治肺炎要消炎祛痰一起抓，两手都要硬。如果只抓一个，忽略另一个，肺炎就不会好。这位男医生接下来的话让我信心满满：“输液一星期，然后再评估。”换药输液刚三天，小女退烧了，这位医生看来真有两下子。又找这位医生看了一次，医生调整了用药，又过三天，小女的体力有所恢复。经过询问得知，给小女看病的男医生姓李。没想到的是，几天之后的一个早上，小女起床后体温上升，妻子赶忙找药，我说：“别忙”。我一路小跑，往医院赶。到了医院的急诊室，询问李医生是否当班，挂号处护士说：“不在”。我有点垂头丧气，不过还不死心，下意识地往里走，猛一抬头，对面走来一个人，正是李医生。我问李医生，小女这种情况要不要服药，医生坚决地说：“不用，靠她自己的免疫力会好的!”李医生的回答不仅让我敬佩之心油然升起，还让我得到了些许启发——不论干什么，还是要真在行呀。

经过十几天的治疗，小女身体恢复得不错。不过她还要返回南京的学校，参加一门功课的考试。这门课的考试通过，她的本科学分才修满——修不满学分无法毕业，拟议中的留学计划也会泡汤。考试是1月21日上午8点进行，我们给小女订的动车车票是1月20日晚上的D305次。当年这趟车是从北京南站开往上海虹桥站的，晚上9点46分发车，第二天清晨5点44分到南京。下了车去学校吃早饭，然后再去参加考试，整个安排从时间上讲富富有余，完全没有问题。

然而，令我们猝不及防的是，动车原来大部分由北京站发车，后改由北京南站发车，而小女返回南京那天恰好是动车改由北京南站发车的第一天。这第一天意味着什么，我不说各位也想象得出来。距离发车时间越来越近，可是却没有放旅客上车的意思，看来列车运行出了问题。车站只是广播列车延误，但是却不告诉乘客是什么原因。被延误的列车并非只是D305，所有出站列车都走不了。一开始我们还不着急，可是后来听说要等3个小时，将近次日凌晨1点左右才能发车，这样一来小女参加学校考试肯定要迟到。询问车站的站长，站长也说不出原因。一转脸，发现小女和妻子不在眼前，找了好几圈才发现，他们跑一旁打电话去了。等他们往我这边走的时候，我发现小女两眼通红，像是刚刚哭过。妻子跟我说，刚给老师打过电话，老师不允许考试迟到，考试迟到，这门课就没成绩。一听这话，我明白了，赶紧安慰小女别着急，我跟老师沟通一下。电话接通，我跟老师解释，小女是因为肺炎才返回北京的。老师说为什么不买早一天的火车票回南京，我说小女的肺炎尚未痊愈，医生劝她多休息，如果不是为了考试，估计要好几天以后才能返回南京，言外之意今天回去已经是最早的了。这么一说，老师不埋怨了，同意给我小女单独出题考试。实际上，那趟火车是第二天凌晨1点5分开出北京南站的，8个小时以后才到南京。老师专门为小女在办公室安排了考试。看来，遇到什么问题都不能着急，沉着沟通，耐心应对，问题就容易解决。

因病不能及时赶回学校参加考试而向老师请假本不是一件什么大不了的事情，可是考试早已安排妥当，学生不能按时参加，一般情况下老师是会有意见的。这就需要说明理由，不仅要说明，还要说得很充分，甚至充分到除了请假别无选择的地步，也就是让一般变得不一般。经常有一些朋友抱怨做事陷入困境得不到体谅，包括诸如请假这类小事。我猜想大概不是别人不体谅他，而是他自己没把困境讲清楚。没讲清楚，再加上理由不充足，当然就得不到别人体谅了。所以遇到问题，一定要想清楚怎么讲，还要讲得充分、合理，无可辩驳，只有这样才会得到他人的同情与谅解。

我以自身经历对沟通这只“麻雀”解剖一番，到此告一段落。是不是各位可以利用从中得到的启发、学得的道理，解剖一下自己遇到的种种不顺所形成的沟通“麻雀”？其实不用太多，只要对几个典型、有代表性的事例分析透了，悟到了从前没有悟到的道理，您对沟通的理解就会有显著的改变，您沟通的水平也会有质的提高。

第三章

如何造就名声

生活在这个世界上，缺少名声有时候是寸步难行的。说“有时候”，那就意味着缺少名声也能生活，也能做事，但是要生活好，要把事情做好，没有名声就困难了。生活如此，做一般的事如此，做业务更是没有两样。接下来还是拿我熟悉的出版来讲，从名声角度介绍我对沟通的认识以及我的一些观点与看法。从本章开始，每段文字有长有短，话多则长，话少则短，只要说明问题即可。

第一节　有品牌可“不争”

不论是工作还是做人，都需要品牌。树立品牌，树立经久不衰的品牌，是一个人、一个团队、一个企业独有的实力。有了这样的实力，无需与他人竞争，一切虽不能说唾手可得，但也是机会比一般实力者多了很多。

做市场营销，立足于不与人争。不竞争，一则逼迫您练出独门绝技，二则可以使您广交朋友。独门绝技有多大作用，无需多言。单说这广交朋友好处就不小。朋友多，信息多；朋友多，对手少，无需你盯着我，我防着你，更不用担心出现互相拆台的情景。

编辑是艺术，不是科学①，所以编辑是一个很讲经验，很讲名声的行当——但凡与艺术有关的行当都是很在意经验与名声的。缺少经验、没有名声，编辑这项工作就很难做好。经验是什么？经验就是以往的成功心得。名声呢？名声就是内在修炼与对外沟通、交往的结果。如果一个图书从业者，包括出版机构的领导者从业经验不足、业内名声不响，这个机构很难获得有效的资源，更不会赢得显著的发展。没经验，做不好事；没成就，做不成事；没品牌，做不大事——图书出版业就是如此残酷。

干出版不能像造机器、制零件、产电视那样讲规模、拼产量、争速度。干出版最讲品牌。品牌是什么？品牌就是与受众稳定、有效沟通的结晶，就是无人能比的实力。品牌又意味着什么？品牌意味着耐心，意味着积累，意味着创新，意味着坚持，这样与受众的沟通才会不断更新，不断发展，不断完善。所有这些都需要时间，需要时间才能干好的出版怎么可能讲规模、拼产量、争速度呢？

美国出版营销专家约翰·克雷默在其《1001种图书营销方法》中写道："出版商的每项职责都是图书营销不可或缺的一部分。"从某种意义上讲，出版过程就是一个营销过程，一个相关人员需要全部参与的过程。在这一过程中，有个极为重要的角色经常为我们所忽略，那就是作者。可以说，作者是其作品最好、最有力的推销员——我出过书，对此深有体会。没有作者的积极参与，营销永远也别指望达到希望的目标。任何人的推广都不及作者推得恰到好处，更不及他们有说服力、权威性与吸引力。

各位读者，当您阅读本书时，您就是一位作者，可是您是否知道图书出版是一个什么样的行业吗？也许您很了解，也许您不清楚，以我之见，图书出版是一个很重专业、很讲经验、很要品牌、很靠美誉度的行业。即便是到了互联网发达的今天，图书出版依然是重专业、讲经验、要品牌、靠美誉度的领域。遗憾的是，现在很多人，多半是来自其他行业的人凭借其在驾轻就熟行业中取得的经验以及一般经营常理就对图书出版如何去做以及未来前景

① Albert N. Greco：Chapter 5 The Editorial Process，*The Book Publishing Industry*，Second Edition，Lawrence Erlbaum Associates，Publishers，2005.

如何作出评论或者给出断语。如果仅仅评论一下料也无妨，倘若真刀真枪地在出版这个领域大干一场，那可要谨慎行动。想当年，日本软银创始人孙正义，为创办软银作了一年半的调查，各种资料累计堆起来大概有十几米高①。没有专业与充分的调查，缺少与实际情况的沟通，如果再没有或者不听取专业人士的建议就大干起来，结果如何是不难想象的。别说不争，就是与人争都没资格。

一般商品出库之后，围绕其打转的多半只有推广、销售人员，图书出版后的情形则要复杂得多，不仅涉及创作者，还与编辑、评论家、出版社、印刷厂、卖场的品牌有关系。换句话说，上面这些方面如果运用得当，可转化为一定销售量。可是在西方国家，还有一个环节产生的图书销售量同样不容小觑，那就是代理人，其品牌、眼光与点石成金的本事在某些题材图书销售中起着决定性的作用。何以如此？只因他们一来太了解读者，有些人甚至是读者的亲密朋友，二来太了解出版商，有些人简直成了出版商的座上宾。

说起世界百货界的知名商号就不得不提老佛爷（Galeries Lafayette）、哈罗兹（Harrods）、卡迪威（KaDeWe）、梅西（Macy's）。我就去过老佛爷、哈罗兹，只见那里川流不息，尤其是老佛爷，真可说是人头攒动。难道那些名店出售的东西别处没有吗？说不定还有不少中国制造呢！人们为什么非去知名商场购物不可？还不是因为人家重视与顾客互动，了解顾客的需求，懂得顾客的心情！了解、懂顾客不仅意味着消费者能买到高质量的商品，得到知心、称心的服务，还能带走久久不能逝去的美好感受。可以说是商家大丰收，顾客大满足。其实不仅日用生活消费如此，耐用生活消费也是这样。再细一想，不仅生活消费如此，文化消费更是离不开“懂”字的关照。同是英文版中医图书摆在澳大利亚一家书店内，中国出的书定价低，一天卖不出几本，而当地出版商出的书价高又卖得多。何以至此？当然是人家弄懂了读者的要求！我们重视大，讲究全，却不愿先在“强”字上下功夫，在了解读者、弄懂读者、创建品牌上做文章。两者相比，差距尽在其中矣，结论尽在

---

① ［日］坂垣英宪：《孙正义——数字化时代的英雄》中第三章“人生50年计划——对自己一生所做的长期作战计划”，海南出版社，1998年。

其中矣。

有人将市场看成是能在其中建立起美好名声的一群有共同点的人①。这话说得很有几分道理。作者与读者有共同点，作者在读者中才会有号召力；作者有了号召力，书才会卖给读者。难怪图书销售量中有80%②是通过口口相传实现的，原来大家有共同语言呀。其实不只是作者，编者也是如此；具备足够的号召力，所编出来的书就会有强大的市场推动力。所以，与包括读者在内的各方面人士交朋友是一个出版工作者必须修好的一门课，也是不能不掌握的销售手腕。毫不夸张地讲，如果您是一位富有进取心的编辑，您就应该将您很大一部分精力放在与人交往、人际沟通上。一旦在交往、沟通上达到炉火纯青的地步，一旦有了美好的名声，您的图书推广大概也就有了无穷的后劲。当然，如果您不喜欢或者不善于交朋友，我料定您的营销多半不是有效的营销，充其量也就是摆摆样子。摆样子的营销是多余的，是有害无利的。

图书出版品牌通常包括产品线品牌、作品人物品牌、作者品牌、系列书品牌和拳头书品牌。特别值得多说一句的是拳头书品牌。这种品牌一旦形成，与之相关的书都会取得良好业绩。西方很多出版社就是这样做，一本书成了拳头产品，那一定是得到广大受众的认可，在这个基础上开发出更多产品，既省时，又省力，甚至连封面设计都无需重新进行，如果市场潜力足够大，弄一个几十本组成的系列也是很常见的现象，比如“心灵鸡汤”系列就是典型的案例。玩品牌就是四两拨千斤的手艺，在这方面西方人已经把中国老祖宗的东西玩到出神入化的程度了。

出版与其他行业有诸多不同，其中最显著的不同就是出版对品牌的依赖达到了极致，这是图书出版的特点所决定的。很多出版社重视选题，重视销售，重视品种，可是却把品牌培育与呵护放在可有可无的位置，结果与受众的距离越来越远，与市场的关系越来越脱节，进而销售越来越少，效益越来

① Jim Cathcart, The Second Competency: Target, *Relationship Selling*, Cathcart Institute, Inc., 2002.

② John Kremer: Chapter 1 Some Basic Fundamentals of Marketing, 1001 *Ways to Market Your Books*, 6th Edition, Open Horizons, 2006.

越糟。

对某些人而言，品牌也许只是标识，只是广告，只是口号，只是大而无当的宣传。实际上，品牌不仅是表面上呈现的那些东西，也是修养、诚信、态度、声誉、实力、销量以及对行业和社会的正面影响，更是对受众与市场需求的回应意识与能力！

在我看来，一本书出版后，如果读者不了解、不认可作者，这书对读者的吸引力只有正常程度的10%，最多也就是20%。如果读者对作者情况如数家珍，甚至佩服无比，吸引力便可上升到70%~80%。正是基于这样一种认识，西方出版商在建立作者品牌方面不遗余力，在沟通作者与读者、出版者与读者之间的关系上非常下功夫。这方面做到位，销售便如四两拨千斤那般容易，甚至无人匹敌。

做编辑出版如果能在市场观察与分析上多有心得与见解，组稿时不论碰到什么样的作者，都会很有底气地将其引导到自己的组稿意图范围之内。即便碰到知名专家，只要有独到且符合实际的看法和观点，仍然会在组稿过程中处于主导地位。可以这样讲，对市场研究有心得、有见解，与作者沟通时会省却很多口舌，节省很多时间，还能赢得作者的信任，培育出自己的独特品牌。

这世界上的事情很有意思。品牌需要很长时间才能创立而成，而品牌的符号也是需要很长时间才能牢牢扎根于受众头脑之中。可是有些人却乐此不疲地频繁更换品牌符号，让受众觉得今天一个样，明天一个样，甚至相隔三五天就会有个大变脸。一方面受众头脑中的原有符号形象给破坏了，结果很不招受众待见。另一方面费了很大功夫弄出的东西不受欢迎。品牌符号弄好之后长时间不变，受众得利，企业省力，如此与受众沟通够有多简单，可是很多人却舍近求远，真是费力不讨好呀。

第二节　锁定沟通对象

要沟通，就必须有对象。沟通对象通常有两种，一种不可选，另一种可选。遇到不可选的对象，我们就要按照沟通对象去量身定做沟通思路、策略与方法。如果沟通对象可选，我们就应该以有利于沟通为标准去选择沟通对象。沟通对象选对了，沟通方面的难题可在无形之中解决很大一部分。我还是以我熟悉的出版，特别是大众出版为例，介绍一下这方面的见解与看法。

图书编辑服务的读者通常有两类，一种是不可选的读者，另一种是可选的读者。所谓不可选的读者，就是我们出版范围或者品牌决定了我们只能给这类读者编书，比如一些专业类出版机构的编辑。所谓可选的读者，就是我们根据自己的长项去选择服务的读者，这类情况在大众类图书编辑当中见得比较多。把这个事情弄明白了，我们就会做得顺，读者才会受益多。说白了，就是先有读者还是先有书，是读者选书还是用书选读者。读者类别不同，沟通思路、策略与方法也大不一样。不过这话只是针对编辑方向而言，说到具体情形，还是要将读者属性放在重要位置，只有这样编辑与读者才会形成有效的供需关系。

当编辑，通常是脑子里有了某一类读者的精细属性与概念之后，才去为这类读者组织选题，大众书尤为如此。选题组织妥当了，才有可能着手去编。如此编书，就像钻到读者的肚子里一样，以这种方式编出的书才有可能满足读者的需要，与读者的主要需求达到严丝合缝的程度也并非不可，这叫做为心目中的读者编书；如果有了选题，然后去找读者，编辑与读者之间一定有隔阂，这叫做为心目中的书去找读者。哪种做法更能与读者接近、体味读者的心境、满足读者的需求呢？哪种选择更明智呢？

编辑给书做市场定位，犹如通过画像找人。要找的人长什么样，有什么特点，必须根据熟人或目击者把画像描绘出来。这个像画得越精准，找人花费的时间越少，找人过程越短，找到人的概率就越高，找准人的可能性就越大。要使“找人”有效果，就必须设身处地站在要找对象的位置上考虑问题。钻进读者的心里，对您要找的读者对象了解得很精准，您的市场定位就会有根有据，精准不偏。

很多人谋划图书选题喜欢胸有成“书”，然后按书索“人”。这样一来，不是让书适应“人”，而是使“人”紧贴书。这种高高在上与作者毫无沟通的做法只会产生一个结果，那就是读者拿到的书与其需要和口味完全对不上茬，彼此相隔十万八千里。读者看到的书很陌生，与其一点关系都没有。既然所卖的书与读者毫无关系，又怎么可能会卖出去呢？

做畅销书，尤其是做来自海外的畅销书，一定要把书放在社会这个大环境中来考察——考察读者的心态，考察读者的需求。如此这般考察，一察一准，有无畅销品质，一目了然。考察的核心不是书告诉了您什么，而是通过故事、描述、罗列、阐述，作者向您主张了什么。当您与作者沟通好了，确认作者的主张与很大一部分人的思潮、情绪、期望十分契合，这本书便具有畅销书的潜在品质。

编辑如何搞选题是一个困扰很多人的事情。其实，这个问题早在两千多年前就在无意之中捎带手地给解决了。《吕氏春秋·异宝》在讲述了楚国令尹孙叔敖封地故事后说："孙叔敖之知，知不以利为利矣。知以人之所恶为己之所喜，此有道者之所以异乎俗也。"作者大赞孙叔敖，说其明智之处就在于不把世俗眼中的利益当利益，知道如何将别人厌恶的东西当成自己喜欢的东西。孙叔敖这样的有道者所以脱俗就在于此。搞选题难道不该从古人的脱俗之道中得到实实在在的启发吗？万事相通，古今相关呀！

编书与读书是一回事吗？换句话说，编出来的书一定有人读吗？有人读的书肯定有人编吗？回答多半是"否"。编书人有编书人的想法，读书人有读书人的盘算。编书人一要传道，二要赚钱。读书人一要解惑，二要得利。如果编书人一味地按自己的心愿编书，编出来的书肯定没人读。编书人如果千方百计地按读书人的需求去编书，不是编不出，就是不能编。只有编书人的心愿与读书人的需求合为一体，达到平衡，书才能编得恰到好处。这个平衡是什么？这个平衡就是：编书的理念与思路合乎编书人的心愿，图书的选材、布局、包装、营销等满足读书人的需求。坚持编书人的理念，满足读书人的需求，是编书人必须坚持的原则。

出版的目的是给读者带去精神利益和智慧利益，准确地说是给读者带去独一无二且长久享用的精神利益和智慧利益。如果出版只给出版者带来利益，尤其是物质利益，无法使读者陶冶情操、增加智慧，更不会对社会健康发展产生推动与促进作用，出版必然会走进没有前途的死胡同。

如今做编辑与几十年前有很多不同，其中之一便是今天的编辑更讲“面”——作者包装是面，作品包装是面，营销推广是面，参加评奖是面，请人撰写书评还是面——所有这些都与读者的内在需求无关。跟“里”有关的事情还有多少值得人们下功夫呢？我看恐怕是没多少了，而图书销售罕见回头客的特点则进一步加剧了人们重“面”轻“里”的这种不良倾向。“面”多“里”少，很难与读者心心相印，甚至还会出现阻隔；与读者不交心有阻隔，做编辑是很难做出成绩来的，因为您的衣食父母不认您呀。

文化业与制造业有诸多不同，不同之一便是文化业生产的产品有生命、有思维、有情感，可以钻入人的内心，影响一代人乃至几代人的思想、信念，比如图书、电影、戏剧。制造业生产的产品则不具备这个特点——没生命、没思维、没情感，仅会成为人手中的工具或者玩物而已，比如电视、汽车、手机。正是出于这样一个因素，发展文化业如果采用从事制造业的理念、思路、做法，万万是做不好的，至少是做不出大名堂或者真名堂的。遗憾的是，用制造业的理念、思路、做法搞文化业的依然很多很多，生产出来的产品与受众没有关系的情形也非常不少，故而可笑之事层出不穷。

制造生命的人，本身应该具备健康的生命，否则制造出来的生命一定不健康；生产有生命的文化产品者，本身也应该具备健康的生命，否则生产出来的文化产品一定有缺陷，甚至害处多多。健康不仅意味着躯体及内在组成部分没有功能性缺陷，还要拥有独立、完整的人格。从某种意义上讲，独立、完整的人格似乎比健康的体魄更有意义，对人生、对有生命的文化产品影响更深入、更长远、更有决定性作用。了解健康的人是怎样的、懂得健康的人有何追求，大概是生产健康文化产品的必要前提。

有两本书都是讲我国著名情报专家李克农的，篇幅也都是400多页，然而两书又有诸多不同。前一本因资料关系只涉及李克农一生职业生涯的若干片段，后一本因有相关部门支持，对李克农参与的重大历史事件均有描写；前一本有细节，有悬念，后一本信息估计比较准确，权威性强；前一本描述细腻婉转，主人翁机智勇敢、幽默风趣的个性跃然纸上，后一本介绍事件，罗列事实，难以看出主人翁有什么特别过人之处；前一本是32开，平装，适合不同状态下阅读，翻阅舒适，后一本16开，精装，书不仅大，而且还很硬，阅读体验很不好。这意味着什么？前一本书真是用来阅读的，而后一本则更像是用来送礼或者当摆设的。一本书少了细节，没有悬念，设计包装又缺少人性化考虑，是很难为读者欢迎的，所有这一切都是对读者需求与习惯太不了解而编书之前又与读者缺乏深入沟通所致。多跑市场，多与各方面接触，就不会编出如此不适合读者阅读的图书来。

越来越多的人抱怨现在的出版不好做，书卖不好。要我看，很多时候完全是咎由自取。有两个问题非常普遍。一个是经常阅读的书做成硬皮本，您让读者怎么翻阅，怎么读？工具书单位翻阅时间一般不长，加之工具书通常属于“耐用消费品”，一用就要很多年，弄个硬皮以免年代久了书有损坏，情有可原。如果需要集中精神长时间阅读的书也做成硬皮本，那可是折磨读者呀。另一个问题是经常阅读的书做成大厚本，800多页一本，一手掐不过来，举时间长了，不烦内容，反而给举累了，这不是存心不让读者长时间阅读吗？完全不懂读者需要，根本不与读者沟通，如此状态下要想做出好卖的书是不是太难了？

第三节　沟通锻造亲和力

做事离不开亲和力。亲和力从何而来？当然是从沟通中来。善于沟通者懂得照顾对方的感受，使对方感觉舒畅、舒服、舒展，亲和力就有了。

如今的编辑中有不少是新闻和出版专业毕业的。这两个专业都属于“外壳型”专业，除非您编辑新闻出版题材的书稿，否则进入出版公司，您还要学一门专业。实际上，学专业的过程就是扩大社会交往的过程，就是积累人脉的过程。一旦您对所编题材所涉行当了如指掌，甚至对有关专业有相当造诣，您构思选题的能力就大大提高了。

编辑必须借助多个支点，使自身内在的各个部分进入良性循环；有了良性循环，您编辑出来的书才有趣味，对读者才有益处。这种支点不用多，挑出您最容易做的，下功夫做好，就能将您的所有知识、经验、信念、见识、勇气、毅力等串起来。试举几例：一个是当图书迷——喜欢阅读经典图书；其次是当兴趣迷——对社会变化十分关注；再次是当圈子迷——热衷社交朋友多多；第四，要当观察迷——对事物观察细致入微；第五，要当动脑迷——触类旁通水平思维。这几个点做好之后，相互连接起来，结果会当如何？

编辑应该做到：（1）横向与不同出版机构相同题材编辑建立联系，以便互通有无；（2）纵向与上下游人员加强沟通，以便了解市场；（3）斜向与行业组织经常往来，以便人脉更密；（4）外向与业内媒体联系广泛，以便推广营销。

出版社要搞好，先要允许编辑成为社会活动家，再去要求编辑成为市场营销家。当社会活动家有助于解决出什么书的问题，做市场营销家有利于解决怎么出书的问题。

做出版有技术含量，但是更有“人”的含量，也就是与人打交道的造诣。谓予不信，请听我说。约名家大家的稿子，不会与人打交道行吗？进行市场调查，不会与人打交道行吗？游说投资，不会与人打交道行吗？协调工作，不会与人打交道行吗？推广营销，不会与人打交道行吗？扩大人脉，不会与人打交道行吗？技术含量可以通过学习增加，与人打交道的造诣是很难靠学习提高的。正因如此，善与人打交道是非常难得的一种修养，也是一种适应性极广的能力。历史上成大业而不善与人打交道者未曾听说有过呀！

编辑要做“好书”，不经常出去活动恐怕不行。一个活动是与社会各阶层交往，以便号准潜在读者群体的脉搏。另一个活动是与各类媒体打交道，以便更好地营销编辑品牌，为所编图书打出品牌埋下伏笔。还有一个活动是与潜在作者打成一片，以便有了选题创意时可以找到合适作者。俗话说：“书到用时方恨少①”，做编辑的人则是编辑之时才觉关系、信息太不够呀。

曾经与一个出版公司的组稿编辑闲聊，发现他们那里的一些编辑社会活动能力很弱，手中作者资源非常匮乏。要知道，作者是编辑的生命线，没有

① ［清］郭小亭：《济公全传》中第四十一回“昆山县巧逢奇巧案 赵玉贞守节被人欺”。

作者源源不断提供书稿，即便巧妇也难为无米之炊①。有的编辑不敢与作者沟通，尤其是不敢与有些脾气的作者沟通，这样一来编辑职责就很难履行到位。只要经常“走出去”，只要经常与各色人等打交道，沟通能力就会不断增强；沟通能力增强了，接洽作者时就不会有畏难情绪。

缺少社会活动能力，不仅不能与业内、行内或者作者有效沟通，就连与本公司不同部门、不同专业、不同环节的同事沟通也很困难。随着社会的发展，包括出版在内的很多领域分工越来越细致。我就发现有些出版公司搞产品经理制，一个产品经理周围有很多人与其一道工作。沟通不善，就会缺少团队意识或者团队精神。没有团队协作，您能耐再大也不可能做出叫得响的好书。

编辑应该是一个非常有亲和力的人，是一个很有活动能力的社会活动家。这是行业需要，也是时代发展的需要，更是做好编辑工作所不可取少的条件。

拜访朋友是一件很爽的事，如果酒逢知己，那就更爽了。见面首先要有益于朋友，同时对自己也有帮助，为此见面才有意义，更有价值。我在职时，几乎每个月都要去几位同行那里拜访，即便退休之后，这个习惯也没消失。拜访朋友，是一个了解社会动态、掌握行业变化、维护人脉关系的有效方法。

坐在办公室时间一长，不仅社会上的一手信息了解有限、与各个方面关系生疏得很，而且还会养成一种脱离实际的观念，比如人际沟通时唯我独尊，与人讲话时完全不顾对方感受，与人一起做事时发号施令。几年前，我就碰上这样一位，提议众人一起吃饭，可是点菜之事却完全由其越俎代庖②，最后结账付款反要全体在座者平均分摊。正所谓环境塑造人，环境改造人。

过去有一种说法，叫“走江湖”，专门用来描写与三教九流结交者的状态。这种人的最大特点是社会关系广，与各方面人相处得心应手，交流起来也容易得多，即便没什么习来的能耐，也能在各种人的夹缝中生存下来。如今办公室化越来越严重，脱离社会的结果就是走向社会后往往蒙头转向，不

---

① ［南宋］陆游：《老学庵笔记·卷三》中有“巧妇安能作无面汤饼乎”一句。

② ［战国］庄周：《庄子·逍遥游》。

知如何与人交谈，更别说与人成功地进行沟通了。矫枉必须过正，江湖之气太浓肯定不成，可是办公室之风太盛也绝对不是什么好事，与活生生的社会环境脱节，肯定不利于业务的展开与人生的发展。经常在外面跑一跑，保持一定程度的江湖气，对沟通社会各阶层、拓展人脉关系有极大的好处。

一个人的吸引力体现在什么地方？一个编辑的吸引力又体现在什么地方？见多识广恐怕是不可缺少的一个方面吧？如何才能达到见多识广的程度，一是读书，二是做事，三就是广泛接触社会。大量做事，练就人的能力；接触社会，丰富人的见识。一旦您的能力超强，见解深刻，经验丰富，选题就不会搞不好，作者就不会与您不配合。

心理学有个说法，那就是人际沟通很讲权威性。如果您说的、做的缺少权威性，就没人相信您，就没人接受您的意见。与社会各界保持接触，与时代发展保持同步，您的见解就会与时俱进，做起编辑来就会懂得如何与作者、读者、媒体等诸多方面打交道。与人打交道的能力升华到很高的境界，做业务也就无需那么“努力”，一切都是水到渠成。只因“努力”中的“努”多少有点“勉为其难”的味道。

前往一家出版社拜访朋友，下了电梯转弯便是朋友所在办公室的楼层，可是我却进不去，因为进入这个楼层需要“刷脸”。顿时一种不良感觉涌上心头：这哪里是出版社？这哪里是需要天天与社会接触的出版人办公的地方？编辑天天在办公室坐着，尽管可以通过网络与外界沟通，可是这虚拟世界永远也无法取代现实社会呀。如此管理编辑，还能指望编辑做出密切联系读者的畅销书？

有的编辑外出办事，所在单位很是殷勤，派车将办事人员送往目的地，然后原路返回。开始我以为是领导为其属下着想，细一打听才知道，原来是领导怕编辑自行外出干“私活”。如此管理编辑，我真想象不出编辑如何才能积累出强大的人脉资源，如何才能结交一干朋友，如何才能编出卖得出去的书。

做编辑最要紧的是交朋友，人际沟通最要紧的也是交朋友——这些都离不开深入社会。这是因为深入社会才知道社会上的人怎么讲话，才知道社会上的人如何交流，才知道社会上的人凭何来往。谙熟与三教九流沟通、交往之道，方可了解市场动态的变化，方可编出市场喜欢又接受的作品，方可按照市场运行规律通过编出的作品向读者传递编辑希望表达的思想与价值观。

一次约好下班后与一位同一系统的编辑见面，一起吃个饭。我下班早一些，朋友下班晚，我就去朋友公司的外面等候。朋友出来了，我刚要上前寒暄，只见朋友向我摆手，大概是不让我上前与其打招呼。过了一会儿，朋友公司所在大院驶出了一辆小汽车。车走以后，朋友才招手要我过去。我问是怎么回事，朋友说刚才那辆车里坐着他们的领导。我说那有什么关系。朋友说，他们领导很不乐意属下与同行交往，尤其是同一系统的同行交往更要受到限制。我问为什么，朋友回答，是怕泄漏公司的秘密。闻听此言，我想了半天都不知道说什么好，只好无语。编辑都不与社会交往，选题灵感从哪儿来？作者资源从哪儿来？见识见解从哪儿来？社交能力从哪儿来？

微信群是一种不错的交流手段，做编辑的人员如果利用得法，对扩大社会交往、增强沟通效果会有很大帮助。根据我的经验，要想达到这个目的，从两个方面给予注意应该是很有必要的。一个是适度发言，有见解、有看法，只要经过考虑认为很适宜，就可以讲出来，这样就会达到交流的目的。另一个是多讲对人有利的事情或者体会，别人一旦从您这里获得益处，您在群中便是一个受欢迎的人，日久天长，您的影响便会产生、扩大，交到的朋友才会越来越有层次，做编辑才会游刃有余。需要强调的是，这两个问题看上去是技术问题，实际上没那么简单。处理好这两个问题，相当的修养与见识不可缺少；修养深、见识多，讲话才会言之有物，才会有的放矢。

编辑当社会活动家，最显著的标志是经常参加各种社会活动。所谓各种社会活动，通常是那些对业务以及相关领域可能产生长远影响的活动。这个尺度如何掌握呢？我有一个简单的标准，那就是凡是对扩大人脉有直接帮助的，就参加；凡是对扩大人脉有间接帮助的，也参加。当您的社会影响十分有限时，这种活动就要多参加一些；当您的社会影响达到一定程度时，就要在质上下功夫，以质取胜。不同的阶段，有不同的考虑重点，不同的阶段，有不同的优先选择事项。

如今互联网思维大行其道，而互联网思维的一大特点是信息传播碎片化。有感于互联网的碎片化逻辑，社会生活的很多方面也掉进了碎片化泥潭而不能自拔。君不见做事碎片化，以为某个局部悟透了，就能明白一件事的是与非；做学问碎片化，以为某个枝节搞懂了，就能辨别一个领域的对与错；当编辑碎片化，以为书本知识弄懂了，就能知道一个选题的优与劣；与人沟通碎片化，以为临时抱佛脚，说上几句时髦话，就能沟通人际关系的建立与过程。远离社会实践，缺少社会活动，碎片化永远解决不了要解决的大问题，不仅如此，还会成为一堆毫无意义的只言片语。

第四节　怀大局沟通更畅快

每一件工作都很具体，都需要一丝不苟地去完成。可是如果总是一丝不苟地低头拉车，不抬头看路，就很难有前瞻性，更不会有大局观。可以这样说，不论做什么工作，不论从事什么行业；有大局观，考虑得就全面、长远；没有大局观，做事很容易计较眼下与局部，人生难以呈现出质的改变，正所谓“不谋万世者，不足谋一时，不谋全局者，不足谋一域[①]”。有了大局观，沟通起来就不会纠结，就不会为一些事情踌躇不前。要说明这个道理，了解我对编辑出版当中一些问题的认识，也许会让您得到一些启发。

您坐在教练席上看过足球比赛吗？我看过。坐在那儿看比赛，某些细节尽收眼底，整个情况却难以掌握——坐得低，看得近。要想了解全场总体情况，唯有坐在观众席上——坐得高，看得远。当编辑也是如此。身在其中，满脑子都是局部；跳出其外，方可饱览全局，这叫做全局管局部，局部融全局。

编辑应该是战略家。具备了战略家的素质，编辑才有可能将局部放到全局当中，才有可能将细节纳入到观念中。只有做到这一步，编辑工作才会达到一个较高的层次，才会取得令人瞩目的成就。

---

① ［清］陈澹然：《寤言二·迁都建藩议》。

学习编辑出版专业，要注意：(1) 课本只讲已有的简单规则，不讲正在发生的复杂现实；(2) 课本只讲相关的专业知识，不练实际需要的应对能力；(3) 课本只讲眼前的业内问题，不管其他领域的交叉影响；(4) 课本只讲工作需要的技能技巧，不问人生发展的生活道理。只有将简单规则与复杂现实结合起来，只有将专业知识与应对能力协调起来，只有将业内问题与交叉影响联系起来，只有将技能技巧与生活道理融合起来，只有将内在热情与品牌追求熔为一炉，编辑的工作才能做出色。

我体会，做编辑很讲“宽”，眼界要宽，交往要宽，思路要宽，知识面要宽。只有各方面“宽”了，才能懂得作者的“专”，才能弥补专家的“深”，才能应对市场的“变”，才能站到时代的“高”。

编辑出版专业的学生如何学出版？我以为，如果有机会“走出去”，参与编辑工作，与作者和卖场打些交道，了解业务规律很有好处。如果没有，可以“请进来”，让有丰富经验、观念新颖的内行人介绍符合实际的观念与思路，这对未来投入出版业务会有很大帮助。总之，“走出去”与“请进来”是学生与业内不可缺少的交流环节。

做编辑的本质是什么？依我看，就是做交流，做沟通。策划选题要与作者交流、沟通，组织营销要与受众交流、沟通，推广宣传要与媒体交流、沟通，制订策略要与管理部门交流、沟通…… 如果交流、沟通效果卓著，相关业务做起来就容易得多。如果对交流、沟通一门不灵，要解决的问题不仅解决不了，还可能引发新的矛盾。

书这种“商品”与众不同，其特点有三。一是书如其人，不了解作者这个人，很难准确判断书的价值。二是书有标价，但因对字里行间所含意义认识有别，同一本书在不同的人眼中会有不同的价值。三是书没回头客，没听说有人一本书买三五套回家换着看的，赠人除外。有什么营销方法可与上述三个特点有机结合起来吗？有！那就是品牌的创建与发展。待创作者、代理者、编辑者、出版者、经销者的品牌各部分衔接成环、通畅之日，便是书籍销售轻而易举之时。图书销售有时什么窍门都不用就达百万之巨，奥妙便出于此。

做出版必须坚持“六要”：道理要从生活汲取，战略要从长远考虑，思路要从全局出发，品牌要从诚信开始，拓展要从沟通做起，效果要由耐心积累。

出版界时不常会出现做事目光短、眼界窄、格局小、品牌意识弱的现象，有时候品牌意识甚至弱到了不知品牌为何物的地步。可是面对世界时，自傲自大的气势却不见小，做事风格是我行我素，似乎这个世界只有自己存在，完全不管读者以及市场的反应。在这种情绪驱动下，很容易一心往大做，往全做，不如此就觉得没面子。如此这般努力，就是取得什么成效，也经不住较真，只因徒有一具硕大外形。一旦真与出版大国拼起市场来，就会显得力不从心，市场局面也就很难打开。要解决这个问题，只有一个方法，那就是将出版看成是一个特殊的行业，一个与包括文化行业在内的许多行业多有不同的行业。区别对待，我们才会下苦功夫去研究其特有规律以及市场运行规则。悟透了出版特有规律，掌握了市场运行规则，上面这些问题便会少去很多。

合同专家认为，合同审查有四个层面，即业务层面、商务层面、专业层面和专家层面。业务层面审查对象是简单的合同，相当于业务表单，对使用单位不很重要，出了问题影响也不大。商务层面指带有一定经营或者技术层面的专业性，条款较为复杂，出了问题影响较大，审查重点是合作者资质、合作模式的合法性等。专业层面，其对象往往是金额比较大、比较复杂且使用单位非常重视的合同，审查要精细、周密。专家层面，审查达到这个层面，审查者不仅是法律工作者或者法律顾问，还是一个甚至比委托人更了解交易规律的专家、一个完全可以信赖且不可或缺的合作伙伴。要达到这一层面，仅仅熟悉法律还不够，还要对企业的业务非常在行，对企业所在的行业、对企业状况了如指掌，与企业有比较深入、完美、全面的沟通。什么人才能达到这个最高境界呢？

出版是一个需要团队共同努力、协调合作才能取得成效乃至成功的事业。一个团队要想努力得法、合作有成，就必须有坚强、务实、出其不意的理念并以其为行动指南。这样的坚强、务实、出其不意的理念并不是从天上掉下来的，也不是头脑中固有的，而是从有经验、有见地的专业人士那里“学”来的。这个“学”不是听几次报告就能见效，也不是上几堂课就可以完成的；这个“学”是通过实践以耳濡目染与循序渐进的方式实现的。当然，在跟随有经验、有见地的专业人士学习过程中，遇有重大问题，请其偶尔具体指导一两次未尝不可。不过，那仅仅是示范，千万不要完全仰仗专业人士，更别指望借其什么神来之笔解决一切问题。如若不然，到最后肯定是捡了芝麻，丢了西瓜。改变理念是沟通团队思想、凝聚团队努力使其沿着正确方向前进的关键，也是化腐朽为神奇的根本，更是向他人学习的真谛。

做出版绝对不能半路出家，更不能说干就能干。做出版讲的是“童子功”，也就是从年轻时候开始，从编辑基础起步。积累多厚都不为多，眼界多宽都不为广。只有这样，才能夯实基础；只有这样，才能练出真功——这个过程实在是太缓慢，太讲功夫。看看那些编辑名家功夫如何了得，便知我之所讲绝非虚言。可以这样讲，未经足够年头的编辑实践历练，不可能对出版有深刻而又独到的认识；对出版没有深刻而又独到的认识，出版绝对是干不出名堂的，即便侥幸干出来了，不是滥竽充数，就是自吹自擂，只因修炼与出版这个行当难相通啊。我干出版就是半路转行，尽管很谦虚，虽然很努力，依然觉得对这个行当认识肤浅，很多方面不通畅，所以驾驭起来十分艰难。继续努力，谁让咱功底差呢！

出版业中有两类职位，一类是基础类职位，另一类是非基础类职位。所谓基础类职位是指那些对应的工作起步时行业素质要求一般，经过实践，可以逐渐达到一个较高水平，比如校对、文字编辑、发行。所谓非基础类职位是指起步时对行业素质要求高、行业经验必须丰富、其他造诣深邃的职位，比如组稿（策划）编辑、版权经理。这类职位没有足够的行业历练和高水平的通用素质，是很难胜任的。换句话说，非基础类职位对应的工作并不是读几本书、上几天课就能担负的，更不是可以由什么人任命就能担当的。对业内各部分之间、修养与业内相关部分需求之间等认识不到位，感觉不灵通，这类工作就不可能做好，更不可能做出名堂。其实，岂止是出版业如此，其他不少行业的职位均有这个特点。

做好出版，必先精通出版的两大特点。其一，出版是个外壳，壳里藏着丰富的内涵。外壳是相对固定的，内涵是深邃而又变化发展的。掌握外壳容易，花上三五个月便可基本知晓。内涵则不同，短则数年，长则终身，即便如此也未必弄得懂、拎得清。其二，出版是个实践性行业，非实践无以明其妙，无实践难以通其道——靠书本了解，结果只能是纸上谈兵。世上绝大多数行业都是以实践、生活为基础的，不参与实践，不深入生活，不与现实社会互联互通，这些行业的奥妙就难以知晓，出版综合性极强，涉及面甚广，这个特点尤为突出。深入研究内涵、深入参与实践、明晰两者之间的关系是做好出版必不可少的条件与手段，更是将其做到极致的不二法门。

如今出版乃至文化界面临着一个普遍的问题，那就是不自信。由于不自信，就要千方百计地做出点让人看得见、听得到的东西，否则就觉得无以向上交差，更无以彪炳史册。于是，该具备的不具备，比如耐心、毅力；该尊重的不尊重，比如规律、规则；该经过的不经过，比如过程、挫折；该积累的不积累，比如经验、品牌；该讲究的不讲究，比如责任、效果；该做的事情不去做，比如深入读者、了解市场、跟踪趋势。到头来看得见、听得到的东西与职责、工作互不相通，做好工作不知如何下手。在这种状态下，也许会弄出几件产品，然而这样生产出的产品往往不是虚的就是空的，真为发展奠定基础的几乎没有。如此一来，不仅浪费了光阴、生命、资源，还坐失了许多大好机会，拉大了与强者的距离。接下来的剧情就是更加不自信，更是没耐心，更不讲规律，更不要过程，更不重积累，更不管效果……

我国自有图书出版这个行业以来，绝大多数时间都是知识、信息、智慧与文化系统与受众沟通的唯一手段。直到出现报纸、广播、电影、电视，图书出版的这种系统传播功能才受到一定挑战。不过从眼下情况看，图书出版在知识、信息、智慧与文化沟通中依然占有重要地位。关键就在于图书出版与其他媒体在功能上有显著区别，前者关注系统阐述，后者讲究时间效率。随着互联网的问世与普及，加上图书出版功能的不断演化，图书出版这种传统的与受众的沟通手段与其他已有形式的竞争态势越来越显著。如此发展的结果是，传统出版的传播模式、功能种类与时间效率越来越无法满足人们的需要，越来越无法刺激人们的需求。可以这样说，图书出版在知识、信息、智慧与文化沟通方面越来越没资格坐前排，后排是否有其位置，有时候都是很令人怀疑的。在这种情况下，传统出版若要生存甚至发展，就必须借助其他形式的沟通手段。换句话说，有互联网等形式打前阵，传统出版跟进，这种古老的行业才有可能继续坐在发展的列车上。具体讲就是，适合改编成游戏的，先做成游戏，然后再由图书跟进；适合改编成电影的，先拍成电影，再由图书跟进；适合现场讲授的，先搞现场讲授，然后再由图书跟进；适合制成电视节目的，先做电视节目，再由图书跟进…… 不同形式之间相互沟通，不同业态之间彼此融合，传统出版就依然有存在的价值，也有继续发展的空间。沟通手段不仅用于人与人之间，用于不同形式的信息传播手段与业态方面时也会发挥不小的作用。

做出版表面上是做图书，实际上是做友情、做名声、做胆略、做理念，做经验，做耐心。缺少上面提到的这些特性与品质，您就是把牛劲使出来也没用，该不灵还是不灵。

第四章

文化沟通要入心

文化与文学、艺术、哲学、科学有关，还与创造这些成果者的思想一脉相承。说到传播，如果文化仅涉及文学、艺术、哲学、科学，也许相对容易一些；倘若是人的思想，采用“传播”的概念恐怕就没那么有效了。英文有个词叫 communicate，一般人译为“传播”，可是这个词还有一个意思：to exchange thoughts，feelings or ideas by speech，writing，gestures，etc①。将其直译成中文是“以讲话、书面或者肢体语言等交流思想、情感或者想法”。这样一来，单向的“传播”只好改成双向的“沟通”。人与人之间交流就是通过人格、修养、观点、见解、立场、态度这些思想的外在表现沟通彼此的内在文化，进而形成良好的关系。文化沟通既是专业人员的工作，也是一般人无法逃避的事情，否则人与人相处就会生出很多难以调解的矛盾。如今包括中外交流的人际交流越来越多，了解、掌握文化沟通规律，对所有人来讲都是必要的。本章便是围绕这个问题展开，而我从事的工作又与这种沟通相关，从中得到的一些体会、经验可供各位读者参考。

第一节　认识特点明规律

做任何事都要遵守规律。要想遵守规律，就必须先明白规律是什么，而

① Collins English Dictionary，HarperCollins Publishers，1999。

后将其悟透并与实际紧密结合起来。按规律做事通常有准头、有顺序、有轻重。一旦做事有准头、有顺序、有轻重，成功的概率就会大大提高。

端正态度

战争中的攻坚战，经常要先打外围，也就是先把外围的防守洞穿。与外国人进行文化沟通，尤其是做文化产品常见的交易形式——版权贸易也有一个“外围”的问题。从某种意义上讲，版权贸易的“外围”问题并不比攻坚战的外围容易解决，只因军队作战要解决的是枪炮子弹与钢筋水泥构成的有形防御，版权贸易要应对的则是价值观与社会环境筑成的心理城墙。何以如此？每个人对这个世界都有自己的认知，对世界上的事物都有自己独特且经过长年累月形成的观点、看法、态度。不论正确与否，对世界的这种认知可以说是一个人赖以思考、行动的基础。说这种认知是一个人的尊严和宝贝，恐怕一点都不为过。如此一来，若要让人家放弃、改变其长期坚持的认知，接受新的认知，是不是很困难呀？

从心理学角度看，极少有人主动、俯首帖耳地接受别人的认知。可以这样说，这世界上的各色人中，除非是胸怀大志、想要学习先进观念者，没有什么人不对试图改变其认知的行为生出反感，也没有什么人不在心理上扎起牢固的篱笆以便抵御外来力量改变其认知的企图。一个人尚且如此，一个民族、一个国家对其立足之本——文化更是具有一种捍卫本能，对外来文化的进入有着极高的警惕性。正因如此，我们从事文化沟通的时候才不能蛮干、瞎干、胡干，相反我们必须按规律办事，也就是先从“外围”入手。“外围”突破了，直捣黄龙①便是水到渠成之事。那么这“外围”是什么呢？根据多年的生活与业务实践，我以为改变他人认知的“外围”就是情感。情感和谐了，彼此有了交情，相互成了朋友，推广版权以及其他文化产品，进而改变人家的认知这个“攻坚战”才容易取胜。

---

① ［元］脱脱等：《宋史·卷三百六十五·列传第一百二十四》中有“直抵黄龙府，与诸君痛饮尔”一句。其中“黄龙府”为金人军事重镇，后用“直捣黄龙”比喻捣毁敌人巢穴，取得最后胜利。

从事文化沟通，要从下列角度解决“外围”问题。首先是拿出坦诚之心。用心交往，建立友情。就拿参加国际书展来说，主要精力最好放在交往上。这是因为参加国际书展的人平时很少见面，几年见不到一次绝对不是罕见事。见不到面，人际关系就会有距离，就会生疏；人与人之间那么有距离，那么生疏，还指望产生什么感情呢？所以务必要充分利用书展这样平时找不到的机会和平台。什么事情都可以放到书展以外去做，深入、充分的交流与交往则不行。其次要有行得通的观念。我们参加国际书展，向人家介绍我们的图书，可是书中讲的东西体现了中华文化的什么观念，我们却说不出，更别说对人家有什么益处了。很多事情不清楚，大多源于我们做事的观念有问题；观念摆正了，事情就好做得多。

我向外国客户兜售版权，绝对不做那种上来就介绍图书内容的简单事，而是先介绍我做事的观念，然后再介绍我推广的图书体现了一种什么理念——当然是对读者有益的理念。这种理念我是否信服，对我是否产生过益处，都要讲得一清二楚。人家一听我有过体验，有过收获，就有可能接受。正如本书第二章“《青铜葵花》成功的学问”所述，我推广小说《青铜葵花》时最用力之处便是小说呈现给读者的理念。不仅我认真读，我妻子也走进故事中，我们都为书中体现人间大爱的故事感动得落泪。书中体现的这种人间大爱不仅传递给我和我的妻子，还使我在与英国代理商打交道时得到了充分的体现，从而赢得了对方的信任。再次就是互相帮助。我有几个代理商朋友，他们在版权业务方面不论遇到什么困难，都找我帮忙，我也是当仁不让。我不仅花费大量时间接洽相关机构与人员，还为其敲定联系方式与日期，为其相互沟通创造有利的条件。我的这些朋友与我谈交易时，无不具有君子风度，释放虚假信息、哄抬报价水平在这些公司或者代理人与我打交道时从未出现过。我们合作不仅有成效，而且非常快乐，时不常还有几分幸福感。最后就是责任感。版权不同于一般的工业品，价值经常看不清、摸不透，一不留神，就弄错。有的人做版权贸易时，只知道向外推广，是否适合对方市场则一概不管。结果对方买到版权，版权使用费付清了，当地版本出版后却没卖出几本。虽然责任由买方自己承担，可是推广的时候那种不遗余力、甚至巧言令色的劲头是不是也有问题？我兜售版权就不是这样，责任感是我品牌的重要组成部分。宁可卖不掉手中的版权，我也不会将我认为有可能销售不好的东西忽悠给人家。人家相信我，我讲规矩，也讲责任，只要我主动推荐的作品，我的英国朋友都接受。通过责任感树立的这种品牌，时间越久，越能显出效果来。

文化沟通要讲效果，没效果比什么都没做还差。那么这个效果是怎么实现的呢？程序、步骤又是怎样的？长话短说，就是八个字：入耳、入眼、入脑、入心。入耳、入眼讲的是受众乐于、愿意并最终接受所收到的东西；入脑则是大脑对听到、看到、读到的东西进行思考、梳理；入心指的是受众收到的东西令受众产生共鸣，进而在其思想深处扎根，甚至以此修正其以往的看法、观点、立场。通过这样一系列的程序与步骤，沟通者的品牌才会得以改进、提高，文化沟通才会达到预期的目的。

相声演员杨义在一次访谈节目中说，相声得说得“像空气，不知不觉说到观众的心里”。怎么才能达到这个效果呢？那就是要掌握好节奏，“要溜达溜达地坐到人家怀里”。所谓“像空气”，就是文化送达让人既无感觉，更无知觉，当然也无警觉。至于“坐到人家怀里”，意思是要传递东西需与受众心贴心，而不是仅仅停留在受众的眼睛、耳朵边上。只有不知不觉地达到与受众心贴心的地步，文化沟通才能说到位，才会产生应有的作用①。做对外文化沟通的人员是不是可以从艺术传播规律中汲取一些经验呢？

文化沟通要讲两面，一面是“相同”，另一面是“不同”。“相同”是基础，没有这个基础，谁愿跟您交流？相互没有关系嘛。可是光有“相同”也不行，那样会使您失去存在的合理性，也就没了存在的价值。既然您都没必要存在，也没有存在的价值，谁会跟您交流？所以，“相同”与“不同”均不可或缺，少了哪个，文化交流都无从谈起。

我们的文化教育讲究意义与主题，这种方式教育出来的人与人沟通比较喜欢在意义与主题上下功夫。在这世界上，文化作品的意义与主题是非常有

① 中央电视台：《中国文艺》周末版“向经典致敬”，2016年8月20日。

限的，而相同意义与主题下的细节却是可以千变万化、千差万别的，也正是这个原因世界上才有那么多伟大的作品久传不衰。伟大的作品所以伟大，所以感人，所以使人记住，不在于意义有多深远，主题有多新颖，而在于表达上的细节符合人们的习惯、需要与欣赏角度，从而在人们的内心产生极大的震撼。加之人是通过感性而不是理性认识世界的动物，细节在文化沟通过程中起着无可取代的决定性作用。

出版国际化必须分两步走。一是先融入，也就是与国际上多数人在表达、包装、营销等方面别无二致，这样您的一切才令人觉得可亲。二是后接受，也就是国际上多数人接受您的态度、价值观、行为方式，这样您的一切才令人觉得可敬。这是一个由表及里、由外达内、逐渐积累、耐心改变的过程。

出版是一盘棋，版权贸易仅仅是其中一个子、一步棋；出版是一盘棋，出版国际化仅仅是其中的几个子，几步棋。这个子或者这几个子怎么走，这步棋或这几步棋要达到什么目的，都与整盘棋的战略目标与战术安排有着不可分割的联系。出版中其他部分的作用也不例外。下棋时看哪儿走哪儿，说明您不懂下棋；下棋时看两步走一步，说明您是个初学者；下棋时有点全盘考虑，说明您进入了中等行列；下棋时讲战略，有战术，至少说明您有希望成为一个优秀棋手。做出版，要将其不同部分纳入整体考虑，再配之以妥当的战略与精准的战术。如此做出版，您的出版很可能做得很出色，很可能在历史上留下位置。

我国现在的出版是从宣传转过来的，时至今日我国出版业中的不少出版行为依然有着强烈的单向宣传烙印。西方国家的出版从一开始就定位在沟通上，他们对出版物的销售方式与最终销售效果如何适应受众需求这些问题丝毫不敢怠慢，故而在很多地方考虑非常细致，非常符合客观规律。我们的出版要想真正走向国际，要想成为中国文化走向世界物美价廉的排头兵，还有很多地方需要向西方国家的同行学习，尤其是细节与过程，更是值得我们多下一些功夫，多花一些精力，多用一些时间，多动一些脑筋。

跨国版权买卖是文化沟通的一种形式，而且是非常简便、立竿见影的形式。但是跨国版权买卖必须将着眼点放在文化沟通上，而不是版权买卖本身。

如果舍弃文化沟通这个目标，采取其他手段，版权贸易估计很难做好、做出色，更别说达到一个可观的层次。

做版权贸易效率很重要。不论白天黑夜，但凡有人接洽或者发来反馈，就要马上处理；如果一件事放上10天乃至20天，恐怕就不是黄花菜凉不凉的问题，而是菜叶烂得都找不到了。我经常夜间处理海外来信，需要立刻回复者，则立刻回复，海内外作者、出版者都说我的工作效率高。马上回复，沟通效果好；无故拖延，达成一致难！

版权输出乃至整个出版或文化“走出去”绝对不是技术问题，更不是热情问题，也不是运动问题。只有将其摆在战略地位，全面布局，与平常业务融为一体，调动一切资产，上下一致，耐心坚持，才有可能做出真正的成效，走向光明的未来。

不论是做出版还是做版权贸易，两“性”不可缺少。一是图书包装以及题材对读者要求要有很强的适应性，二是图书所含的意义对读者阅读取向要有巧妙的引导性。如果只讲前者，适应之说将失去主动，处于被动无所作为的境地；如果只讲后者，图书将不被读者接受，引导也无从谈起。

与外国人做版权有七招证明不灵：（1）讲面子不灵；（2）求同情不灵；（3）抱佛脚不灵；（4）改决定不灵；（5）请吃饭不灵；（6）找关系不灵；（7）为己想不灵。

回想多年做版权销售的经历，发现我只做了三件事：（1）深化对西方读者阅读口味、取向、习惯、要求与禁忌的精准研究；（2）强化与西方代理人、权利人的有效沟通；（3）为潜在用户接受我的产品找出令人信服的理由。

善于沟通，您手中便有了版权销售的金箍棒！

版权买卖既是技巧活儿，也是沟通活儿，更是耐心活儿。这三样一般般，做版权买卖，没戏！真没戏！

版权经理水平高低不是关键，有无合适作品才是决定性前提，如何选择作品是关键。选择作品之前如果已具备丰富经验，选择结果不会相差太远；如果经验不足，就要预先与您心中的潜在读者沟通，看看您的选择是否得当。

判断具体作品得当与否是一方面，检验选择思路显得更重要。如此日积月累，遇到具体问题时无需踌躇，因为日常沟通已经为您的选择奠定牢固的基础。

版权购买计划实施之前要尽量与供职单位领导沟通妥当：(1) 订出长期购买战略；(2) 目标市场定位精准；(3) 阶段目标务实明确；(4) 资金支持重点清晰；(5) 合格交易人才不缺。

做版权离不开合作。很多合作开始时，你说我好，我夸你棒，没过多久便分道扬镳。这时若是争论起来，你说你的理，我诉我的冤，好像大家都正确。有人为求舆论同情，将事情公开，结果还是各唱各的调。为何会出现如此结局？依我看，起因在于观念不同，前提在于沟通无效。如果观念相近或相同，是非曲直立刻一清二楚，相关方面也不会说只有自己正确；如果沟通有效，各自说出真心话，就不会因为对相关问题的不同理解与诉求而产生争执。我的结论是观念不同与沟通无效者之间少合作、别合作，一合作多半会出毛病，而且还说不明、讲不清。

很多人认为谈版权最好是多人参与——人多势众，容易使对手就范。实际不然，人多不仅不会产生什么好处，反而会令人多一方陷于不利的境地——谈版权毕竟不是去森林打狼，更不是上战场杀敌。具体说来，不利有三。一是头脑多，想法就多，很难形成拳头。其次是出口多，差异就多，很难形成力量。第三是漏洞多，露底就多，很难不给对手留下可钻的空子。相反，一对一地谈，不仅可以避免上述弊端，还有如下益处，那就是可以根据瞬息万变的情况随时调整策略、节奏、手段。对方摸不清您的套路，搞不明您的步骤，就会觉得您难对付。一旦对方觉得您很难对付，胜利的天平很快就会倒向您这一方。

做图书版权贸易，最好从图书出版、文化沟通、市场营销、指导观念、人际交往等人文方面下功夫。如果仅将其视为技术技巧，只在几个无血无肉冷冰冰的手段或媒介上做文章，无法将文化做到内心，即便很努力，很多时候也是做不出名堂的，更不可能做出显著成就来。这是我30年媒体、出版生涯的最深刻体会，也是我做图书版权买卖的最深刻的经验。

有不少业内朋友希望我帮助销售版权，一般我都婉言回绝。原因是有三个道理很多人不懂或者似懂非懂。一个道理是版权代理需要品牌这个开山斧。品牌的形成离不开所代理的作品，当然也包括作家和出版商沟通的结晶，这是一个整体。如果我代理的作品类型以及作家和出版商换了，以往的沟通结晶失去了，以往的品牌效能也就无法充分发挥出来了。这就需要重新积累，重新塑造。当然，这并不是说以往的沟通结晶以及在此基础上形成的品牌一点作用没有，以往的品牌可让我的品牌积累过程缩短，至少比没品牌的人要短得多。另一个道理与第一个密切相关，那就是希望合作的人大多很着急，恨不得立即取得成效。我这里要重新积累，您那里要立等可取，这怎么能合作呢？第三个道理是品牌积累缓慢，文化沟通就更是慢功，更是着急不得。一个急性子碰上一个慢功夫已经受不了，若是碰上两个慢功夫，那绝对是不可想象的。正因如此，回绝在很多情况下已成了我的必然选择，除非我能确认您从内心理解、认可以上这三个道理，而且还能将其化为主动、自觉的行动。

做版权代理是一种服务性工作，一种为委托人争取权益、规避风险的服务性工作，其价值体现在三个字上。一个字是“找”——别人找不到的，我能找到；别人长时间找不到的，我短时间内就能找到。另一个字是“谈”——别人谈不下来的，我能谈下来；别人谈的条件不好的，我谈的条件能比较好。还有一个字是“约”——别人约定的合同条款偏向交易对手的，我约定的合同条款对合同双方的责权利义均等对待；别人约定的合同条款严谨度不够的，我约定的合同条款能穷尽一切可能。做代理就该在这三个字上下功夫，做出品牌。

人际交流

版权贸易是文化沟通，而文化沟通则是人际交往的深层基础。论经济价值，版权贸易多数情况下非常有限，可是讲人际交往，版权贸易则非常令人心驰神往。退休十几年后依然在做这一行者有之，有了生意让给朋友去做者有之，同行联系不到权利人时无偿提供帮助者有之…… 如此行事虽然没挣到金钱，却换来了友谊，尤其是与万里之外陌生人之间的友谊，从而建立起天下美名。这些收获恐怕是一种远比金钱有趣得多的享受。如果做版权贸易受金钱驱使，让任务压迫，我相信肯定没有这两种享受。所以，做版权贸易的人是需要条件的，一无生存压力，二没任务追赶，只有这样才会做得从容，才会做得有耐心，才会做得心情舒畅，也才会有美妙无比的享受。

写文化产品交易合同不是写报告，也不是写小说，更不是闲谈聊天。写这种合同务必用合同的语言，否则就不是合同，而是别的什么玩意儿了。合同语言的特点是精确——含糊笼统不行，中性——充满感情色彩不行，严谨——图省事、搞省略不行，一致——前后说法矛盾、错位不行。

与海外客户，尤其是与西方客户打交道万万不可想当然——事情尚未有谱就问人家行不行，长时间没回答就说人家另觅高枝，销售数发过来疑心人家隐瞒数据，版权没买成，非要问人家卖给谁了……任性地用自己习惯的思维方式与海外客户交涉，不仅办不好事，反而还会把事弄砸。

文化沟通，不论是直接还是间接的，最好以人及人性为内容，以故事为载体，诸如父母与子女、教师与学生、领导与职工、医生与患者、政府与民众、传媒与受众之间。这方面做到位了，沟通就有效了，因为只有以人及人性为内容、以故事为载体，沟通才会与别人扯上关系，才会引起别人注意，才有可能在别人心中产生共鸣。

文化沟通最好采取双向交流，最好以对另一方产生益处并使其愉悦为目标。如此沟通，即便您讲的是火星上发生的事情也没关系，只要对受众有帮助、有好处，受众就会对您产生好感，就会理解您在故事表现的价值观、立场、观点，甚至还会在某种程度上有所接受。如此沟通才会顺畅，才会受人欢迎，从而产生预期或超预期效果。赤裸裸地把自己骨子里与众不同的东西直接扔给别人，不加任何修饰，没有任何包装，也不管扔出去的东西对别人是否有用，这种做法是不够聪明的。

文化沟通由“皮”与“肉”两部分组成：题材是“皮”，价值观、态度、主张、观点等是“肉”。“皮”可以是别人的，“肉”一定是自己的；“皮”是看得见的，“肉”是看不见的；“皮”是吸引人的，“肉”是提供营养的。

搞文化沟通，要妥善解决“皮”（内容）与“肉”（价值观、态度、主张等）的关系。“皮”一定要软、要可口，“肉”一定不含糊、要货真价实。要做到神不知鬼不觉地把“肉”送到人家胃里，不仅吃了，还要让人家发现并确认对其成长大有帮助。

中国电影西行难，一是地方色彩太重，二是历史背景复杂，外国人搞不懂，加之缺少国际大牌明星，进入西方世界难上加难。电影如此，同是文化产品的图书命运也好不到哪里去。正所谓知己不知彼，一切都免谈！

现如今中国出版走向国际不只是大势所趋，而且是中国出版人义不容辞的责任。然而，出版走向国际，依我看，不是按照中国人的思路以中国人的规则弄几本书到国外便可了事，而是按照国际出版通行的方式和规则为全世界读者制作全世界读者都能读、都喜欢读的作品，从而对世界产生影响。即便我们出的是中文版，只要书是面向世界读者，照样有人自掏腰包去购买图书版权，经过本地化包装，卖上几十万甚至上百万册。如果是前者，我们顶多在版权输出上增加一些数字，其他任何作用都没有，更别说在世界上产生应有的影响。如果是按照后者去做，我们不仅会获得经济效益，就像韩国出版的童话《走出院子的母鸡》，还会为国家赢来巨大的影响。

众所周知，人们对他人的意见会情不自禁地构筑起防御工事，也就是说，这世上极少有人愿意主动地接受别人对自己的教育，极少有人主动地学习别人的文化——除非迫不得已，除非不知不觉。正因如此，文化沟通必须蜿蜒曲折地、投其所好地进行，犹如春雨降落大地，“随风潜入夜，润物细无声①”。

文化沟通

做跨国文化沟通就像厨师做菜。用自己的料做自己的菜，任性地端给天下人吃，到头来只能留给自己吃。相形之下，用天下料做天下菜，端给天下人吃，天下人都会喜欢吃。只要知道是谁做的就行了，别的不用管。

① ［唐］杜甫：《春夜喜雨》。

文化沟通的特点是潜移默化，其着力点是普通人常见的普通事。文化沟通最大的敌人是急不可耐，高举高打，因为目的性越显著，对普通人的影响越小，甚至为零！

版权是文化的播种机，也是文化的收割机，更是文化的发动机。没有版权，文化沟通无从谈起；不懂版权，文化沟通无从展开；不会交易，文化沟通无以收获。

文化这东西，如果在家里玩，您想怎么弄就怎么弄；如果您要走出家门，让周围的人接纳您，就得按世界通行规则、习惯与方法去玩，否则就跟别人玩不到一起，除非哪天开始大家以您为中心。

搞对外文化沟通万不可有“我是中心”的心理，也就是民间讲的“托大”，强力推销，好像全世界都注视着您。不论是强势文化，还是弱势文化，都必须放下身段，都必须投其所好。简单说就是，用世界人民接受、喜欢的一切方式展现我们的形象、想法、态度、观点、见解等。

文化沟通在很多方面与人际交往、男女恋爱有着极为一样或者近似的规律，其真谛概括起来就是三句话：(1) 强调一致性；(2) 淡化差异性；(3) 追求互利性。

文化不仅体现在哲学、历史、语言、政治、军事、经济等方面，还体现在观点、判断、人格、好恶等态度上。文化好比是一棵大树，哲学、历史、语言等是树根，政治、军事、经济等是树干，而观点、判断、人格、好恶等是形成树阴的枝叶。人们享受树阴带来的清爽与幽香之后，必然会对树干乃至树根产生探知的渴望。文化沟通还是从人们最能获益且最不起眼的枝叶做起吧！

有句话人们常常提起：“会讲故事的人拥有世界”。有人说这句话是古希腊哲学家柏拉图所说，也有人说是美洲印第安原住民的谚语。不论这句话从哪儿来，道理却是相同的，那就是故事讲得好的人能将一干人众吸引过来，能将很多人团结在自己周围，因而也就能成大事，拥有世界也就成为可能，沟通的力量大啊！

不论是强势文化还是弱势文化，文化本身的特点决定了文化沟通只能是：

（1）不动声色；（2）迂回曲折；（3）投其所好。大张旗鼓、直来直去、我行我素地搞文化沟通，其结果不是适得其反，就是南辕北辙。

搞文化沟通应该学习当年红军发动群众、建立根据地的战略方针。满足读者需要，就像解决群众生活问题，与读者拥有共同价值观与情感、共通的经验，就像与群众打成一片，有了广大读者支持，就像有了稳固的根据地。如此沟通焉有不出成效之理？

简单地说，文化沟通就是人际沟通。文化沟通可以是同一区域同种文化之间、同一区域不同文化之间的沟通，也可以是不同国家、不同民族的不同文化之间的沟通。人与人之间，不论距离远近，文化上既有不同的地方，也有相同的地方。文化沟通从相同的地方入手易于沟通，从不同的地方入手肯定难以取得良好效果。

文化沟通的精髓就是将文化深深埋在传播品当中，让不像文化传播品的传播品将文化送到受众心中。换句话说，看上去越“没”文化的东西，有时候越容易成气候，越“有”文化的东西，有时候越是难以找到知音。传播不出去——皆因人类对外部影响多少有些抵触心理。

对外沟通的根本谋略是寻找人类共通的经验与思维、共同的价值以及情感、文化的共性、人性的共鸣，不知不觉、不露声色地将中国人的积极精神这个“里”化入“共”字媒介之中，最后一并送达受众心底。换句话说就是以同播异，同在外，异在内，同有形，异无形。传播的艺术就在这里，说服的艺术就在这里。

做文化沟通之前，请问自己三个问题：有没有可行的理念；如果有了这样一个理念，是否亲自加以践行与推广；别人愿不愿接受您的理念。如果对这三个问题的回答都是肯定的，那文化沟通才会擦出火花，才会碰出效果。

做国际出版讲的就是一个字：合。国内国外读者、市场、推广合二为一，不分内外。西方出版公司，尤其是跨国公司，就没有国内国外之分。我们之所以作这样的区分，就因为我们太爱我们与外国不一样的那一面，太想展示不一样的那一面，而对相同的那一面不感兴趣，这正是我们做国际出版的根本误区。依靠相同的一面，讲述不同的故事，这才是做国际出版的方向。

做国际出版，我们常常忽略中外之间的差异，导致我们的出版完全按照中国人的思维方式与习惯思路做，使国际受众很难接受。一强调差异，我们又经常忽略共性，为满足外国人所谓的个性需要去做国际出版。由于缺乏人类共同的东西，我们做的东西常常让人觉得乏味，没有可读性。忽略差异不行，走向另一个极端，忽略共性更是行不通。按照老祖宗讲的中庸之道做国际出版，一定会取得不错的效果。

做国际出版，不仅要讲究中外共性与差异，还要重视市场细分，也就是精准定位。如果我们向国外大众推广社会制度、政党类图书，那一定会失败；如果我们将情感类图书定位在国外普通人，成功概率就很高。在我看来，凡是用来满足人们生存、安全、情感与人生价值实现等需求的出版物就是大众书；凡是在这个范围以外的书，都应该视为专业书。大众书要推给国外的大众读者，专业书则要盯住国外的专业读者。尽管两者之间在某些情况下有一些重叠，但是绝大多数情况下还是有很大差异的。做国际出版要让读者各得其所，各有所得——读者定位要精准，错位不得呀！

文化沟通应该走民间途径，在不经意间与受众展开沟通，以这样的途径和这样的方式沟通才容易使沟通成为自然的过程，才会较少遇到障碍，才可能使不同文化背景中成长起来的人相互交往、相互包容、相互促进。

民间做对外文化沟通，目的不为沟通，而是为交朋友。怀有这样的目的做文化沟通，心态轻松，将心比心，结果不仅交到了朋友，还沟通了文化。怀有别的目的做对外文化沟通，效果会差得很远很远。

过去的人讲故事与现在的人讲故事有很多不同，其中之一就是故事中的人物关系自然，而且会因场景变化而变化。《水浒传》和《三国演义》中的人物随着故事的发展，有的消失，有的出现，人物关系也不断变化。当然，人物关系也有不变的，因为这些人生活在同一单元或者同一团体内，比如《红楼梦》。如今讲故事则不同，尽管所处场景有别，有的是市长，有的是商人，有的是学者，有的是记者，人物之间却有着诸多非选择性关系，比如同学、师生、战友、老乡、老情人，现实果真如此吗？恐怕很难吧。现在讲的故事，很多是为了增加故事的戏剧冲突，把少有可能出现的关系拼凑到一起，因而多不可信，说其脱离实际、胡编乱造也不为过。出现这种情况的原因之一在于讲故事的人实在缺乏生活基础，缺乏实际积淀。

我们做国际文化沟通最大的障碍是，我们太喜欢把想说的直接告诉受众，就像坐直通车，不愿意采用迂回曲折、婉转隐蔽的形式表达我们的意思，或者不喜欢坐区间车。然而，世界上最容易接受的沟通形式是讲有细节、有人与人性的动人故事，世界上最有效的沟通方式是引起受众共鸣，对受众有益。违背沟通规律的沟通不仅达不到预期效果，而且还会招致反感、憎恶，彼时我们不仅坐不了直通车，就是坐过山车也不见得有机会！

对我们而言，出版国际化的困难不是没有雄心，不是战略不当，不是选题匮乏，不是人脉稀少，而是固守面子重如泰山的观念。如果我们总是一切按照我们的观念办事，总是那么自以为是，总是不承认与别人的差异，总是拒绝纠正不合实际的想法，总是急功近利，以此来维护我们那起不了什么太大作用的面子，我们就不会找到符合实际而又出其不意的策略、方法与手段。殊不知策略、方法、手段等都是辅助性的，都是与观念相匹配的。可以这样说，有什么样的观念就有什么样的策略、方法与手段；观念脱离实际，抱残守缺，僵化不变，策略、方法与手段也不会奏效，甚至会产生事与愿违的效果——观念与实际不贯通嘛！

心理学中有一种认知失调理论。认知失调是指一个人的行为与自己先前一贯的对自我的认知产生分歧、从一个认知推断出另一个对立的认知时而产生的不适感、不愉快情绪。随着认知失调不断增加，一个要求减少和消除失调的压力就越来越大。减少、消除这种由失调而产生的压力和心理紧张，通常采取以下三种途径：一是减少不协调认知成分；二是增加协调的认知成分；三是改变一种不协调的认知成分，使之不再与另一个认知成分矛盾。具体来说就是改变态度、增加认知、更换行为等。就出版国际化而言，当出版国际化不那么有效时，我们要么改变认知，以一种新的态度推进出版国际化；要么增加认知，让我们觉得以往的做法有道理，从而坚持下去，一条道走到黑；要么更换行为，也就是不做这件事。从现实来看，增加认知与更换行为均不可取，唯有改变态度才会让我们拥有美好的前景，才会使我们的认知少些不一致，少些不适感，少些不愉快情绪，最终将出版国际化做到位、做出色。其实，不论是做什么，改变态度，更新观念，推进各种要素之间的沟通在大多数情况下应该算是一个使人沿着正确方向长久前进的康庄大道。

一个人若是五谷轮回不畅，屡次登东均无功而返，内心定是备受煎熬。做出版，特别是做国际出版道理与之相同。作品再好，再适合国际市场，没有稳定的买方客户，出口缺乏保障，无论怎样努力，都将无济于事。下大力气，按国际出版规律建立完整密闭的出口网便是我们做国际出版的紧迫课题——光进不出可是要憋坏了身体的！

讲求实际

有五种书外国读者不接受：（1）教训人的书不接受；（2）自以为是的书不接受；（3）权威性差的书不接受；（4）没趣味的书不接受；（5）一眼看到结果的书不接受。

对外销售版权、为外国读者出书以及在海外设立出版机构已是中国出版“走出去”或者说中国出版国际化的标志性做法，在某种程度上已然成为很多国内出版机构的任务。在这世界上，尤其是出版业发达的国家，从未听说有将出版“走出去”当做任务的。相反，我所了解到的情况告诉我，给全球读者出书是世界上很多出版机构的意识，甚至是潜意识。换句话说，在他们眼中，他们的读者遍全球，至于用什么语言、在什么地方出书不过是形式而已，是很次要的。如果出版“走出去”在短时间内是我们的一项任务、一个形式或者一个论题，没什么不妥。倘若长久不变，给全球读者出书总是成不了我们的共同意识或者潜意识，那我们出版“走出去”的效果与我们的初衷就会背道而驰。原因很简单：我们什么都没变。可以这样讲，沿用过去几十年做出版的思路搞出版“走出去”是不可能真正“走出去”的。

出版“走出去”有几种做法不可取：（1）专为外国人编书不可取；（2）大计划、大投入不可取；（3）忽略读者需求不可取；（4）过分强调形式不可取；（5）违背文化沟通规律不可取；（6）急功近利只求表面不可取。

2016 年 12 月，时任全国政协外事委员会副主任王国庆在谈到新闻发言人的发言“规律”时说：“新闻发言人想讲的、媒体关心的、公众关注的，三点成一线才能一击即中，有效发声①。”这便是有效的沟通。其实，不仅新闻发言要如此遵守规律，包括图书出版在内的其他文化沟通工作也应如此。就拿图书出版来说，必须使编者要讲的、市场缺乏的、受众需要的这三点连成一线，才可一击即中，一沟即通。要做到这一步，所有专门从事文化沟通工作的人都必须具备过硬的媒介素养、坦诚的沟通态度、平和的话语体系；话语体系有了，预期效果才会显现。

1936年中国共产党决定邀请记者前往陕北根据地采访，相关准备工作由当时担任中共中央对外联络局局长的李克农负责。邀请什么样的记者，是中国的还是外国的着实令李克农费了一番脑筋。邀请中国的记者采访，由于中国记者没有治外法权，采访到的材料不仅不易报道出去，人身安全还会有危险。看来只好请外国记者，而在世界上掌握话语权的当属西方媒体，邀请西方记者来访该是比较合适的选择。不过英国、法国和德国的治外法权名声不好，这些国家记者采访将会遇到各种障碍。如果邀请苏联记者，又会引起外界误解，认为是苏联在搞宣传。经过斟酌，感觉邀请美国记者比较妥当。人们熟悉的美国记者艾格尼丝·史沫特莱与中国左翼作家联系密切，可是与左翼作家联系太过密切又会使其多少带有一些党派人物形象，发表作品的领域定会受到限制。最终人选确定为埃德加·斯诺。此人除了拥有其他西方记者的便利条件外，还定期给影响较大的中立报纸《星期六晚邮报》和《纽约先驱论坛报》撰稿。更重要的是，斯诺是一个具有独立性格、没有任何党派背景的美国记者，为人正直，人们爱读他采写的报道②。邀请一个西方记者采访需要考虑这么多方面，既要顾及记者的安全，又要保证客观公正，不能给心怀叵测者以玩弄阴谋的口实，最终还要达到邀请采访的目的。李克农的计划不仅体现了对新闻传播规律的掌握，还考虑到对采访者可能会产生的各种

① 钱一彬、董丝雨：《新闻发布，是释疑不是仪式》，载《人民日报》，2016年12月1日第14版。

② 方可、单木：《中共情报首脑李克农》中“冲破封锁，安排斯诺访苏区”，中国社会科学出版社，1996年。

影响，真是用心到家。如今我们做文化沟通，在选择沟通手段时是不是应该借鉴当年李克农的经验呢？是不是做得更地道、更有成效一些呢？毕竟我们现在可资利用的条件比那时不知好了多少倍呀。

《吕氏春秋·劝学》中讲到传道解惑时有这样的议论："凡说者，兑之也，非说之也。今世之说者，多弗能兑，而反说之。夫弗能兑而反说，是拯溺而硾之以石也，是救病而饮之以堇也。"这段话翻译过来就是，凡说教，应该使听者心情舒畅，而不是硬性说教。如今说教者大多无法使人心情舒畅，而是硬性说教。这样做好有两比，一个是拯救溺水之人时在其身上坠块石头，一个是医治患病之身时往其嘴中猛灌毒药。古人讲得很明白：传道解惑如果只是硬说一气，不仅不能传道解惑，而且还会使事情变得更糟，甚至无可挽回。仔细回味之后发现，传道解惑如此，引导孩子、人际交往等与人有关的一切事情不也是这样吗？如果再拓展一下，我们常说的文化沟通是不是也可从中悟出什么可资借鉴的东西呢？

1951 年，老舍的《四世同堂》在美国和英国同时出版英文版。这部作品的翻译是由老舍与美国友人蒲爱德（Ida Pruitt）合作完成的。据介绍，老舍认为将《四世同堂》译成英文时很有必要进行删节，至少要去掉 20 万字。翻译开始，先由老舍删节，然后口授给读不懂却听得懂中文的浦爱德，由浦爱德翻译后用打字机录在纸上。两人合作的英译本与原著相比篇幅缩减了很多，书名改为 The Yellow Storm。该书交给出版社后又由编辑作了删节，甚至删掉了一个人物①。《四世同堂》英文版与原作有这样大的差异，就在于中西读者多有不同。如果按照原作一句不少、一字不差地翻译，估计英文版是很难为西方读者喜欢的，更别说成为当时美国出版的最优秀小说之一了。

有的人搞文化沟通，尤其是搞对外文化沟通，由于观念过于陈旧，依然采用缺乏有效沟通的方式，这样一来就让人觉得很可笑。一个是把我们自己认为好的东西说给外国人听，好像我们说好，外国受众就一定觉得好，这是不是很可笑？我们的古人可不这样直截了当地搞沟通，那样搞法，不仅沟通

---

① 彭秀良：《蒲爱德：<四世同堂>的英译者》，载《团结报》，2016 年 12 月 29 日第 6 版。

难以成功，还会招来麻烦，比如《道德经》。想当年，如果老子按照现代有些人的做法直抒胸臆，这本旷世之作大概就不会流传到今天。另一个是急不可耐，好像我们想让人家转变对我们的看法，人家就立刻转变了，犹如变戏法一般，这是不是很可笑？我们的古人很懂得慢慢来的功效，所以才有“觉他人讲道理者，方而难入①”的感叹——给人讲道理就是一种立等可取的做法。

做文化沟通，是用相同的东西拼出不同来，而不是用不同的东西拼出相同来。

中国出版“走出去”为什么这么难？究其原因在于我们没有世界意识、沟通意识以及服务意识。相反，我们眼中只有国内需要——向世界介绍中国图书是为满足国内需要，从海外引进图书版权是为满足国内需要，给海外读者出书是为满足国内需要，与海外合作出版还是为满足国内需要。时时刻刻想着国内，点点滴滴为了国内——如此“走出去”岂有不难之理？是不是有些“救经而引其足也②”的味道？

沟通思想不在沟通思想本身，而在沟通思想所产生的观点、意见、做法是否会给受众带来看得见的益处，是否会对受众有所帮助，是否会与受众产生共鸣，是否会为受众所追求。如果沟通者沟通的观点、意见、做法给受众带来的益处看得见，对受众有帮助，与受众形成共鸣，为受众所追求，那么就无需说明观点来自何处，受众会情不自禁地去挖掘、去研究。受众不仅会主动挖掘、研究所接触到的思想，还会亲近沟通者本人；对沟通者本人越亲近，对沟通者的观点、意见、做法越有兴趣，越觉得有必要去挖掘、研究其思想。当然，光有益处、帮助还不够，还要讲究方法、讲究铺垫。如果铺垫充分、到位而又不露痕迹，效果一定会非常不错，就像说相声抖包袱一样，包袱抖得响、抖得脆，给观众的影响才深刻，感染力才很强、很长久。

懂得渐进

文化沟通必须是渐进的，不能是立等的；必须是人性的，不能是口号的；

① ［明］冯梦龙：《智囊全集·语智部善言卷二十》。

② ［战国］荀况：《荀子·仲尼》。

必须是可信的，不能是虚假的；必须是精彩的，不能是乏味的；必须是入心的，不能是表面的；必须是共通的，不能是各自的；必须是助人的，不能是自利的；必须是双轨的，不能是单向的；必须是具体的，不能是抽象的。

古人说得好："青山缭绕疑无路，忽见千帆隐映来①。"这两句诗用以描述文化沟通很是贴切。文化沟通讲效果，可是效果却可遇不可求。唯有做好功课，效果才可卓尔不凡。

讲故事要以人和人性为主题，讲的时候还要注意细节、悬念、语言、节奏、受众逻辑，这样讲故事才会吸引人，才会引起受众共鸣。作报告、开讲座、说服人、推广价值观是不是也需要这样做？传授自然科学知识是不是就可以不这样做？如果不用，小学老师上数学课时为什么要讲应用题？说点绝对的话，这世界上所有形式的交流与沟通——不论是口头的还是书面的，不论是大众的还是专业的，不论是人文的还是科学的，都离不开讲故事的那几个要素，只不过所含多寡不同罢了。只要能把讲故事的几个要素调动好，多枯燥的东西都会显得很生动，多晦涩的东西都会显得很浅显，多生硬的东西都会显得有趣味，多繁琐的东西都会显得很简洁……，如此交流、沟通，效果焉有不好、不妙、不佳之理？

香港城市大学校长郭位说，要想建设世界一流大学，软硬件达到国际标准还不够，"心件"也不能有缺陷。在这位校长看来，所谓"心件"，就是一种心态、一种专业精神、一种行为习惯和思维模式，一种需要一段时间去学习、沉淀的教育者气质②。细想起来，大学达到世界一流需要这般条件，其他很多领域恐怕都少不了这样的要求，比如我们此时此刻正在谈论的文化沟通问题。我们恐怕无需作更多深入的研究与分析，只需将郭校长对"心件"的定义套用过来便会发现我们面临的差距。在文化沟通过程中，我们是不是很需要一种踏实的心态、一种专业精神、一种世界一流沟通水准所需要的行为习惯和思维模式，一种需要一段时间去学习、沉淀的文化沟通者的气质？我想这是非常需要的。只有这样，我们才会有为受众着想的逻辑与意识，才会

① ［北宋］王安石：《江上》。

② 郭位：《大学教育，"心件"不可或缺》，载《中国科学报》，2017年5月2日第7版。

有与受众心心相印的可能，才会有机会赢得受众的芳心，才会使我们的文化造福于世界人民。

进行文化沟通时要记住两条原则：一个是挂在嘴上、写在纸上的绝不是或绝不能是您要说、要写的，您要说、要写的绝不是或者绝不能挂在嘴上、写在纸上；另一个是对受众有利、为受众带来帮助的一定要挂在嘴上、写在纸上，对沟通者有利、为沟通者带来帮助的一定不要或者不能挂在嘴上、写在纸上。原因如前所述，没有一个人会自发或者主动改变自己，进而接受别人的文化，更没有一个人会自发或者主动改变自己，进而拥抱只对沟通者有利或者只给沟通者带来帮助的文化。这是文化沟通的原则，是必须遵守的亘古不变之铁律。

做国际出版要预先与读者沟通。说到沟通，很多人最先想到的大概是与读者面对面地沟通。事实与经验证明，与读者面对面地沟通仅占很小一部分，只因面对面地沟通难度大，常常具有不可操作性。水平思维让我们有了一种简便、直接、效果更好的与读者沟通方式，那就是让自己扮演成读者，设身处地地与这个“读者”的心灵沟通，毕竟从事国际出版者也是人，也是有价值观、有喜怒哀乐的普通人。只要您的价值观、喜怒哀乐与世界上大多人相同或相近，只要您把自己当成一个实实在在的读者，只要您与这个“读者”的沟通是负责的，这个过程就有价值，就会对国际出版的市场把控产生极好影响。做国际出版从扮演读者开始，从与所扮演读者的心灵沟通入手。

做国际出版，尤其是做大众国际出版，有三点务必注意：一个是紧紧围绕人与人性展开，只因这是全世界不同民族共有的东西。另一个是理念，经过作者实践证明对自己有促进和帮助作用、对读者也将产生积极影响且独一无二的理念。第三个就是通过有细节、有悬念、有逻辑、有节奏、有启发的故事介绍所要讲述的理念。具备了这些条件，沟通者与受众之间的沟通就会畅通无阻。反过来讲，脱离人与人性，没人会感兴趣；缺少经过验证而又独一无二的理念，对读者没有意义；故事没有吸引力，会让读者敬而远之。

做事不能两手攥空拳——打仗不能没有武器，吃饭不能没有碗筷，交往不能没人牵线，科研不能没有仪器…… 做事也不能只有一两个手段——交流不能只靠嘴巴，经商不能只靠资金，发展不能只靠辛苦，育儿不能只靠说教……不论做什么，一要有手段，二要有不止一个手段，还有一点常为人们忽略的，那就是不论您用什么手段，都必须符合做事规律，特别是符合所做之事特有的规律。做文化沟通最需要借助的手段就是软实力。软实力不仅包括品牌，还包括知识产权资产是否丰厚，法律武器掌握是否熟练，观念是否务实，思路是否出奇。借助这些手段做文化沟通，不仅速度比较快、效果也好得多，而且还会与受众建立紧密而又亲密的关系。与受众有了这样的关系，便形成初步的良性循环。一旦长久坚持不动摇，脱颖而出就会指日可待，产生显著影响更是自不待言。

出版国际化要有以下四个认识：第一，世上之人大多很自我，对别人的东西生来就有兴趣的少之又少——受众定位在这个层次上，就会想尽一切办法使投放到市场的作品吸引人。第二，世上之人既然大多很自我，对别人的东西有兴趣的缺之又缺，对别人的了解也就很有限——受众定位在这个宽度内，就会想尽一切办法让投放到市场的作品具有很强的适应性。第三，世上之人虽然有不同，但是相同之处也不少——受众定位在这个坐标上，为全世界读者编书，市场容量就会大得多。第四，世上之人是一体，要当整体来看待——受众定位在这个范围内，就不会自我划范围，也不会干专为哪国人编书的愚蠢之极的大傻事。

从事图书版权销售，价格是一个非常重要的因素。销售过程中如果坚持据实计算出来的价格，再施以适当有效的沟通，双方就可能达成一致。达成一致意味着，买卖双方在版权价格和价值方面取得了共识。即便价格高出平常水平，只要物有所值，对方也会接受，关键看沟通是否得体。新闻评论员白岩松曾经有过这样的论述："好莱坞比宣传部更狠，向你传播美国的主流价值观，不但不给钱，还收你钱，让你热泪盈眶地接受。市场手段比行政手段厉害[①]。"如果美国人把电影弄到中国来，免费招待全体中国观众，中国观众会喜欢吗？是不是会犯嘀咕？所以说，价格高不可怕，只要价值高，人们

① 白岩松：《白说》中"智商很高，情商却低"，长江文艺出版社，2015 年。

就喜欢。相反，价格低或者免费，多半会让人觉得碰上了垃圾，更别说喜欢。更有甚者，价值低或者没价值的东西，您就是无偿相送，有时候人家还不一定要，派不上用场的东西放在什么地方都多余。弄不好，人家还会觉得您设下了什么圈套或者陷阱等人家往里钻。一旦出现这种状况，那将意味着买卖双方的沟通很有可能以失败告终。

有人说，版权销售时一旦价格高，就可能卖不出去。怎么才叫价格高，一套大英百科全书 20 多年前卖 1000 多元，贵不贵，我就买了，为什么？我觉得有用。百货商场里卖的打折衣服，几十元钱，我就是不买，因为我彼时不需要添置什么新衣服。如果我们仅仅是为了满足那些无需求者的要求而降价，甚至是当礼物馈赠，用句俗话讲，就是看病请了教书匠——找错了人。这也正好说明买卖双方根本没有沟通出成效。

版权销售降价，通常是因为买卖双方没沟通好，或者说没有就价格达成一致。暂时达不成一致不可怕，就怕不惜降价也要达成一致，只因这样做的结果看上去很好，生意做成了，可是潜在影响很糟糕。一个不良影响是低价买来的东西，有哪个买主把其当宝贝？有哪个买主精心去栽培？反正很便宜，有一搭无一搭，出不出两可。我就碰到过这种情况。有个出版社曾经将一本书的版权无偿送给香港一家公司，结果十几年过去了，也不曾见过当地版本出版。不花钱，不心疼嘛。另一个不良影响是，一旦降价出售或者无偿赠送成了习惯，以后再想不这样做都难，因为随意降价的名声已经传遍天下。我就听不少同行讲，有的国家购买中国图书版权张嘴就是资助，闭嘴就是赠送。这便是有意无意使人形成的习惯。我们这样做确实会省不少力气，可是我们图书所蕴含的价值却在无形之中损失殆尽，甚至荡然无存。不论怎么讲，与其动不动就降价，还不如平时多在了解自己所卖图书版权上下功夫，在与人沟通上多付出一些心血。只要对方真正了解了所卖版权的价值，只要您不是漫天要价，就会按照您的价格卖出去。

做事需要方法，可是光有方法是做不好事情的，还要有想法。有时候我们做事不仅有方法，也有想法，可是事情依然做不好。原因何在？只在于我们的想法统统是功利性的，而功利性的想法仅仅是外部拉力。如果我们要增加版权输出，而我们的想法仅仅是为了完成任务，得到领导表扬，这个外部拉力对圆满实现我们的想法显然是微不足道的。如果我们增加版权输出是为了搞文化沟通，那我们就会有一种强大的内动力。一则做文化沟通有趣味，二则做文化沟通需要遵循客观规律，按照客观规律做事，其结果不仅令人满意，而且还使人陶醉。这样一想，我们内心会情不自禁地产生一种内动力。一旦我们的目标与足够的内动力贯通，我们就会千方百计去调动一切可以调动的手段，想出符合客观规律的方法。不仅如此，我们还会在思想上做好排除万难、不达目的誓不罢休的准备。充足的动力、务实的方法与持久的耐心一定会使我们的版权输出做得有声有色。想法比方法重要，只因这是做好事情的前提。做文化推广是这个道理，做所有的事情，尤其是做复杂的事情，更要遵守这个规律。

第二节　九分做人功倍增

任何一种沟通都是通过人进行的，文化沟通也不例外。既然是通过人进行，那么人与人之间处于一种什么关系对文化沟通的影响便有决定性作用了。所以文化沟通最好是从关系沟通开始，从关系沟通入手。关系沟通好了，文化沟通才算是走出了第一步。那么如何才能稳稳地走出这第一步呢？下面的心得可能对您有所帮助。

有人说做版权是七分做人，三分做事。要我说，如此说话者版权做得肯定是乏善可陈。在我看来，做版权至少要九分做人，一分做事。我的目标是九分五做人，只留半分做事。“做人”意味着什么？有信仰、会沟通、讲品牌、愿助人…… 所有与人素质有关的事情都要高度重视，都要严格要求，这样才会把人做好。

专门从事文化沟通的人，要先学做人。学会做人有个显而易见的效应，那就是沟通者从文化修养中获得的益处会呈现在与人交往中，而且是一览无余。一旦文化修养达到很高的程度，文化沟通时即便没有告知、没有推广，别人也会相信、也会接受。换句话说，文化沟通必须是一个共享文化带给人们益处的过程。如果您身体力行，修养不凡，别人就会向您学习，就会觉得也会受益。可以这样讲，文化沟通就是让文化从一个受益者传给另一个受益者，绵延不断，经久不衰。

做文化沟通为什么将做人放在极为重要的位置？这是由文化价值不定的特点决定的。所谓价值不定，就是文化在不同人的心中有不同的反映。对有些人来说有价值的东西对另一些人来说可能就没价值，对有些人来说价值很大的东西对别的人来说价值可能很小。没有同一标准，没有固定取向，所谓仁者见仁，智者见智。由于文化价值不定，文化沟通时就不能在文化本身下功夫。取而代之的是文化在沟通者身上的外在表现，即我们常说的修养、态度、行为方式。一旦一个人的文化外在表现，也就是修养、态度、行为方式为他人所喜欢，甚至为他人所崇拜，其所弘扬的文化在他人心中就有价值；如果这种喜欢、崇拜达到极高的程度，其所弘扬的文化就很容易为他人认可乃至接受。可以设想，一个人的文化外在表现很差，修养贫乏，态度不正，行为方式令人厌恶，还能指望这个人向别人弘扬文化吗？没文化的人弘扬文化，太可笑了吧。

搞文化推广，必须要在做人上下功夫，而做人的外在表现就是，推广文化时要注意围绕人、尊重人、服务人、调动人。所谓围绕人，就是我们的一切推广都要围绕人和人性的需要，这是我们与受众连接的纽带。尊重人，就是将受众的特点与需求放在至高无上的位置上，尊重他人就会赢得他人尊重。服务人，就是服务于人的喜怒哀乐与各种需求。调动人，就是与受众互动，将受众的建议、意见以及反馈中积极因素纳入文化推广中，从而使文化推广贴近实际且富有人性化。

做图书版权贸易与做很多其他事情完全一样，其核心就是两件事：一是积累独家品牌，二是结交大量朋友。这两件事做出色了，版权贸易没有做不出名堂的。很多人做国际出版，95%的精力放在技巧掌握、渠道拓展、贸易洽谈、合同订立、版权使用费收取上，可是对这些方面赖以存在的基础——道理与观念却毫无兴趣。由于与道理、观念不沟通，技巧、渠道、洽谈、合同全都失去了方向，全都没有了目标。如果您将95%的精力放在做人上，放在人际沟通上，放在建立友谊上，前文提到的技巧、渠道、洽谈、合同等问题迎刃而解。原因一点都不复杂，那就是出版就是营销，而营销的本质就是交往与沟通。当然，如果您把大部分精力放在技巧等操作性问题上，可能会做出点什么事情，可是要想做出色、做出品牌，恐怕是不大可能的。

版权贸易需要渠道。何谓渠道？渠道就是客户对作品、作者、出版者、代理者等环节品牌总和的认同。这种认同感越强，作品受欢迎度越高，销售量越大。这个渠道中的各环节品牌缺一不可，换一不可，弱一不可，就像一个人，一个地方不协调，全身不健康，一个环节不相称，渠道便不畅通。

做版权销售时必须把两件事放在首位。一是“推”，即推广代理人，代理人有了知名品牌，人家才认您，才会打通国际市场。二是“荐”，就是举荐代理人认定在目标区域有出版价值的作品。做版权销售要以“推”为主，以“荐”为辅。具体来说就是，用人品带书品，以书品促人品，如此沟通，不费吹灰之力；如此工作，结果往往事半功倍。

做版权，靠听讲座与看书本是学不会的，因为这是一个实践性很强的行当。最主要的本事有二，没有这两个本事最好不要做这一行。一个是会说话，说话到位可以让问题解决一大半；另一个是善交往，人脉是做好这项工作的源泉。

千万不要以为有了联系方式，海外客户就乐意合作；千万不要以为有了公共平台，优质资源便唾手可得。与海外客户合作，关键看交往；获取优质资源，成败靠品牌。

版权交易中，最先要交易的是品牌，其次才是图书；品牌交易中，最先要交易的是人品，其次才是书品。人品一旦价值不高，书品价值必然很低；书品价值很低，有谁会冒这样的傻气？

以前在职时，每年八九月间我都要参加北京国际书展。每当北京国际书展来临之际，就有人问我准备谈几个版权。先不说这种问法本身地道与否，单就精力而言，一旦全放在具体交易上，说不定很难取得什么显著成果。面对这样的问题，我的回答通常是：“我只会见朋友，交易有没有无所谓”。很多人听到这个回答很是吃惊，意思是说“有没有无所谓。”那你怎么完成任务呢？可是有谁想过，好几次直到当年11月，我的业务还是“零”，可是到了12月底，30多项交易的合同全部签署完毕。这便是交往的力量，做人的功效。

做跨国版权贸易就是做人。我所说的“做人”有两层含义，一个是诚信品牌，一个是社会交往。其实，人生也一样，不管多忙，只要把诚信品牌做好了，把社会交往搞好了，大多数难题均会迎刃而解。

搞对外文化合作时，究竟是客观条件重要，还是主观实力关键，我相信绝大多数人会选择后者。可是奇怪的是，人们大多重视客观条件的创造与改善，少有在主观实力的改善与提高上下功夫的。原因何在？依我之见，是畏难情绪在作怪。之所以如此，一方面在于主观实力的改善与提高不易见效，另一方面是即便起了很大作用也不容易发现，再有就是极少有人将事情的成功归于主观实力——没有数字显示，缺少事实说明，谁信呀？可是就是那些看不见、摸不着的东西才常常令人踟蹰不前、疑虑重重。如果您深入实际当中，便会觉得此言不虚。比如，当我们搞对外合作时，人家最想考察的恰恰是我们的主观实力如何，诸如品牌魅力怎样、营销水平多高、市场判断多准、执行合同是否守信。客观条件再好，主观实力不济，与人合作时不仅接洽难有进展，争取主动更是不易，取得有利于自己的结果更是休想。由此看来，若要对外文化合作成功，大练我们的主观实力应该是最要优先考虑的课题。

国际书展是做版权贸易的好地方，参加国际书展的人都知道。可是这并不意味着国际书展是谈交易的地方，相反却是一个谈交情的地方，从某种程度上讲甚至是无可取代的绝佳场所。您平时一段时间内能见到成百上千的出版商、代理商吗？书展上可以。您平时一个场合能约来几十个乃至上百个同行吗？书展上可以，而且还不需要您给对方掏什么机票费、旅馆费、伙食费。如此大好时机，不谈做交易的基础——交情，反而去谈交易本身，是不是有点轻重缓急不分呀？再者说，这个场合谈交易也谈不好呀，具体有什么不好，本章下一节有详细论述。可以说，什么都可以留到书展以外去谈，唯独交情不行，因为只有书展上才能见到真人呀。

第三节　少吆喝眼前事

做任何事情都需要持久性，都需要坚持不懈的努力。这里所说的努力不仅有眼前的工作，还有对未来产生影响的事情。眼前的工作看得见摸得着，对未来产生影响的事情，有时候就未必看得见摸得着。如果只注意眼前，也就是那些看得见摸得着的事情，对未来产生影响的事情就会忽略。如果形成习惯，做事总是考虑“眉睫之间①”，真正需要沟通的问题一旦出现，反而不易沟通。日常生活中尚且不能总是吆喝眼前事，做文化推广一类的复杂事就更不能如此。人家受灾，及时发出慰问；人家球队赢球，最先予以祝贺；人家需要资源，及早提供帮助……眼前事吆喝得少，遇到事沟通起来容易得很。下面以“少吆喝眼前事”为切入点，探讨文化推广中的沟通力问题。

做版权贸易与做其他事情的要求一样，既要精通业务技能，也要有宽广的眼界。从某种意义上讲，您对业务的掌握深度不取决于您用了多少时间，也不依赖于您拥有多少资源，而是取决于您的眼界有多宽。就像用铁锹挖坑，坑口一寸宽，肯定挖不出两尺深，坑口一尺大，同样挖不了一丈深。宽度决定深度，眼界决定境界。不过宽度如何与深度结合、眼界怎样与境界相通，还要看当事人结合自身情况努力的程度。

干什么吆喝什么，我们已经习以为常，可是以此思路做版权这种跨洋贸易就有问题了，彼此文化背景差异大，了解不多，一见面就言归正传，非坏事不可。实际上，只要反其道而行之，便可取得意想不到的收获，那就是干什么偏不吆喝什么。功利色彩淡化了，相互关系拉近了，心与心贴紧了，生意上的事情也就好办多了。

版权销售之前要做到：(1) 准确吃透目标市场需要；(2) 正确把握读者阅读习惯；(3) 研究确定谈判难点所在；(4) 妥当设置合同条件底线；(5) 提前备好相关档案文件。

---

① ［战国］庄周：《庄子·庚桑楚》。

版权贸易这一行不仅需要专业知识，还要有相关行业经历，更少不了人生经验。由于人的素质不同，有些人靠自己创出一番业绩，有些人则需要别人帮助。在我看来，这个帮助不应该是具体方法，而应该是做事观念的更新、内在逻辑的认识。观念更新、逻辑认识提高之后，遇到具体问题时，与客户的沟通就不会有大麻烦。

提重物用手，不过仅靠手上力量，胳膊、肩膀、腰、腿软弱，重物依然提不起来。做版权贸易与编辑出版离不开相关专业能力，可是光懂专业，思维、分析、判断、沟通、调整、解决问题等方面表现很差，版权贸易与编辑出版依然做不好，更别指望做出色。

做版权贸易，眼睛很难盯在理念上，不过越盯着理念，越能搞出重大成效。如何才能盯在理念上，就看自己的“内在部分”是否协调一致；“内在部分”协调一致，就会将力量集中在一个点上。如若不然，很容易出现一会儿这样做、一会儿那样做、今天想起一个主意、明天又有一个想法的局面。四面开花，事情便不容易做好。

版权贸易是人与人之间的贸易，不是人与书之间的贸易，更不是书与书之间的贸易；版权贸易讲的是书背后的事情，不是书当中的事情，更不是书本身的事情。

做版权贸易应该是一种享受。既然是享受，就要有一套享受的做法。如果斤斤计较、玩弄诡计、违背规矩、缺少诚信、追逐利益、为完成任务而累得焦头烂额，做版权贸易会让人觉得乏味无聊，厌恶无比，到头来不仅钱没挣到，心情还很糟糕——赔了夫人又折兵①，真是太划不来了。

前文提到主观实力与客观条件。这两方面因素是做好版权贸易不可缺少的东西。主观实力指理念、经验、品牌、沟通、交际水平，而客观条件则包括知识、程序、法规、信息。十多年的实践告诉我，客观条件再好，主观实力跟不上，根本无法让很好的客观条件发挥作用；主观实力强，客观条件弱一点，照样能把工作处理得有模有样。可以这样讲，图书版权买卖本质上是

---

① ［明］罗贯中：《三国演义》中第五十五回“周郎妙计安天下 赔了夫人又折兵”。

主观实力的博弈，而不是客观条件的比拼。当然，这样说不意味着客观条件可有可无；相反，适当的客观条件不可缺，更不能完全没有。我只是说客观条件是受主观实力调动、操控的。调动、操控水平低，被调动、操控的客观条件收拾得再妥帖，也决定不了大局。遗憾的是，大部分人不惜花大量的时间研究那些被调动、被操控的客观条件，越具体越是乐此不疲，越具体越觉得有价值。对起调动、操控作用的主观实力则放任不管，甚至置之脑后且从不醒悟。我观察，被调动、被操控的客观条件有形看得见、研究起来容易见效应该是主要原因。看来，人的眼界、认知有时太狭窄、太肤浅。图书版权买卖经常做不好，出版国际化成效比预计的小，大概无不与此有关。

跨境版权贸易合同有“衣”“体”之分，法律是“衣”，标的是“体”。“体”是核心，是决定性因素；“衣”是外在东西，是服务于体的。“衣”不合体，可换； “体”不可换，一换就不是原来的“体”了。千万不要把“衣”放在首位，也不要把“体”放在可有可无的从属位置。要想把合同订得没有纰漏，首先把合同内在关系理顺，将各种要求、条件沟通妥当，然后量“体”裁“衣”，量身定做。如此订立的合同才是一个到位的合同。说到到位，什么人才能使合同订得到位呢？这个人既不是律师，也不是业务人员，更不是熟悉整体情况、掌握事务深浅的人，而是同时了解法律、精通业务又熟悉整体情况、掌握事务深浅的人。其中，熟悉整体情况、掌握事务深浅一项尤需重视，因为这是“体”中很关键的一环。其他都好，这一环不灵，起草、审查合同便无从下手，内部轻重难以权衡妥当；内部轻重无法权衡妥当，合同到位也就难有可能了。

纸质书与工业品没法比，纸质书不卖整体，光卖纸张、印刷、包装等成本，充其量弄点稿费、编辑费在里面，这在前文提到过。纸质书的内容值多少钱，极少有人关心。图书版权贸易与纸质书销售也有不同，一不卖纸，二不卖印刷，三不卖仓储，图书版权贸易只卖内容，其魅力就在内容的价值。内容是图书价值的隐藏之所，版权交易就是要开掘这种隐藏价值，使其价值得到应有的体现，使买方充分认可。如果按工业品或纸质书销售模式做版权贸易，版权贸易将索然无味。挖掘每一本书的内在隐藏价值，是做好版权贸易的重要一步，也是版权贸易工作者必备的基本功。

四川大学校长谢和平说，一个人的视野决定这个人未来的发展水平与高度，一所大学的视野决定这所大学教育的广度与深度，一个国家的视野决定这个国家在整个国际格局中的地位①。出版界是不是该在视野拓宽上下功夫，该在眼光放远方面花力气呀？

出版“走出去”已成业内热点话题。“走出去”不仅是走出国门，更意味着走出社门和省门、市门。如果社门和省门、市门都走不出去，整天蹲在办公室，全国市场不了解，更别说国外市场。所以说，出版“走出去”先要走出社门和省门、市门，树立一种“走出去”的意识，只有这样才谈得上走出国门，才会有意识与受众相知相交。

专业从事国际文化沟通，免不了要跟外国朋友打交道。与外国人，尤其是英美人打交道，特别要注意语言与习惯。说到语言，并非学了几年英文或者英文滚瓜烂熟就没问题。只要没在外国人当中生活过，人家的表达方式我们就不熟悉。有个年轻人联系留学，跟导师接洽时采用了非正式的表达方式，而这个导师虽然身在美国，但却是在日本出生，很讲究语言上的礼节。因为感觉这位中国的年轻人对他不礼貌，遂决定拒绝接受这位年轻人为他的学生。尽管后来多次发信沟通，结果却无法改变。另外一点就是办事习惯，比如人家没给您回信，万万不可问人家什么时候才能回信。如果有什么问题拿不准，而要交涉的问题又很重要，就找熟悉情况的人咨询一下，以免因为沟通不当产生负面影响。

做编辑绝对不能从编辑开始，否则接洽作者时人家会拒绝把稿子交给您；做版权绝对不能从版权出发，否则询问版权时人家不会在 5 分钟之内答复您；做出版绝对不能从出版下手，否则与同行交流时人家会觉得您是个大外行；做文化绝对不能从文化发端，否则与人合作时人家会觉得您非常没文化。

与海外出版商，特别是西方出版商开展出版合作之前，务必搞清人家与我们之间存在的差异是什么。在我看来，所有差异当中最显著、最要紧的是

① 谢和平：《“世界一流大学”建设的高度与视角》，载《中国科学报》，2016 年 5 月 25 日第 1 版。

下面两个。一个是我们的出版社是国有，人家的出版公司是私营。另一个是我们搞出版沿用的是宣传理念与政治思路，人家玩出版讲究的是沟通规律与市场规则。这两个差异一旦忽略或者忘掉，我们与海外出版机构的合作就很难搞起来，即便一时搞起来，也不会持久，更不会取得显著成效。

因为业务联系，我浏览了一家美国版权代理公司网站。看公司历史发现，公司是 1983 年成立的，而开创者之一从 20 世纪 70 年代就开始做版权代理。公司中有一位元老，公司甫一成立就来了，还有一位是 1997 年入职的。公司中“公龄”最短的业务人员也有七八年。公司介绍中有一句话很令我回味，公司 6 位代理人提供非常个性化的服务。没有丰富的经验，肯定做不到这一点。不仅这家代理公司有历史，我认识的其他一些代理公司中颇有年头的也不少。把思路拓宽一点就会发现，欧美文化机构中很多都是历史悠久，诸如一些知名出版公司、影业公司、高等学府。历史悠久意味着什么？一有久负盛誉的品牌，二有极其专业的产品与服务，三有面广而又根深的人脉。这些方面可谓是文化机构赖以生存、发展壮大的重要支撑点。所以做文化，尤其是做文化机构，在历史、品牌、人脉以及文化上下功夫是其走向成功、进而取得可持续发展的必要条件。

做版权推广，国际书展是重要渠道，也是主要渠道。不过若要去国际书展上吆喝“眼前事”——具体交易，结果一定不太妙。所以，多年经验告诉我，国际书展上有这么几件事绝对不做，因为这个场合不利于交易沟通，很难会有好的结果。一是书展上不谈交易。书展上那么多客户，安排那么庞杂，临时起意的事情更多。此时谈交易很容易令人冲动，冲动的时候谈交易，您觉得可靠吗？再者说，一旦有不同看法，面对面反驳吗？反正我是不会这样做的。还有就是，一旦说错了，很难反悔——想都想不起来了，去哪儿反悔呢？所以，我绝对不在书展上谈交易，在桌子上摆开阵势去谈，我就更不会去做了。二是电话中不谈交易。有的人特别喜欢电话谈交易，动不动就打越洋电话。也有的人书展上没见成面，回到家就打电话谈，我就婉转拒绝过这种交易方式。有些事情，我需要考虑；有些事情，我需要算账；有些事情，我需要请示。您让我在电话里当即表态，我怎么办？所以，我不在电话里谈交易。相反，我觉得在电话里谈交易，尤其是与买家谈交易，说难听话，那是在故意给人家设圈套。三是吃饭时不谈交易。书展上老朋友见面，一起吃个饭是很常见的情景。因业务来往而相识，吃饭谈天时，就免不了要谈交易，那很不好。饭桌上谈交易与谈判桌上谈交易没什么区别，都不可取。轻易许诺，瞬间决策，后果难料。四是参加活动时不谈交易。书展上会有各种各样的活动，与同行约在活动现场见面或者邂逅，显得很正常。如果没有别的时间，就在此时谈交易，效果如何，我不用说也会猜个八九不离十。匆匆忙忙决定多个环节才能决定、若干时间才能完成的事情，是不是会留下很多隐患？五是在出版社会面不谈交易。国际书展是出版界的大事，各出版机构都是全力以赴进行准备，很多决策人也不在公司。如果这个时间去出版社谈一些实质性的事情，相关人员不齐，想法也难统一，全看版权经理周旋，恐怕是不妥的。即便能达成什么协议，那也是一纸空文。交易细节最好是留在平时谈，既可通过电子邮件沟通，也可通过挂号信交流。从从容容，淡淡定定，有何不好？再者说，说得对不对，有错没错，都有案可稽。一旦说错了，可以更正，不至于出现更大失误。充分利用国际书展提供的天赐良机，努力发展关系，增进友情，拓展人脉，那才是您在国际书展期间最应该做的事情，也是最应该做好的事情。

进行文化沟通时，我们能做好三件事就不错了。一是遵循自然规律，二是监督我们的言行不要违背自然规律，三是必要时提供有力的支撑性帮助。自然规律需要我们慢慢来，需要我们循序渐进，需要我们推广的产品有魅力，我们按要求办就是。不仅如此，我们还要时刻反省自己有无违背自然规律的地方，比如有没有我们觉得好、受众就得说好的地方？我们有没有试图立即改变人家思想的地方？诸如此类的言行一经反省出来必须即刻纠正。需要提供整本书的译本才便于推广对象评估、决策，那我们就去做，这个支撑性工作做到位就不会拖对外推广的后腿。

第五章

实践悟透书中理

沟通能力的改善，阅历丰富是个重要条件。若要阅历丰富，实践不可缺，也不可少。然而仅靠实践恐怕还是略嫌不够，因为生命所限，时间有限，机会有限。正因如此，研读经典书籍，尤其是先人留下来的千古名著便是一个不错的选择。这样做，不仅会增加我们的阅历，还会对我们沟通水平的提高有更多的启发与帮助——这是因为古典名著蕴含着丰富的古人的沟通智慧。研读名著之后再实践，实践之后再去参悟，结果会大不一样。实践、读书两不误，阅历丰富，沟通能力就会有所提高。

第一节　人际关系讲互利

人际沟通，互利是促进剂；只对一方有利、对另一方不利的情况下，很多人就不会有积极性。找到互利切入点，对症下药，沟通才会有成效。

懂得回报

沟通乃心内之事，而心内之事需靠心内之交方可达到沟通之目的。当今之世论及沟通者不少，然多以身外之法为主，实际当中更是仰仗习得之手段而无他。也许习得之手段会有些许作用，然而完全仰仗之，断然不会取得长久而又显著之效果，更不会从中悟出触动心灵之心得与不同凡响之理念。缺少心得，没有理念，沟通之力是很难炼成的。

美国社会学家乔治·卡斯珀·霍曼斯（George Casper Homans）创造了社会交换理论。在他看来，任何人际关系本质上都是交换关系。只有人与人之间精神和物质上的交换过程达到互惠平衡时，人际关系才会和谐。也只有在互惠平衡的条件下，人际关系才会得以维持。人际关系得以维持的手段之一——沟通也是如此。如果相互之间没有需求，彼此之间的沟通就很难展开。有人通过某种场合拿到了大人物或者明星的名片，可是真要与其沟通或者交往却发现很困难，甚至没有可能，原因莫不与此有关。

社会学家指出，社会交换过程是一种具有互惠性质的自愿性回报行为。在社会学家眼中，这种回报通常以酬赏的形式出现。很多情况下，酬赏分为两种，一种是内在性酬赏，另一种是外在性酬赏，前者指爱、情感、尊重、敬仰等，后者包括金钱、体力劳动或其他有形益处。当然也有人说还有第三种，即混合型酬赏。这应该是人际关系维持、发展乃至互相帮助的原则。有人寻求帮助时很急迫，恨不得立即就让人家拿出看家本领帮其解决难题，可是说到酬赏时却十分吝啬、消极——不是千方百计地少给酬赏，就是只字不提或者佯装不知。当然也有人找人帮助时“诚意满满”，可是谈到回报后却再也没有下文。如此做法，一是显得太小家子气，二是抱有此种心理难有美妙前途，三是在实际中完全行不通。所以这样讲，原因只有一个，那就是只有人与人之间的精神与物质交换关系达到互惠平衡时，人际关系才会和谐，而且只有在互惠平衡的条件下，人际关系才会得以维持。不给酬赏或者少给酬赏，维持关系尚且困难，还谈什么解决难题呢？所以说，人际交往一定要讲规则，抛弃规则，恐怕永远也不会有好的人际关系，更别指望危难来临之际有人助您一臂之力。

待人就像给人上菜。鱼肉是殷勤，蔬菜是疏远，酸咸苦辣是责备、批评与劝告。如果我上顿下顿给您鱼肉吃，您不厌烦吗？如果天天给您鱼肉吃，您不恶心吗？如果长年累月给您鱼肉吃，您不出毛病吗？间或端些蔬菜，您不仅觉得新鲜，还有益健康。如果再不时放些酸咸苦辣调味品，您会感到很有味道，很受用。对人不可一味地好，也不可总那么殷勤，那样会适得其反。

绝不应该在那些有可能给自己和他人带来长远重大利益问题上撒谎，那样做既是对坦诚之人的无情报复，也是对无辜之人的凶狠羞辱，更是对自己不负责任表现的全面肯定。

说到沟通、交往，不分年龄大小，没有尊卑高低，不讲见识多寡，少想功利有无，这样沟通才会到位，才可交到朋友，才会织起人脉，才会发展人生。

一说交往，很多人就想到钱，以为用钱能获得友谊，交到朋友。在我看来，用钱交往，只能给人以肤浅利益，这种肤浅利益用不了多久多半会化为乌有，即使有所遗留，也会让人觉得事与愿违。再者，用钱交往，只能让人付出而无任何有益的回报。包括心灵沟通的思想交往则不然，不仅能让人得到持久有效的利益，还可让付出得到相应的回报，因为人人都有思想。可以这样说，只有思想交往才有价值，才有回报；有价值、有回报的交往才有意义，才有作用，才会充实人生。

人际关系讲交换，讲回报。不过这种交换与回报并不仅限于看得见、摸得着的好处或者帮助。有时候看不见、摸不着的东西似乎对人更有意义。如果正为吃不上饭着急，彼时您最需要的是食品；如果有件事不知如何是好，有人给您点拨了一下，令您茅塞顿开，价值岂不更大？经常有朋友请我吃饭，我也不客气。可是每次吃完饭，朋友都说，收获很大，物超所值，希望以后经常邀我吃饭。何以如此？当然是每次吃饭时，我都会就其一时难解的问题提供一两个建议。也许这些建议并无什么直接用途，但是却能给朋友有益的启发。我的建议不仅涉及业务领域，还涵盖人际关系、日常生活等很多方面。日久天长，我的这方面名声传出，很多认识或者不认识的人都愿意与我交流、沟通。人家请我吃饭，缓解了我的腹内饥饿，我给人家建议缓解了人家的内心焦虑。互通有无，均有利得。正因如此，古人才有这样的话流传下来："士君子贫不能济物者，遇人痴迷处出一言提醒之，遇人急难处出一言解救之，亦是无量功德①"。当然并不是等我"贫不能济物"时才给人家提示几

---

① ［明］洪应明：《菜根谭·一百四十二条》。

句，而是要各尽所长，各得其所。

人际关系讲互利，有个与之密切相连的问题，那就是损失或者失去，而人际沟通就是让这种损失或者失去成为承诺。对方得到了希望得到的利益，就会在相关方面“放你一马”，这样您就会得到您最需要的东西，从而实现互利或者双赢。可以这么说，损失或者失去一部分利益，是为了获得更重要的利益，解决燃眉之急。电视剧《卧薪尝胆》中的越国太史皓进拿出家藏的重宝锆石，由大夫文种带到吴国，贿赂吴国太宰伯嚭，去拯救锁在大料上的越王勾践，恐怕就是不得不蒙受的损失吧。

人际沟通交往大师的做法很简单，那就是“先”为他人考虑，“先”为他人带来利益。这并不意味着忽略自己的利益。恰恰相反，大师们的利益早就融于他人的利益之中。如此沟通与交往，不仅对方获益明显，自己获益也很可观。这种沟通与交往的结果是双赢，只有双赢的沟通与交往才会持久、有效。

游说，也叫说服，是每个人面对的课题。那么如何才能有效地达到游说目的呢？游说原则通常有三，一是恫吓原则，二是诱惑原则，三是引导原则。恫吓原则，顾名思义就是吓唬人，就是告诉游说对象，拒绝您的建议会招致重大损失，甚至会有生命之忧。诱惑原则，就是诱之以利，即按照您说的去做就得利，就得大利。引导原则，就是从游说对象立场出发，沿着您的逻辑，一点一点地将对方引入您的彀中。从效力上讲，恫吓原则与诱惑原则多有强迫或者乘人之危的意思，因而效力的持续时间通常都比较短。引导原则则不同，由于是逐步引导而后才被说服的，口服的同时心也服，故而效力持续时间要长一些。

关系有别

据我观察，人际关系可分为两类，一类是非选择性关系；另一类是选择性关系。前者不可选择，比如亲人、邻居、老乡、师生、同学、同事等关系，后者则可因脾气秉性相融、人生志向相同而建立牢固的关系，比如夫妻、挚友等关系。非选择性关系有看得见的纽带，常常让人觉得安全、可靠，选择性关系的基础有时深不可测，令人不安。殊不知人际关系中最底层的基础是心灵相通，而不是什么外在的纽带。只要内心相通，没有外在纽带，照样可以形成可信赖的关系；心灵不通，纽带反而会成为危险到来之前的烟幕弹。

一个人若是长期生活在非选择性关系中，往往非常看重人际关系中非选择性因素，比如亲戚、同学、同事、师生，对于建立选择性关系出于惯性多有排斥，日久天长，生活圈子狭窄，观察眼界不宽，不利于人生发展。相反，重视选择性关系的人中有不少人处理不好非选择性关系，比如婆媳关系、上下级关系，最终导致家庭不睦，工作不顺。调整这两种关系的法宝就是沟通。通过沟通，打牢彼此关系的基础，生活工作顺利，事业发展也会有成。

世界上的很多关系是靠心灵沟通、互相契合、彼此信任建立起来的，依赖任何其他因素建立的关系大多是不可靠的，甚至是互相拆台，彼此伤害。父子关系如此，母女关系如此，邻里关系如此，师生关系如此，同事关系如此，商家与用户关系如此，国家与国家之间的关系也是如此。原因很简单，人的行为是受思维指挥的，而思维是由价值观以及观念、人格等因素决定的。要想处理好人际关系，必须从价值观等问题下手，展开沟通，在充分沟通基础上建立起来的关系才是比较牢固、可靠、长久的。

一女孩应聘到某一公司做业务，可是没过一年便成了总经理的情人，两人从职场关系变成了生活关系，从此争斗不已，最终触犯法律，锒铛入狱；两个小伙大学是同学，聚在一起经商，两人从同学关系演变为商业关系，最终因利益分配不均而反目。这种跨关系现象比比皆是，现实有，历史上也有——历史上的那些结局大多很残酷。唐太宗李世民与兄弟李建成、李元吉从生活关系变为政治关系，结果为争皇位两兄弟被杀；宋高宗赵构与父亲宋徽宗赵佶、兄弟宋钦宗赵恒因涉足皇位，又都形成了政治关系，眼见二帝被虏他乡而不顾。一人与另一人最初是什么关系就应是什么关系，各得其所，各安其位，甚好，甚好，只因两个人的关系就是因为这样的情景产生、建立的。如果中途生变，非要形成另一种关系，不论主动还是被动，那一定是凶多吉少，结局不妙。原因很简单，因一关系可走到一起，因另一关系就未必——关系不同，利益迥异。不仅如此，前一关系还可能成为后一关系的绊脚石。

您在业务上积累了丰富经验之后，万不可与他人在具体事务上进行“合作”。这是因为人家对您寄予很高的希望，包括一些不切实际的希望，比如立即获利。一旦客观条件不具备，希望实现不了，人家就会很不舒服，即便人家不迁怒于您，您也会感到愧对人家，不仅失去了朋友，名声也会蒙受巨大损失。合作可以，尽量做些不受客观条件限制的事情，彼此获益，皆大欢喜。

要想人生发展得好，社会交往时必须懂得做减法，必须懂得好钢用在刀刃上。换句话说，交往必须讲社会交换理论，用先哲孔圣人在《论语》说过的话就是“无友不如己者”。只有这样，交往对我们的人生才有促进而不是促退作用。

沟通就是相互交流、理解、妥协、接受的过程。如果一味地使别人理解、接受您的观点与看法而置对方的感受与处境于不顾，沟通就成了强加于人。牛不喝水强按头，不仅什么问题都解决不了，还会产生反感，甚至嫌隙。有些沟通所以难有成效，关键在于沟通者总是从自己的感受出发，总是惦记自己的利益，总是觉得自己做得正确。在其看来，相互交流可以，但是理解、妥协、接受都是别人的事情，与自己无关。所以，有时候适当牺牲一些自己的利益，适度考虑一下别人的感受是沟通取得成效所不可缺少的。

一个人多与智者接触，日久天长多少会增加一些智慧；一个人多与愚者往来，长此以往可能会变得愚不可及！

与人交往或者合作，做事是免不了的。有些事做得成，有些事做不成。做成了，很好；做不成，怎么办？理所当然吗？很多人就是这样认为，甚至将责任归咎于他人。如果抱着这种毫无歉意的态度，这世界上恐怕是没人跟您交往，更别说合作了。

古今成大事者无一不是善于交往者，尽管其中有些人曾经不善交往。这是因为“大事”通常都是复杂的事，离开别人的帮助从逻辑上讲是根本不可能成功的。西汉扬雄有一句名言是“天地交，万物生；人道交，功勋成①”

① ［西汉］扬雄：《法言·修身卷第三》。

讲的便是这个道理。当然，人际交往应该有原则，君子之交对人有所助，小人之交，不仅无所助，反而有所害。似乎正是因为这个缘故，扬雄采用了“人道交”而非“人之交”等一类简单说法。人道交者，以仁义原则交往之谓也。

在这世界上，处理与他人关系时没有一个人离得开“礼”“理”“利”“力”。弱者喜欢用“礼”和“理”，强者却热衷于“利”与“力”。弱者跟强者讲“礼”与“理”，无异于羸弱的秀才遇到彪悍的大兵，根本没法阻止强者跟弱者不讲“利”与“力”。要想使人与您讲“礼”又讲“理”，唯有发展自己的“利”与“力”；您的“利”与“力”长到足够大，别人一定会主动来跟您讲“礼”与“理”——不用喊，也不用求，轻松就能如您愿。

与人打交道时，什么最重要，利益。什么令人最开心，时时刻刻让人感觉很方便。获得利益很难，经常没有商量余地，可是提供方便却很容易，不伤半根毫毛。然而令人不解的是，有时候利益丢出去很常见、很痛快，也很随意，可是却无论如何不愿意留给别人一丝一毫方便。于是乎，有一种情景便时常映入我们的眼帘，那就是拿到利益的一方挺生气，很愤怒；我们却责怪对方不领情，好歹不知，甚至觉得莫名其妙。捡了芝麻丢了西瓜——如此方式相处与合作焉有不半途而废之理？

战国中期，燕国相国子之执掌朝政，燕国大乱，齐国、中山国趁机攻破燕国。子之死后两年，太子平继位，是为燕昭王。燕昭王有心改变燕国面貌，不知从何入手，即向大臣郭隗求教。郭隗给燕昭王讲了一通“帝者之臣，师也；王者之臣，友也；伯者之臣，宾也；危国之臣，帅也”的道理。郭隗说，如把贤臣当老师，您会成为天子；如把贤臣当朋友，您会成就王业；如把贤臣当宾客，您会称霸诸侯；如把贤臣当成带兵打仗的将帅，那您距危亡之日就不远了。燕昭王回答：“我想把贤臣当老师侍奉，可是找不到呀。”郭隗说话干脆：“那就让我为天下有识之士开路吧。”燕昭王给郭隗改建住宅，然后面北而侍之。结果不到 3 年，天下名士纷纷投奔燕国。又过了几年，燕国渐渐富强起来，于是先占中山国北境，而后向东击胡，拓地千里。20 多年后，燕国联合他国组建联军，攻击齐国，几乎占领齐国全境。明代文学家冯梦龙说郭隗“明于致士之术[①]”，而这致士之术归结起来就是“予之以名，收之以实”。用现代的话讲就是我让您高兴，您给我出力；我使您得到尊重，您给我带来利益。细想起来，这并非什么致士之术，而是人际沟通与交往的诀窍。我管这叫：“授之以虚，收之以实。”不过写到这里还不够，还有一个反向规律，很多人却知之甚少，那就是“授之以实，吝之以虚”。世上之人大多把实际利益看得很重，在很多人看来，能将实际利益让渡给他人，说明这人很大方。表面上是这样，骨子里却并非如此，否则一旦动了谁的面子，不为谁的感受着想，谁一定会急！对大多数人而言，物质利益获取之前，物质利益重要；物质利益获取之后，精神利益重要。可是对那些修养高深的人就没那么简单了，世俗这一套兴许根本就不灵。这年月物质利益相对来说可能容易得到，良好感受与心情说不定却是“紧俏货”呀。所以与人打交道，不仅要注意实际利益的界定，更要懂得为对方感受与心情着想，否则给了人家不少实际利益，还招人不满，是不是太不划算了？

人与人之间的关系是很复杂的，含有很多自身逻辑与感情因素，所以凡是涉及或需要人参与的事情一般都很复杂，都有很多讲究，绝不是纸面上、桌面上列出的几条所能涵盖的；相反，纸面上、桌面上列举的几条绝大多数情况下只是全部关系中的很小一部分。要想让人际来往、交流、合作有效、持久地进行下去，当事方经常反省、不断调整、多为对方感受着想是必不可少的。遇到问题如果只看纸面或桌面上那几条，全然不顾人际关系中的复杂性、逻辑性与感情因素，事情不仅做不好，还会给当事方带来意想不到的损失。

人与人打交道有几个“容易”与“不容易”。一个是别人的物质帮助容易记住，别人的精神启发不容易记住。另一个是别人的事后救助容易记住，别人的事前提醒不容易记住。第三个是别人的表面应付容易记住，别人的暗中补台不容易记住。可是从另一个角度看，事情兴许会有一些意想不到的解读。不论是物质帮助还是精神启发，不论是事后救助还是事前提醒，更不论

① ［明］冯梦龙：《智囊全集·上智部见大卷一》。

是表面应付还是暗中补台，有一条不可忽略，那就是出手的时机。出手的时机妥当与否，对受益者而言差别很大。同是一个馒头，不饿的时候您给人家，人家会觉得多余；有一点饿的时候您给人家，人家会觉得还可以；如果是饿了三天之后您给人家一个馒头，那效果就完全不一样了。启发、提醒、补台亦是如此，关键要看时机是否妥当。时机妥当，帮助形式可以是这样，也可以是那样，而且无论怎样都能对帮助者与受益者之间的沟通起到极大的推动作用。现代京剧《智取威虎山》中，解放军剿匪小分队医生为李勇奇的母亲治病就是一个经典的范例。当时小分队进驻夹皮沟，为攻打威虎山上的国民党残匪作战前准备。由于敌人常年侵害，当地百姓对“当兵的”十分戒备。正在这时，李勇奇的母亲急火攻心突然病倒，解放军及时出手相救，为解放军与当地百姓沟通打开了一扇宽广的大门。

与人相处，有个问题无法回避，那就是物质帮助与精神愉悦哪个更重要。在我看来，待人处事如果在物质方面很大方，最终是白大方，只因物质帮助是可以重复享受的；使用次数多了，新鲜感就没了。一旦新鲜感失去，人们便生出了新的追求，所以物质追求是无止境的，满足感很难延续下去。精神愉悦是瞬间的，无法重复享受，很宝贵，因而瞬间的良好感受会给人留下很深、很美好的印象，即便说不上终生难忘，也会长久留驻在心间。正因如此，让人精神愉悦远比给人物质帮助更有利于人际关系的巩固与发展。所以，最聪明的做法就是，提供物质帮助时吝啬一些，给人精神愉悦时慷慨一些，如此做法不仅省人、省力，还省人工。

尊重为先

进入社会与人打交道，您的利益您关照——不要指望对方为您着想；别人的感受您要尽量使其好好的——这件事情只有您能办得到，别人一旦感受很糟糕，心情坏，交道打不成事小，积下怨恨可是得不偿失。

谈合作，有些人总是为别人的利益着想，甚至是无微不至，可是却从不为别人是否方便考虑，一丝一毫都没有。到头来，得罪了合作伙伴，还觉得非常委屈。真是捡了芝麻，丢了西瓜。

当一个人尊重您并对您诸多感受十分敏感时，他一定认为您身上拥有他认可、佩服甚至崇拜的品质、能力、成就乃至理念。相反，如果他对您很多方面都不认可，他有动力与您交往、合作吗？他会尊重您、关注您的感受吗？当然，这种认可仅仅是他人主观看法的结果，不代表事实如何，更不表明正确与否。更何况这种认可还通常是动态的、变化中的。昨天不认可您，今天不认可您，也许明天会认可您；昨天认可您，也许到了今天或者明天会把您贬得一钱不值。彼此认可到位、真实、持久应该说是相互交往、彼此合作不可或缺的前提与基础之一。要知道，彼此不认可，相互不尊重，只能是矛盾一个接一个，纠纷一个跟一个。整天处在矛盾、纠纷中，不仅交往不下去，也办不成任何事，说不定还会影响各自的情绪与身体健康。

什么人需要掌握人际沟通艺术？环顾四周，发现好像无人离得开人际沟通艺术，除非您像大海中的一条船，随风漂流，没有方向，没有目标，没有期望，没有追求。

游野生动物园，有的游客翻墙而入，结果命丧虎口；有的游客在不该下车的地方下车，因猛兽袭击身亡。尽管这样的事情多次发生，尽管各种警告屡屡提出，尽管相关措施不断升级，依然会在媒体上看到游客在猛兽放养区随意下车、游人不守规矩被野兽咬死的报道①。原因究竟何在，症结又为哪般？经常阅读古典作品就会发现，古人劝说很有一套，那就是专找与劝说对象在意的事情下功夫并以此为突破口劝说，比如提高素质与健康相连，反省自己与重视生命相关。在古人看来，如果劝说理由与劝说对象毫无关系，甚至是身外厌恶之事，劝说效果一定很差；如果劝说理由与劝说对象关系密切，甚至是劝说对象比较在意或者非常在意的事情，劝说效果就大不相同。由此我们得到一点启发，鼓动、劝阻他人做事之前，务必要仔细观察，找出其比较在意或者非常在意的地方，用现在的话讲就是痛点。一旦痛点找到、找准，将劝说的目标与这个痛点紧密自然相连，这个劝说在很大程度上会事半功倍，

---

① 2009 年 3 月 7 日、2016 年 7 月 23 日、2017 年 1 月 29 日国内野生动物园多次发生因游客翻墙、在猛兽放养区下车而被老虎咬死的事件。中国新闻网 2017 年 3 月 19 日报道，有一家人前往北京野生动物园自驾游，其间在白虎区多次下车，经工作人员两次劝告后才返回自驾车上。

走运的话还会产生奇效。

人际交往、交流必须互利；互利，交往才长久，交流才有效。那么什么样的利才会在交往、交流中起到这个作用呢？一种是对方十分缺乏、非常期待而又难以得到的利。如果对方精神需要强烈，您去送金钱，那就无济于事；如果您送去的东西救了对方一命，效应又当如何？另一种是效应持续时间特别长的利。如果您带给对方的利只管一日，估计效应也就持续半天；如果您带给人家的利使其受益一辈子，作用可就大不一样。那么什么利效应最长，甚至远远超过一个人生命的局限性？抓住这两点，给人以利，给人以急需而又长久的利，您的人际交往、交流就丰富、有效又有意思。

采用什么方式沟通要根据实际决定。根据实际决定策略与方法，就是一个自觉的人。如果与人沟通总是按照自己的性子来，想怎么做就怎么做，不管对方感受如何，不管对方乐意与否，那这个人就是个自由的人。但凡最后沟通效果好的一定是自觉的人，绝对不是自由的人。要想成为自觉的人，必须经常反省，不断学习，开阔眼界，脚踏实地，坚忍不拔，与时俱进。

人际沟通讲究“互利”，这个问题谈得很多，可是这并不是说另一个问题就能自动明白。这“另一个”问题就是“私”。与明晃晃地损害别人利益的做法相反，有一些人嘴上说得十分美妙，口号喊得也极为漂亮，如果静下来仔细一想，他们的内心世界无时无刻不是围绕他们那个“私”字打转转。换句话说，这些人的所作所为表面上可能是为他人，本质上却完全是为自己——为自己的利益或者为自己的面子。正因“私”字在作祟，与人沟通时总是没效果，总是无功而返，比如子女的婚姻、工作问题，与其说是为子女着想，不如说是为自己考虑。就算您整夜写短信，就算您写成长篇大论，孩子见到之后也是一删了之，根本不看，因为孩子知道，您心里只有您自己，孩子觉得是否合适您从不去想，也不顾及。如此沟通，就是沟通一辈子，恐怕也沟通不出所以然。

有的人不懂交往之道，暗中不盘算自己的利益——经常指望别人来考虑，面上不考虑别人的感受——经常要求别人多理解。结果呢？自己的利益受损害，别人的感情遭伤害，交往半途而废，朋友成了路人。我的交往之道是自己的重大利益内心照顾好，别人的细微感受面上想周全——各得其所，各有所得，相互促进，硕果累累。

电视连续剧《英雄无名》中有这么一个情节，阎宝航计划全家出去游玩。正巧，阎宝航准备与大女儿一起去看望因日军飞机轰炸而失去儿子的地下党报务员谢恩成夫妇。全家人一起出游则无法成行。阎宝航的两个小一点的孩子不干了，吵着要全家一起去玩。阎宝航的妻子也过来提醒说："全家人一起郊游，不是更好掩护吗？以前也是这样的。"阎宝航则说："我何尝不希望这样啊！可是你们知道，谢恩成夫妇刚刚失去孩子，看见我们这一大家子人兴高采烈的样子，他们心里是个什么感受呀？越是在这个时候，越要多替别人想想！"听到这话，阎宝航的大女儿说："没想到你还这么细心！"这个"细心"是非常必要的。如果真是全家人一起出动，欢欢喜喜的，可是您却要人家冒险而且还要一心一意地工作，这怎么可能？人家会说您站着说话不腰疼。沟通有时候不是语言所能做到的，关键时刻站在别人的角度换位考虑一下，就可以达到沟通的目的。有时候就是这样，费多少口舌未必能沟通成的事情，一个细节，一个安排，问题就解决了。

有一种现象生活当中很常见：不打招呼，就来访问；事先没联系，就登门谈出书问题；自我感觉某件事该做，买张机票就飞来接洽；拿出电话就给对方打，要对方帮忙…… 我管这叫我行我素式的沟通。只要"我"觉得需要，只要"我"觉得合适，"我"就去找您，"我"就去打断您手中的事情——不管您在干什么。想解决问题的心情可以理解，然而一个巴掌拍不响。若是您接洽的一方没有积极性，没有准备，或者不想在此时交涉您要洽谈的事情，那又能怎么样呢？如果您非要拉着人家按您的议程办事，如果对方有修养，我估计会应付您一下；如果修养一般，说不定会让您下不来台。不管怎么说，哪种做法的结果都不会太好，只因您的做法仅对您自己有利，对接洽的对方除了让人不悦，估计什么别的东西都没有。

人际交往中有一种情形对沟通很有影响，那就是让利。我所说的不是物质上的利益，相反是精神利益。说具体一些，就是让人精神满足的利益。如果一个人傲慢自大，就会在给人机会展现长项上非常吝啬。如果一个人在您面前难以有所表现或者您不允许别人有所表现，那您与这个人的沟通轻则难以顺畅，重则生出嫌隙，甚至埋下仇恨的种子，历史上这样的例子实在太多，最有说服力的大概就是秦末汉初韩信的所经所历。韩信最初是为项羽效力，可是项羽不给机会，韩信经人推荐投奔刘邦。刘邦一开始也不给机会，韩信二话不说，掉头就跑，“何闻信亡，不及以闻，自追之[①]”。这便是流传千古的“萧何夜下追韩信”故事的由来。随着战功的积累与名声的攀升，韩信变得非常傲慢，有时候甚至连刘邦也调动不得，不仅如此，还要求刘邦封其为假齐王。若不是张良、陈平力劝，刘邦肯定不会大度到“立信为齐王[②]”的份上。正是有了这种海纳百川的肚量，刘邦才使得韩信的才干得到了最大程度的发挥。论才干，刘邦在历朝历代勇打天下的人当中可不是数一数二的，可是最终却成就了帝业。在我看来，原因之一是他把自己的位置摆得比较低，没那么自大，也不傲慢，故而与身边的谋士将领沟通畅快，效果显著。当然，这也与刘邦的对手项羽这方面乏善可陈有关，否则刘邦也不会有那么多胜算。古人如此，现代人也摆脱不掉这个规律。

有一年我奉单位领导指示，前往国务院新闻办公室，给赵启正部长送材料。赵部长当时已经从国务院新闻办公室主任位置上退下，正任全国政协新闻发言人，可是却依然在国务院新闻办公室办公。走进部长办公室，叫了一声“启正兄”。赵部长看我来了，一边起身一边说：“版权家来了”。隔着办公桌与部长握手之后，我才注意到办公室还有一人——是国务院新闻办公室的“高翻”。在我进门之际，他们二人好像在讨论什么问题。打过招呼之后，他们继续讨论。听了几句才知道，是赵部长向其翻译请教使用数码相机摄影的技术问题。赵部长是物理学科班出身，要弄明白照相机的拍摄奥妙应该不难，可是却能俯下身来，向一般工作人员请教，使与之交流的人获得表现自己才能的机会。别小看这样一件小事，能在无形之中提高自己的威望，之所以如此就在于这样的人胸怀博大，谦虚谨慎。也正是胸怀博大、谦虚谨慎的风度让这样的人物显得更加高尚、更有水平、更容易与人沟通。如果从另一

①，②［西汉］司马迁：《史记·卷九十二·淮阴侯列传第三十二》。

个角度考虑，问题更是显而易见：谁愿意与高高在上的人打交道？谁愿意与自大傲慢的人交朋友？谁愿意与“大小事都是自己强”的人交流思想？谁愿意向那些精神上吝啬的人吐露心声？从人性上讲，不自大、不傲慢、懂得精神让利、给人表现机会是与人沟通，进而与人合作、最终取得成效不可缺少的修养之一。

有一个出版公司的领导在编辑、出版方面很有经验，也很有见解，可是却招属下讨厌。原因也许不少，但是最具杀伤力的是精神上不懂让利。闲聊之时您说您去过新疆，这位领导马上就问您去过新疆的哪些地方。如果您说您只去过新疆的一个城市，这位领导会毫不迟疑地说，他去过新疆三四个地方。如果您无意中提到某位熟人在某个出版机构担任总编辑时，这位领导一定说：“肯定不会，因为那个机构的领导我都认识。”最令人不能容忍的是这位领导特别喜欢在您最擅长而他又很陌生的领域指手画脚。我就常常这样想，有些领导有地位还不够，还要有知识、有智慧、有学历、有专利，甚至消息都是他最灵通，好像天下都让他通吃了。如果每个有点优势的人都这样做，精神上都如此吝啬，别人精神上还有活路吗？不给别人精神上以活路，还指望与别人很好地沟通，恐怕是不可能的吧？

在正常的现代社会中，不论何种关系，都应该将“尊重为先”当做基础，以“摆正位置”视为前提。缺乏这两个核心“组件”，人际关系就会悬在半空中，就会失去方向。如果此时再贴上一些冠冕堂皇的标签，再绑上一些难以违背的道德，人际关系就会令人不适，当然也就难以融洽。人际关系的基础与前提缺位，沟通还有指望吗？还能使关系当事人的思想、观点、立场、态度趋于一致、达成共识吗？可以说，尊重为先与摆正关系不仅是人际关系的核心“组件”，也是人际沟通的重要保障。

第二节　内功到位巧借势

做事讲究借势，借势才能省事，也才能功倍。人际沟通也需要借势，可借之势中最重要的莫过于沟通者的内功修炼。

自律自觉

人际沟通要达到预期效果，恐怕要经过三个阶段，即感受、消化、表达。所谓感受就是对感官接触到的人或者世界作出反应，消化就是大脑通过逻辑、知识、经验等对这种反应进行加工，最后是表达，也就是将感受与消化的结晶呈现出来。在这个过程中，感受是刹那间的事情，表达也是刹那间的问题，唯有这个消化最复杂，需要一个漫长的解析、加工、重组、调整过程。这个工作完成之日，就是表达出现之时。只有到了这个时候，表达才有可能接近完满。为什么沟通大师沟通效果奇妙？据我观察，其消化感受的过程极为丰富。正是因为有了丰富的消化过程，表达起来才有了准确的针对性与出人意料的独特性，进而产生了强大的感染力与影响力。当一种沟通形式具备强大的感染力与影响力时，很多问题便迎刃而解。所以，阅历丰富、思想深邃之人通常都是善于观察、精于消化、明于表达者，因而也都是富有魅力与影响力之人。

沟通能力的发展通常来自两个方面：一是环境熏陶，二是逆境压力。不论是前者还是后者，都有一个是否足够强、是否足够大的问题。熏陶足够强或压力足够大，就会产生使其进入自觉突破困境、一往无前发展轨道的推力，就像火箭送卫星上天一样。进入自觉发展轨道之后，这方面的发展会更有信心、更有能力、更有前景、更有推力。如果熏陶不够强或压力不够大，推力就小，就会产生极大的畏难情绪，就进不了自觉发展轨道，顶多在自由轨道徘徊，取得有限的进步，最终在人际沟通方面依然是一无所得。

一个人的沟通才干是练出来的，摔打出来的，是走弯路走出来的，仅靠别人指导、帮助、搀扶是远远不够的。

您想提高沟通、交往水平吗？那就利用一切机会与手段去开阔眼界与思维。缺少宽广的眼界与思维，您在人际沟通与交往方面将难有作为。

不管是什么人，若要沟通好，沟通出非凡的成效来，有一条不可缺少，那就是自信心。有了足够的自信心，说话就有底气；有了足够的自信心，说话就有层次；有了足够的自信心，说话就有感染力；有了足够的自信心，说话就有足够的说服力。

改进沟通能力有一个情形最好不要忽视，就是我在本书第一章介绍的"困境"。一个人如果没有困境，就没有推力。当然，要想在沟通方面有明显的改进，还要有前进的目标，这便是拉力，一个推力加上一个拉力，合起来便是推动力，当然也可以统称为动力。一旦这种推动力化为某种内在自觉的力量，那便是内动力。一旦做事有了足够的内动力，您就会克服一切艰难险阻，想尽一切办法去创造条件，需要时甚至让自己经历一番脱胎换骨的改造。只有这样，您才可能炼出您的沟通力。正如古人所言："凡治乱存亡，安危强弱，必有其遇，然后可成，各一则不设①。"这段话大意是说，治乱存亡与安危强弱，必有对立面才可能出现转化。如果一切都是顺风顺水，就算您在沟通方面有些缺陷，您也是没有足够的内动力的。

人际沟通与交往要想有所突破，必须建立一个前提，那就是努力成为自觉的人，不要沦为自由的人。这是因为世界上的一切，包括沟通能力与交往水平，都是为自觉的人预备的，自由的人是没资格享受的。自觉的人是主动的，而自由的人则是被动的。主动与被动，虽有一字之差，却会产生迥然不同的结局。

做事讲借势，古今中外，概莫能外，世间万事，皆同此理。改善生活，要借经验之势；发展事业，要借擅长之势；扩大业务，要借人脉之势；实现梦想，要借积累之势，人际沟通，要借品牌之势……旱地拔葱，高度有限。撑个竹竿跳高，高度就会大不一样。这就叫撑竿跳效应！

劝说是一件很有难度的事情，不作深入研究，不了解劝说对象，缺少实际经验，劝说是不太容易取得效果的。古人在这方面多有心得，战国时代哲学家荀子就有如下一番阐述："矜庄以莅之，端诚以处之，坚强以持之，譬称以喻之，分别以明之，欣欢芬芗以送之，宝之珍之，贵之神之，如是则说常无不受②。"用现在的话讲就是，劝人的时候要严肃庄重对待人，端正诚恳接近人，坚定刚强扶持人，用比喻方法启发人，用分析方法开导人，要和颜

① ［战国］吕不韦：《吕氏春秋·长攻》。

② ［战国］荀况：《荀子·非相》。

悦色感动人，使自己的谈论宝贵、珍重、神奇。做到这一步，劝说就不会不接受。

世界上最有能力的人是以平等态度待人、尊重他人的人，这样的人也是最令人尊重的人；世界上最无能的人是忽视别人存在、蔑视他人的人，这样的人也是最令人厌恶的人。有德可拥有天下，无德则寸步难行。

凡是有所建树的人，不论是思维风格、做事方法还是与人沟通无不有其特殊或者特别之处。如果没有特殊或者特别之处，他们就不会有所建树。

不论与什么人沟通，都需要耐心这种意志品质，都需要自然这种客观逻辑。有了耐心，才会让沟通循序渐进；有了逻辑，才能让沟通自然而然地产生效果。如果沟通前后环节相互缺少联系，没有起承转合，沟通就没有基础，因而就很难达到目的。原因很简单，这个世界上极少有哪件事情没有任何基础就能生生地做起来，更鲜有哪件事情没有任何基础就能做得异常出色。这大概是自然规律吧！

每个人身上都有块磁铁，这磁铁不在别处，就在人的内心修炼上。内心修炼程度越高，对外界的吸引力就越强，聚到您周围的人就越多，档次就越高！

久占山林的老虎有多厉害，众所周知。如果让老虎肋生双翅，结果又当如何？对一个人而讲，实践经验丰富犹如山中的老虎，思辨水平非凡与沟通能力超群恰似一双翅膀。如果一个人势如猛虎，再有非凡的思辨水平与超群的沟通能力，那他真可以翱翔空中，自由自在。

一个人能脱颖而出，完全在于这个人会以出其不意的方式表达一种既在意料之外又在常理之中的看法或观点，从而给人留下非同寻常的印象，取得不同凡响的效果。要知道表达上出乎意料容易，可是出乎意料的同时又在常理之中则是非常非常难的。

对一个人而言，诚信不仅是一种品质，更是沟通力的核心；缺少诚信，沟通力将会大打折扣。

心里想的与嘴上说的经常不一致，今天想的与昨天想的经常有差别。尽管嘴上说的与心里想的不一样，还要按嘴上说的办；尽管今天想的与昨天想的不一样，只要按昨天想法承诺了，不管吃多大亏，也要按照昨天的承诺办，这便是约束人想法与行为的“诚信”。有了诚信，沟通就少费力气；有了诚信，交往就省事很多。

业务能力包括哪些内容，仅仅是处理问题水平吗？没这么简单。在我看来，业务能力不仅包括处理问题水平，还包括交际水平、沟通水平、应变水平，甚至还包括诚信水平与魅力水平。天知道一件棘手事情处理出色是靠了什么？也许是处理能力超凡，也许是沟通水平过人，也许是品牌魅力打动了人。一个人各方面修养越好，应对难题就越顺手。

立志愿，聪明人先扩眼界，不聪明人先找答案；长本事，聪明人先改观念，不聪明人先等外援；遇困难，聪明人先设预案，不聪明人先躲一边；求改变，聪明人先创条件，不聪明人先摆困难。“不聪明人”做事的路数就是这个样子，包括改进沟通。想改变吗？想！有决心吗？有！可是，一张口，就是向人要答案；一有事，就是向人去求援；一想变，就是向人两手一摊显得很为难。如此做事不可，如此改进沟通更难。

《吕氏春秋·禁塞》中说：“世之患，不在救守，而在于不肖者之幸也。救守之说出，则不肖者益幸也，贤者益疑矣”。救守，就是救助防守的意思。这段话告诉人们，做事靠事后找补，人生靠抱残守缺是很容易引起祸乱的。事后找补、抱残守缺并非直接肇因，这样做时怀有的侥幸心理才是祸乱根源。做版权贸易预先没算好预付款与印数之间的关系，合同订立后发现预付款相当于两个印次的版权使用费，此时与权利人协商可否减少一半预付款，这怎么可行呢？人家一句“按合同办”算是比较客气的回绝。做事之前，但凡涉及他人的利益，务必要充分沟通。如此做事，事情才会做得好，做到位，才不至于出岔子。

要想成为一个善于沟通者，首要是改变观念，因为观念是一切行为的指挥棒。观念不合实际、偏离规律，行为就不可能取得预期效果。与其处心积虑地改变行为、策略、方法、手段，不如更改观念，使之合乎实际、合乎规律。

知识、经验等外在的东西可以从别人那里习得，但是思维、意志、情商、判断力等内在东西却只能通过艰苦环境历练之后的参悟获得，情商中的重要方面之一——沟通能力便应如此炼成。

锤炼细节

与人沟通、交往，最好用对方的语言与行为标准。如果一时半会儿弄不清对方的语言与行为标准是什么，至少也该用常见的语言与行为标准处理沟通、交往中的事务。可以说用对方的标准与人打交道招人喜欢，用常见的标准与人打交道效果一般，用您的标准与人打交道令人讨厌——除非您的标准是常见的标准或对方认可的标准。

人与人之间需要沟通，其根本动因在于双方的情形在很大程度上不对称，比如认知、经验、观念、思维、方法。如果沟通时按照与自己所处情形完全或者接近一致的路数来处理，就会遇到经常出现明白人看糊涂人做糊涂事而无能为力的情形。要想避免这种情形发生，就必须设身处地，从对方的认知水平出发，按照对方的思维习惯与理解能力与之沟通。除此之外，还要注意不要导致对方认知失调感太强，也就是不要让其思想转弯太大。思想转弯太大，往往令人不愉快、不舒服，弄不好还会产生抗拒心理，甚至一条道走到黑。劝阻他人做傻事无效的报道常常传到我们的耳畔，原因大概就在其中。

在很多人看来，人际沟通就是个技巧问题。为使沟通更好、更有效，有人去买沟通书，有人去听沟通课，似乎读了专业书，问了专门人，沟通问题就能一劳永逸地解决一般。在过去很长一段时间里，我就持有这种看法。不仅如此，我还感觉，我越是将沟通视为技巧问题，沟通能力似乎越是难以提高，有时甚至觉得沟通犹如一座大山，高不可攀。大量主动实践与参悟之后发现，只停留在技巧上，沟通是不可能有明显改进的。沟通确有技巧，可是经验告诉我们，技巧在其中只占很小很小的一部分，或者说只起辅助性的作用。若要沟通有效，依仗更多的应该是修养、观念、眼界、思路、意识、名声、能力、表达、经验或者上述诸多方面的综合体现、综合运用。进一步思考、分析就会得出如下这样的结论：沟通与其说是技巧问题，不如说是诸多方面修养的反映。要想提高沟通能力，加强各方面修养当是最重要的课题。

也可以这么说，这世界上但凡有沟通大师，只要不是纸上谈兵的那种，恐怕无一不是富有高度修养的人；修养到位而又有高度，很多事情都能做得很好，也很出色，沟通自然不在话下。如果只学得一些技巧，只练得一些方法，各方面修养依然跟不上，就算您技巧再娴熟、方法再多样，也不过是一个花架子，对实际生活没什么帮助，更不可能使您取得预期的沟通效果。

如果一件事情由若干阶段组成，只有各个阶段的工作都完成了，这件事情才算完成。当这件事情只完成了一部分的时候，如果有人问我事情进展如何，我会老老实实地告诉询问者："抱歉，事情还没做完。"可是有人不这样，非要说什么"有了相当的进展"或者"取得了阶段性的成果"。如此表达是要向受众传递什么信息呢？您做了很多工作吗？您很辛苦吗？您了不起吗？没做完，就算您说出大天来，事情也是没做完，也不能当做完对待，其"成果"也不能当"成品"派上用场。有人说："眼睛是心灵的窗户"。我再加上一句："语言是心灵的镜子"。从窗户可以看到一个人的内心是怎么一回事，从镜子可以发现一个人的内心是什么景象。正因如此，沟通看上去是个表达问题、语言问题乃至技巧问题，很多情况下却是一个人内心修炼状况的综合反映。

社会发展使人际交流条件日趋便利，代价日益降低，水平却越来越差。纸张出现前，甲骨、竹简使用繁琐笨重，写文简而又简，而且事先要打好腹稿。有了纸张，媒介方便，成本降低，长篇大论渐多，腹稿仍不可少。电报电话发明后，交流方式巨变，然而代价高昂，不能为所欲为。到了现代，尤其是互联网出现后，交流更方便，代价再减少。这个变化使交流前不用打好腹稿，交流时无需惜墨如金，字字珠玑消失，车轱辘话越来越频繁，大话空话套话越来越常见，说不明道不清的东西越来越普遍，交流效率有所降低。

要想掌握沟通术，首先要有充足的内动力。内动力有了，就去实践，通过一件件事情去体验、梳理。等有了感性认识，再去读书，这样才读得进去，走得出来。至于书，我读的是社会心理学，多读几本，从不同角度读。一边读，一边思考实际遇到的问题，时间一长就有心得了。

人带有强烈的社会属性，做什么都离不开相互交往。如果一个人缺乏交往意愿，那他九成不会有什么大出息，更不可能取得耀眼的成就。

沟通之道是什么？依我看，沟通之道就是交往之道，而交往之道就是做人之道。所以，沟通从做人开始，交往也从做人开始。

沟通是一件很有学问的事情，也是很吃功夫的生活能力。同一个意思，换一个说法，同一句话换一个语气，再有相应的肢体语言配合，兴许就会达到完全相反或者令人意想不到的效果。

沟通是什么？沟通是交流，而交流的深层目的是说服。父母教育孩子需要说服，人与人交往需要说服，领导管理群众需要说服，商家对用户营销需要说服，商业谈判需要说服，文化沟通需要说服…… 说服艺术的精髓就是庖丁解牛①，沿着规律说服并不难，逆着规律说服，事情会搞得一团糟。

如何拓展人脉，我靠五条：(1) 诚信足——跟谁交往谁踏实；(2) 品牌好——跟谁交往谁佩服；(3) 见识多——跟谁交往谁进步；(4) 能力强——跟谁交往谁获益；(5) 善幽默——跟谁交往谁轻松。

人际沟通，并非全是为听交流对象说什么。有些信息不可能告诉我们，有些信息会刻意向我们隐瞒，还有些信息也许会掺杂水分——所有这些情形都会出现。我们要做的就是要通过大脑这台机器对交流对象传递给我们的信息进行筛选、分析、综合，然后才能加以判断。有时候会立即得出结论，有时候则需要一段时间。不过沟通的时候，我们不仅要听对方讲什么，还要注意观察对方讲话时的语气、眼神、动作有何特殊含义，如此我们才有可能从沟通中读到更多信息，形成判断时才能更为准确。

沟通有时候只为获得一个肯定或者否定的答复。如果直接发问，是不是显得太唐突？是不是太强人所难？回答肯定，皆大欢喜；回答否定，说不定双双会陷入尴尬境地。如果有一种方式，既能表达心思，又不显得直白，那该多好呀！可是，如此表达并不容易，要么隐晦太深，让人不明其义，要么太过露骨，令人不好意思——真是进退维谷、左右为难呀！电视剧《中国式离婚》中刘东北开导宋建平如何应对女性抛出的橄榄枝时说过这么一席话：

---

① ［战国］庄周：《庄子·养生主》。

“你就把她约到这儿，就你们俩，说一些鸟话，比如说这天上的云是海水变的，这海水是沙子变的，沙子是尘土变的…… 但凡有点智商的人，她肯定听得明白，你对她有意思。如果她对你也有意思，就顺杆往上爬；她要是没意思，就会装傻。她装傻，你装傻，谁也不尴尬。”这话听起来真是有几分道理。云山雾罩、无的放矢地说上几句大话空话或者谁也听不懂的话，只要对方顺着您的意思往下说，那无疑是肯定的回答，相反就一定是否定的答案。这大概是一种规律。人与人沟通有时候说什么不要紧，说话时委婉表达的态度才是最有意义的。

一个人能否成事，最重要的条件是有无受人欢迎的本领。这种本领通常表现在三个方面：（1）有修养，让人佩服您；（2）爱帮人，让人接纳您；（3）懂幽默，让人喜欢您。这个条件具备了，其他方面即便差一些，您照样可以成事，甚至可以成就大事！

人际交往能否成功取决于 10 个大字，即愿望、修养、助人、实力、反省。有愿望，才会主动交往；有修养，才会产生魅力；爱助人，才会显出价值；有实力，才会取得信任；善反省，才会赢得尊重！

人的思维复杂，表达丰富。这就意味着言语与想法可能不一致，表达与行为可能不一致，当下行为与远期目标可能不一致。正是由于这些“不一致”的存在，人们在与生人打交道时戒备心很强，人们与出现过“不一致”情况者打交道时戒备心更强。所谓“不一致”就是心口不一，说白了就是撒谎或者食言。一旦人们对此有了很强的戒备心，做事成本就会大增，甚至什么事情都做不成。正因如此，诚信是交往的基础，也是成大事不可缺少的前提条件！

讲话要通俗易懂，但是光说大白话也不行。大白话就像白开水，光喝白开水能活吗？不得吃点有滋有味、有营养的？化用成语典故宛如吃上时令蔬菜，引用古人名言就像品尝鸡鸭鱼肉，而讲话幽默风趣恰似来盘新鲜水果。如此讲话才会使人觉得丰富多彩，回味无穷。

不论做什么，做成只是刹那间的事，此前花费的时间与精力中有 95% 是用来沟通的——家人之间、同事之间、上下级之间、买卖之间、师生之间、朋友之间、管理者与被管理者之间、陌生人之间，概莫能外。沟通成功，这世界上的绝大多数问题都会迎刃而解。

沟通是为解决问题、做成交易进行的交流，而沟通的最高境界就是“干什么不吆喝什么”。具体来说就是，沟通过程中要顾左右而言他，要去发现、激活能使彼此相通的“灵犀”。一旦沟通双方心有灵犀，问题也罢，生意也罢，应对起来无一不是手到擒来之事。

不论是与人相处还是相互合作，人们最容易表现出来的态度就是蔑视对方——蔑视对方的存在，蔑视对方的能力，蔑视对方的成就。然而最令人痛恨、最令人不能原谅、甚至最令人忌恨终身的就是对一个人表示蔑视。原因很简单，蔑视无异于用尖刀刺伤对方的脸面，使对方在众人面前名誉扫地。其实，不仅东方人是这样，西方人也如此。即便您祝贺一个人在某个方面取得成功，也不能信口开河。“您居然把这件事做成了，真没想到!”听到这样的话，您是不是有一种自卑感？如果换成另外一种说法：“您的事例告诉我们有力量有决心的人能干出多大的名堂①,”对方会不会有一种自豪感？

河南郑州一位化名杨欢的医生因在电梯内劝阻一位老人吸烟与其发生争执，后老人突发心脏病去世。逝者家属将杨欢告上法庭，要求法院判决被告赔偿人民币40余万元。电梯内吸烟肯定不对，在彼处吸烟不仅会生成二手烟，还容易引发火灾——空间那么小，而且还是在半空中，一旦出现火警，跑都跑不掉。据杨欢介绍，他从14层一上电梯就看到逝者在吸烟，于是就给了“善意提醒”，可是到了地下1层这位医生还“站在电梯门口与电梯内的老人争执②”。杨欢的出发点是没有任何疑问的。可是人世间的很多事情远没有非白即黑这般简单。我要说的是，即便有这么多道理，也要看对象、场合，更要结合人性特点劝谏。换句话说，劝谏要讲方法，还要有手段。如果一味地讲道理，只要是善意就忽略方式、方法，很可能会事与愿违，甚至适得其

① Rosalie Maggio：Chapter 12 Congratulations，*How to Say It – Choice Words*，*Phrases*，*Sentences & Paragraphs for Every Situation*，Prentice Hall，1990.

② 戴幼卿、黄筱菁：《老人吸烟被劝后猝死 争执内容披露》，载《北京青年报》，2017年11月4日第A08版。

反。总之，不论多好的观点，多好的想法，说一次是善意，说两次是建议，说三次就成了旨意。您会听哪个人给您发旨意？我反正不会，我估计您也不会。己所不欲，勿施于人[①]呀。

人与人合作，彼此了解不可缺少。怎么做才算“彼此了解”？天天见面吗？一起共事吗？经常交流吗？看简历、听报告吗？依我经验，如此了解恐怕会失于浅薄。彼此了解的基础在于心灵相通。心灵相通有时只需见上一面，有时只需共事一次，有时甚至只需说上一句话，也有时候无需一言一语。心灵相通，不仅能预知对方的态度和行为，更能达到知其然又知其所以然的地步。心灵不通，想法各异，就是看上一厚本材料，就是分秒不离一起待上一辈子，也不会有真正的了解，更别说准确预知出对方的态度和行为了。无法预知对方的态度和行为，内心就不踏实；内心不踏实，合作就不会顺畅，就不会结出硕果。

丰富条件

一个人品行如何、名声怎样、成就多少以及行为、习惯特点无一不或多或少地影响着沟通效果。品行修养程度高的人，沟通对象佩服，无需多言，问题会即刻解决；美誉度高的人，一声召唤，应者一片，几乎不用沟通；成就显著的人，其成就本身就是沟通促进剂，三下五除二，事情就办成了……可以这样说沟通需要一定的基础条件，这就是我们说的修养。没有修养作基础，不以修养作条件，沟通技能再娴熟，也很难达到预期的沟通效果，弄不好还会招致沟通对象的反感或者厌恶，最终一事无成。

人生发展的重要制约因素是沟通与交往，而制约沟通与交往的因素大多来自于主观，我姑且称之为必然因素。这必然因素由两方面构成：一个是眼界，也叫做见识，另一个是观念，也叫做道理。这两方面在获得人际沟通意识与能力方面起着指挥员的作用，人际沟通与交往过程中的每个思路、每个想法、每个策略、每个方法、每个目标、每个目的无一不是在这两方面构成

① ［春秋］孔子弟子及再传弟子：《论语·颜渊第十二》。

的必然因素控制下产生的。说到必然因素的这两个方面，有一点必须认识清楚，那就是二者互相影响，互为因果：眼界宽，见识深，观念就正确得多，道理就明白得多；观念正，道理懂得多，眼界更宽，见识就深。当然，一方面有问题，另一方面也会出偏差，比如观念正，道理懂得多，但是由于眼界不宽、见识浅，观念、道理照样无法发挥作用。正因如此，一个人要想使沟通与交往富有成果，就必须采取一切措施，抓住一切机会拓宽眼界长见识，更新观念通道理。一旦“指挥员”在关键时刻指挥恰到好处，人际沟通与交往便会取得事半功倍的效果。

决定人生发展的因素是什么？依我看，一个是偶然因素，另一个是必然因素。偶然因素通常超过人们的控制范围，过多关注，于事无补。必然因素是我们可以控制的，故而必须下大力气掌握好。必然因素掌握得越好，偶然因素影响越小；必然因素质量越高，偶然因素影响越弱，直至命运完全控制在自己手中。可以这样说人生发展如何，虽不能说百分之百地掌握在您个人手中，但是多数情况下多数结果由您自身的必然因素决定应该是非常符合实际的，也是没有任何疑问的。

人际沟通与交往要讲品牌，而这品牌就是诚信。依我看，这个诚信品牌有五层含义，一曰有社会责任，二曰守时守信，三曰修养深厚，四曰乐于助人，五曰风趣幽默。缺少品牌的沟通与交往不仅耗时费力，而且效果甚微。

做人的最大本钱是美誉度，做人的最优越条件还是美誉度。美誉度高，天下的很多事情，您都能做成；美誉度低，天下的很多事情，您都做不成。如果是臭名远扬，恐怕您就是费很大的劲头，也不会做成一件漂亮事。美誉度是靠主动、适度宣传与点滴、耐心积累获得的。不论是主动、适度宣传还是点滴、耐心积累，秘诀只有一个，那就是对您美誉度提高有利的事情，就做；对您美誉度提高不利的事情，不做；让您有形利益受损、但是对您美誉度提高有利的事情，坚决去做；让您有形利益增多、但是对您美誉度提高不利的事情，坚决不做。

对一个人来讲，要想求得人生发展，什么修养不能差，知识，技巧？恐怕都不是，与人沟通能力恐怕是最不能差的修养。试想一下，做事在绝大多数情况下需要团结协作。只要团结协作，就不能不沟通，就不能不交流。沟通素养跟得上，问题会从大化小，从小化无。反过来，如果沟通不畅，轻则耽误时间，贻误时机，重则会让问题从无到有，从小到大，甚至发展到不可收拾的地步。由此看出，沟通水平高，犹如掌握了人际关系维护与发展的润滑剂；人际关系维护、发展好了，很多事情就好办得多。

说起沟通，事事离不开，时时少不了。前文说过，沟通绝不是技巧问题，实际上也不是知识问题，更不是耍嘴皮子的问题。沟通是一个人修养、能力、观念的综合反映。善于沟通的人，有时候不说一个字，就能沟通妥当；善于沟通的人，有时候尽管无法兑现诺言，却能很好地获得别人的谅解；善于沟通的人，有时候不知不觉让对方“吃了亏”，对方还非常乐意；善于沟通的人没提出任何请求，对方就主动承诺为其谋取更多实际利益…… 实际上，沟通就是一个理解的过程、包容的过程、彼此接受的过程、相互吸引的过程，是一个大家都很高兴、都有收获的过程。

与人交往讲的就是两个字，一个是“诚”，一个是“信”。“诚”说的是内心要真实，不虚伪，“信”指的是言行一致，信守承诺。两个字带出两条做人的原则，一条是开诚布公，有什么话说什么话，尤其是涉及本方根本利益时更是如此。另一条是信守诺言，说话算数，不食言反悔。有想法不讲，有利益不提，就是给人以假象，就是欺诈；违背承诺，撕毁协议，同样是给人以假象，没有信用，更是欺诈。如果您在世人面前树立的是这样一个形象，估计您是很难在这个社会上混下去了。如果您还想在某个领域中有所建树，估计那就更难了。有谁会相信不讲诚信者的鬼话，有谁会与怀有欺诈之心者共事合作，绝对没有。

讲究诚信者，方明诚信影响有多远；主动交往者，始知交往作用有多大；善于沟通者，才懂沟通威力有多神。

古往今来，不论做什么，若想成功，必须借助他人或他物的力量，也就是借势、用势；无势可借，无势可用，万事皆从盘古开天地做起，一切都由原点零处出发，人生之业能有几许，世间之功可有几何？古今相连，万物贯通，一切皆有可能。正所谓“附骥尾则涉千里，攀鸿翮则翔四海①”。

① ［南朝梁］萧统：《昭明文选·四子讲德论》。

若要沟通有效果，千万别指望沟通时说的几句话，也别依赖什么神机妙法助您一臂之力。平时眼观六路，耳听八方，遇到东西就学，看到东西就记，这样谈论起事情来就会旁征博引，分析起问题来就会层次分明。如此沟通，效果自然不错，目标实现起来也就容易得多。

沟通是以实力为靠山的。一个人的实力由两个方面构成，一个是客观条件，也叫硬实力，比如知识、技能、金钱，另一个是主观实力，也叫软实力，比如理念、经验、态度、修养、毅力、品牌、沟通与交际水平。这两个实力在前文进行过讨论，不过那是针对文化沟通问题而言的。此时我们再讨论这个问题则是放在更大的范围来考察，涉及的面也更广。客观条件，您很难把控，改善起来非一日之功可成，多少有点听天由命的感觉。主观实力则不同，完全归自己控制，您要怎么样，就能怎么样。通常来说，客观条件不足，人们对您不会留下不好的印象。有不足，大大方方承认，不仅不会让您失分，还有可能为您加分。如果主观实力很差，那就麻烦了，本来挺好的印象也会变得很差。可以这样说，客观条件有缺陷可以原谅，主观实力有缺陷则是不可饶恕的。建小功，仰仗客观实力还行；成大业，非有超级主观实力帮您不可。

沟通是需要准备的。准备分两方面：一方面是战略准备；另一方面是战术准备。所谓战略准备指的是个人修养、锻炼，个人整体素质提高了，沟通的效果就会有所依赖。所谓战术准备则是针对沟通对象的背景、特点、长项、不足进行有针对性的准备。如果对方对历史有研究，您又想沟通时给对方留下美好的印象，您就需要在这方面做点功课，以便关键时有所应对；如果对方理解能力极强，您在表达时就要简明扼要，层次鲜明；如果对方城府很深，听得多讲得少，您就要小心谨慎，步步为营…… 不论是战略准备还是战术准备，都是沟通所不可缺少的，也都是沟通离不开的“势”——只因没有一个成功者沟通时是打了无准备之仗的。

人这种动物，别看思维水平很高，可是对待世间事物，无论是从态度上还是从行动上，很多时候显得很短视。凡是看得见的，都觉得很实在；凡是摸得着的，都觉得特重要。处理点什么东西，即便一张涂得乱七八糟的纸片，都舍不得扔掉；遇到点什么问题，哪怕是委曲求全、人格失尽，也不愿作出一丁点牺牲。老天爷却不这样安排，故意反其道而行之。凡是看不见的，细想起来大多很实在；凡是摸不着的，事实证明更重要。1000 元钱与友谊比，哪个实在？1000 元钱一般人几天就花完，可是真正的友谊却很长远。钻进官场，看着有权又有位，如果观念错误，误入歧途，最后就有可能身败名裂。很多人爱锻炼身躯，认为身躯健康，全身就健康，就能指望长命百岁。可是心情不爽，脑力欠缺，健康能有几何，寿命又能持续多久？友谊、观念、心情、脑力远比钱财、官位、身躯实在而重要得多。人这一生，看得见、摸得着的东西也许很重要，可是让人一生走什么路、最终得到什么结局的则是千万只眼睛看不见、亿万只手摸不着的东西。短视会毁了人的一生，也会要了人的性命——事情一经发生，吃上一口袋后悔药都来不及呀！所以说，人要想过得好，要想过得有价值，就必须弄清什么是看得见、摸得着的，什么是看不见、摸不着的，畅通其间，最终使这些东西各归其位，各得其所，各有其用，各显神通。

人与人沟通，常常通过三个渠道完成。一个是身躯和四肢五官，语言表达、手势动作都与之有关；另一个是情感，喜怒哀乐悲恐惊，无不用来传达人的内心感受；还有一个是思维。思维这家伙看不见摸不着，可是却常常躲在暗处指手画脚，吆五喝六，掌控全局。换句话说，不论是语言表达，还是情绪宣泄，统统都是在思维的指挥下进行的。很显然，思维是总司令，情感是管理员，身躯只是个战斗员。说白了，思维是指挥，情感和身躯四肢什么的都是听呵的。拿出时间培养战斗员很有必要，腾出精力训练管理员也有道理。如果光培养、训练战斗员和管理员而且是用极多的财力、物力、时间去做这件事，是不是有些本末倒置？是不是不分轻重？思维训练不出来，您的语言表达能到位吗？您的情感传递能恰当吗？光练听呵的，不练指挥的，就是沟通一辈子，也恐怕是白费力气。

说起人际沟通能力，很多人会立即想到表达、举止这些外在的东西，认为这些方面强，沟通效果就好。倘若您是一位才华横溢之人，有渴求人才者慕名前来与您沟通。可是来人与您沟通半日，您就是不搭理对方，甚至有时还让其下不来台。对方不禁勃然大怒，双方不欢而散，沟通半途而废。这是什么问题呢？是表达不好吗？是举止不佳吗？恐怕都不是，是来人大脑的各个“部门”预先没有沟通好，没有达成一致，更没有制订出碰到意外情况时可以派上用场的预案。这些对方本应想到——既是贤德之人，料定必有特别之处，待人也罢，断人也罢，都是如此。写到这里，不禁想起小说人物张飞陪同刘备拜访诸葛亮时说的一句话：“这先生如何傲慢！见我哥哥，侍立阶下，他竟高卧，推睡不起！等我去屋后放一把火，看他起不起！[①]”倘若刘备也是这个胸襟，这般修养，我料定诸葛亮是不可能辅佐他打天下的。与人沟通，与其说表达、举止这些临场发挥很重要，不如说事先的内在沟通，也就是各方面修养更关键，后者往往决定前者。

什么人最了不起，有知识的人吗，有技术的人吗，有能力的人吗，有经验的人吗？依我的观察，这些好像都不是。知识、技术、能力、经验在一个人身上大多数情况下只配当臣，思想，尤其是深邃的思想才可成君——臣服从君，君领导臣。换句话说，知识、技术、能力、经验统统处于从属地位，思想不深邃，上述这些方面就算极为精湛，其影响也是非常有限的，甚至根本产生不了什么影响。除了领导与被领导的关系，“君”“臣”之间必须完美沟通。一旦彼此沟通完美，即便知识、技术、能力、经验很一般，只要思想深邃，超水平发挥就大有可能。要知道，思想深邃的人谙熟与知识、技术、能力、经验之间的沟通，因而善于拿出不同的组合，不仅花样翻新，而且变幻无常。就拿做菜来说。什么人才叫会做菜，是各种原料、调料都备齐、各种条件、设备都安好才能做出美味佳肴的人吗？不是，真正会做菜的应该是善于因地制宜、就地取材、条件多差都能给家人做出一顿营养丰富午餐的人。可以这样说，技术、能力、经验再厉害，只要您的“君”不灵，只要您的“君”不会与“臣”沟通，您就别指望超过那些思想深邃的家伙。

学习的过程可以说是个自我沟通的过程。原来不懂“用非其有如己有之[②]”，如今懂了，于是调整观念策略，调动朋友专长；原来不懂“夫唯不

---

① ［明］罗贯中：《三国演义》中第三十八回“定三分隆中决策 战长江孙氏报仇”。
② ［战国］吕不韦：《吕氏春秋·分职》。

争，故天下莫能与之争[①]”，如今懂了，于是调整观念策略，建设独家应对能力；原来不懂“良弓之子，必先为箕；良冶之子，必先为裘[②]”，如今懂了，于是调整观念策略，习技先找起点；原来不懂“德以得之[③]”，如今懂了，于是调整观念策略，树立完美个人品牌……知识学到手了是不够的，还要弄清道理；道理弄清了是不够的，还要与观念、思路、手段、品牌沟通，进而融合成独一无二的能力。这便是自我沟通的作用之一，也是人际沟通不可缺少的基础。

这一节的题目叫“内功到位巧借势”。所谓内功，说得已经很多，那就是各方面的修炼是否到位，是否达到一个很高的水平，是否进入“从心所欲不逾矩[④]”的境界。这个内功一旦达到了相当程度，就会为借势奠定雄厚的基础。讲到这里，读者应该明白，这里讲的借势指的是什么？说白了就是您日积月累的“内功”，用一个字概括就是“德”，前一段所讲的“德以得之”就是这个意思。可以这样说，“德”是一个人所能借的最大之“势”，也是人际沟通的最大资本。无德，便无势可借；无德，便没有沟通可言。不过有一点要记清楚，这里说的“德”绝不仅仅是社会规范中的那个“德”，相反这是一个内涵丰富的范畴，其中包括品行、观念、思路、能力、自律、名声、表达、行为、举止、影响。试想一个人在上述诸多方面达到了极高的水准，与人沟通起来还会没有效果吗？回答是自不待言。在这方面孔子的感召力为扬雄的“德以得之”提供了强有力的佐证。孔子每到一个国家都把这个国家的政事了解得很清楚，子禽就问子贡，是孔子刻意打听而来的，还是人家告诉孔子的？子贡说，那是孔子“温、良、恭、俭、让”的结果。即便孔子刻意去打听，那也是与众不同的[⑤]。所以，将“德”之修炼放在首位，很可能是与人沟通取得效果的最佳途径。

人际沟通涉及很多因素，包括修养、学问、表达、经验。可是有一种因

---

① ［春秋］老聃：《道德经·二十二章》。
② ［战国］列御寇：《列子·汤问》。
③ ［西汉］扬雄：《法言·问道卷第四》。
④ ［春秋］孔丘弟子及再传弟子：《论语·为政第二》。
⑤ ［春秋］孔丘弟子及再传弟子：《论语·学而第一》。

素却经常为人所忽略，那就是态度，即一个人对世间事物或者对他人所抱有的态度。我们经常看到，有的人很有才学，工作也很辛苦，可是一坐在两位交谈者中间，这个人便取代了其中的一位交谈者成了交谈的主角，那位被取代者则被晾在了一旁。如果是三人交谈，只听其中一人口若悬河谈了很久，完全不给另外两个人插嘴的机会。再有，正当两人就业内之事谈兴正浓之际，坐在旁边的一个人突然横插一嘴。若是说上一两句尚且可以，如果在一无邀请、二无示意的情况下独自一人大放半个小时的厥词，很难给人留下什么好印象。为什么？只因态度恶劣，或者说目中无人，或者说傲慢自大。如此与人沟通，纵然千种才学、万般成就，也不会有人买账。所以说，与人沟通、交往时，务必要谦虚谨慎，一定要讲究规矩。

与人沟通切忌一种习惯，那就是虚张声势。有的人交谈时动不动就把某个名人抬出来，说与其见过面、吃过饭、接受过此人的名片云云。先不说这般做法有多不自信，单就攀附权贵这种俗套就很令人不耻。人家是与您沟通，与您交往，您是什么样子，就是什么样子，既不必装腔作势，也无需装潢门面。即便您有什么不足，有什么缺憾，那也无妨，只要您自己有修养就行，毕竟那是真实的您、有自信的您。一旦为抬高自己而拉大旗作虎皮，不仅抬高不了自己，反而还会让自己在人家眼中的位置一落千丈。谁喜欢不真实的人呢？谁喜欢没有自信的人呢？不喜欢还是轻的，如果这种虚张声势发展到严重的地步，说其意在欺骗也不过分，到那时无论怎样辩解，估计都是无济于事的。

学习沟通光靠良好的愿望与艰苦的努力绝对是不够的，还需要很多能力去加以配合。对此，本书在引言中有所提及，当时这种能力被称为“条件”“筹码”。这些能力、条件、筹码可以分很多种，比如观察力，缺少这种能力，您无法观察沟通对象的细微变化，也无法观察成功的沟通者是如何进行沟通的；再比如判断力，缺少这种能力，您无法判断沟通对象在想什么以及什么事是他最关心的或者最喜欢的，也无法判断采用什么方法比较合适，更无法精准掌握沟通进展；还有亲和力，缺少这种能力，恐怕一切沟通都无法展开。缺少感染力别说沟通，与人接近有时候都会令人难以忍受。所以说，

沟通远不是一个愿望问题，也绝不是一个靠主观努力就能取得成效的事情。

明人洪应明有一句话说得好：“人有顽固，要善为化诲，如忿而疾之，是以顽济顽[①]”。人际沟通很大程度上是说服别人接受自己的观点。如果仅仅是一种观点，也许无伤大雅。如果这种观点与即将采取的行动紧密相联，那就严重了。于是明白人劝糊涂人不要做糊涂事的老戏码又上演了。明白人越是想说服糊涂人改弦易辙，糊涂人越是不听；糊涂人越是不听，明白人越是急扯白脸，就像春秋时期秦穆公出征攻打郑国，而百里奚无论怎么用力也劝阻不了一样。这便是洪应明所说的“忿而疾之”。之所以这种方法不仅无效反而还会加重对方的顽固心理，就在于对方的想法宛如潮水一般奔腾过来，而您是逆潮而上，怎么可能管用呢？这时候最需要的是沉着、冷静，只有这样才能看准时机、选准方位，激发出顺势而为的有效对策来，就像古人修建著名水利工程都江堰时怀有的思路一样。请记住，遇到这种情况，沉着、冷静是必须做到的第一步，没有这一步，劝阻无从谈起。

与人沟通若要有效、顺畅，保持良好的心态很重要。若要保持良好的心态，内心的拓展是第一位的，也是决定性的。一旦您心胸宽阔，很多事情就不是事情，很多问题就不是问题，即便别人不小心冒犯了您的自尊，侵害了您的利益，您也会宽宏大量，更不会斤斤计较。如此状态下沟通，就不用多费口舌，也不用费尽心机。如果内心拓展不足或者心胸狭隘，就会变得异常敏感，胡乱猜忌，甚至会钻牛角尖，似乎这世界上所有的人都在与您为敌，都在算计您，都在阻碍您前进。这样一来，沟通就没办法展开，相处也就没办法和谐。所以，内心拓展保持良好心态是人际沟通不可或缺的一个条件。

有的人非常富有心机。为了评上正高级职称，先麻痹自己的竞争对手，说报名参评只是为热身，可是在评委会投票之前却找了所有评委游说。与某些评委沟通的过程中，甚至动用了一些超乎寻常的手段。到了会上为评委介绍情况时，此人又大肆强调离婚之后种种辛苦，说什么不仅要带孩子，还要钻研业务。不仅声情并茂，还一把鼻涕一把泪，从而赢得了评委们的同情。

① ［明］洪应明：《菜根谭·一百二十一条》。

经过这么一番钻营，这家伙最终击败了竞争对手，如愿以偿地拿到了正高级职称。一段时间后，竞争对手辞职去了合资医院。此人再次看到机会，竟然跑到昔日同事所在医院员工婚礼上，借机攀附这家医院的老板，以便日后寻机应聘，实现名誉财富双丰收的梦想。这便是电视剧《中国式离婚》中的一个角色肖莉的故事。如果这般与人沟通，了解其内心想法者，谁不鄙视？谁不警惕？一旦有了这般心思，与人沟通一定是很难很难的。

人际沟通与心态是何状况有关，而心态如何又与预期高低相联系。不论做什么，都要事先做好成与败、得与失的准备。如果只念成与得而不想败与失，不仅结果出现之前惴惴不安，大局已定时还会心态失衡。其实事情远非如此简单。即便您有败与失的准备，只要这种对败与失的心理准备没有达到极高的程度，过程与结果依然是很折磨人的。如果对结果所抱希望差到极点，犹如坊间常听到的“大不了……”“不外乎……”“莫过于……”，您的心情一定坏不到哪儿去，说不定还挺高兴。譬如，有人告诉您要发奖金，如果您觉得按您的情况不会得到奖金，可是最终您收到了 500 元，您肯定感到很欣慰；如果您觉得考试时发挥很差，做好下次再来的准备，结果告诉您考试成绩虽然不佳，但是还是通过了，您会得到一个意外的惊喜；如果您向一个项目投资之后感觉失当，预计会有巨亏，结果出来一算，亏损只有预想的一半，您是不是觉得差强人意？努力很多，期望很少，对平衡人的内心大有帮助，正所谓“尽人事，顺天意”。如果您保持这样的心态，就会言行平和；言行平和，与人沟通，焉有不成之理念？

第三节　融会贯通善总结

学习沟通需要阅读，然而究竟怎样阅读才会产生效力，产生融会贯通的成果呢？细读下面这几段话，多半会得到印象深刻的启发。

有人读书之后发现，人世间的事情远比书本上讲的复杂，两者贯通并认识其中的道理，就很容易使其成就辉煌大业。有人读书之后发现，人世间的事情要么尽在书本中，要么书本是书本，现实是现实，两者不通，两厢分离。

这样的人多按书本上写的去实践，结果事情搞得一团糟。很多不善沟通者，不是不懂沟通技巧，而是自身还糊涂着呢。“以其昏昏使人昭昭①”是很难的。

学新闻从哪儿起步，学出版从哪儿入手？白岩松教学生新闻从抄《道德经》开始，我教学生数字出版从读《实践论》出发。为什么这样做？是为使学生拥有掌握相关本事最需要的素质，以便从思维逻辑上去粗取精、去伪存真、由此及彼、由表及里地贯通起来。一旦思维逻辑的方方面面沟通顺畅，遇到问题就会知道如何下手，从何切入，即便碰到一些困难，也会很快找到解决办法。这不是我等的“发明”，古代名师早就如此这般传授本事了。纪昌学箭，飞卫要他先练不眨眼；造父学车，泰豆氏先令其在木桩上行走——所有这些都是为了得之于眼，应之于心；得之于手，应之于心。眼心相通，眼手互连，形成习惯，变成潜意识，与人沟通时就会效率非凡，省事又省功。

学习沟通艺术时，眼睛不要只盯在课本或老师讲的“知识”本身上。相反，应该在这样几个问题上下点功夫——沟通知识是怎么来的、蕴含的哲理在哪里、给您的启发是什么、与社会实践有什么内在联系。一旦您在这些问题上有了心得，您学到手的沟通知识才会给您的人生带来值得一书的价值！

举凡身外之物——不论是思想、理念、观点，还是知识、技巧、方法，均可用以强化沟通能力，然而这些身外之物不是自然而然就能成为沟通强化剂的，无不需要经过大脑加工、处理。不经过大脑加工、处理，无论这些身外之物有多强大，都不会发挥积极作用，甚至还有可能产生相反影响。

沟通水平高，有个很重要的原因是善思考，这是很关键的一步。通过大脑思考出来的东西——思想也罢，理念也罢，策略也罢，方法也罢，只要符合实际，即便有缺点、不完美，也会使您在沟通实践中取得相当的成效。

沟通讲智商，但是更讲情商；要想沟通得出色，智商、情商一起提高才行。认知、经验、见解、生活互联互通使您智商有改进，意志、挫折、远见、

---

①［春秋］孟轲：《孟子·尽心章句下》。

交往紧密结合令您情商大幅增加。

获取沟通能力只是学书本吗，学习只是听老师讲课吗？不，学习的形式非常多。讨论是学习，提问是学习，独处是学习，思考是学习，冥想是学习，写作是学习，聊天是学习，看戏是学习，游玩是学习，干活是学习……只要您有心，只要您用心，事事皆学问，时时在学习。抓紧每一秒，利用每一分，您的沟通技能会有大改观。

改进沟通，要先试着实践一段时间，有了经验之后再读书本，长久下去，思考改进沟通问题时会情不自禁地从实际出发；如果做事之前先读书本，长久下去，思考改进沟通问题时很容易从书本出发。

学习沟通，恐怕先要弄懂如何就事论理。如果一件事让您明白一个沟通道理，您需要做很多很多事，才能明白正常沟通所需要的种种道理，那样一来，您与人沟通一定会成效平平；如果一件事让您明白不止一个道理，您的沟通就会成效大增；如果十件乃至几十件事都不曾让您明白一个沟通道理，您与人沟通时一定会很糟糕、很悲哀！人与人之间沟通的优劣盖出于此。

孙子云："攻其无备，出其不意①"。人际沟通一定不能总是按常理出牌，因为按常理出牌很难取得出其不意的效果。出牌时若想跳出窠臼，就少不了在多变的思维方式与丰富的生活经验相结合上下功夫，这大概是摆脱窠臼不可缺少的前提。

学沟通，可多从古书上面找启发。这是因为古人著书重道理，越读，明白的道理越多——道理明白得越多，心里越亮堂。今天的书重知识，越读，学到的知识越多。可有些人知识学得越多，做起事来好像越迷茫。沟通是个经验活，是个习惯活，更是个道理活，所以需要悟性，光讲知识是没用的。

知识是前人创造的精神财富结晶，是沟通的表皮，道理才是沟通的根本。如果只懂表皮，就像医生给人治病，看表皮状况就认定患者染了何种疾病，那是非常害人的。以浅尝辄止的态度学习，很难学到真正的本事，沟通顺畅也就没有可能。如果您仰仗天资，在沟通上侥幸有所作为，那也只能得逞于

① ［春秋］孙武：《孙子兵法·始计篇》。

一时，最终贻害自己一辈子。懂得沟通的内在道理，即便您天资不很高，也有可能在人际沟通中取得显著成效。通过知识这层皮参透到沟通所含的道理或规律中去是学习沟通的有效途径。

观点是思维的产物，态度是行动的指南；观点通过嘴巴表达，态度借助行动证明。如果将其颠倒，自取其辱，在所难免。

改进沟通能力至少有两个途径，一个是实践，一个是向他人学习。实践有多重要，毋庸赘言。向他人学沟通，切入点很重要。在我看来，学习时最好将人家的观念与方法视为一体，按“一家人”对待。换句话说，什么样的观念产生什么样的方法，观念、方法相互依存。严冬时节穿件皮毛一体大衣，您一定觉得很暖和。如果大衣的皮毛原本是“两家人”，保暖程度一定差不少。学方法，必须连同人家的观念一起学、一起用，这样学到手的沟通能力用的时候才会有效果；如果只学方法，观念还是老一套，方法、观念是“两家人”，方法再妙，效果也好不到哪儿去，更别说达到预期目的了。

孔子劝弟子们学习要以修身为本，以实践为重，“行有余力，则以学文①”，意思是修身、实践搞好了，如果还有精力，可以学点技艺。在孔子看来，修身养性是关键，技艺技能的学习是次要的。沟通也是如此。锻炼沟通贵在树立正确的沟通观念。正确的沟通观念树立了，沟通学起来就容易了。什么是正确的沟通观念？在我看来，一是沟通绝非技术技巧问题，而是一个由各方面修养组成的综合工程；二是沟通是个诚信与诚意的问题，没诚信无诚意，技能技巧再娴熟也派不上用场；三是沟通是个互相理解、彼此包容、相互妥协、有限获益的过程。如果一方不理解另一方，不包容另一方，固执己见，毫无诚意，沟通是无法进行的。

沟通很讲“势”，处于强势地位的人，沟通起来就容易，沦落在弱势地位的人，沟通起来就很困难，好像有句话与这个意境相差无几，那就是弱国无外交——外交是以实力为后台的呀。所以，对我们每一个人而言，平时要做的不仅要练沟通技巧，而且还要增加实力，增加在各方面的修炼与能力。

---

① ［春秋］孔丘弟子及再传弟子：《论语·学而第一》。

等您有了足够高的修养，有了足够强的能力，别说与同等地位的人沟通，就是与强者接洽也不会处在明显被动的地位。

都说中国人讲人情，这话应该不假。可是这到底是一种怎样的人情，我们却很少探究。多年的体验告诉我，我们的人情中有一点常常引起矛盾，那就是过度关注，也就是对熟人指手画脚，发号施令。这种现象常常美其名曰“对你有感情”。更有甚者，还有人打着人情的旗号，干涉或者介入人家的隐私或者生活。这个特点显然源自农耕时代，那时大家你挨着我，我挨着你，彼此之间赤裸裸一般，即便到了城市化时代，多因相互之间生活的物理距离太短，情况依然没有本质上的改观——您家的事情我知道，我家的事情您明白。如果碰到一位整天无所事事又爱扯闲篇的人，这种打着人情旗号表达的过度关注就更加肆无忌惮了。形成于紧密物理空间的这种人情，随着时代的发展与个性、隐私意识的增强，越来越令人厌恶。一种奇怪的现象便应运而生，人与人之间看着非常亲密，听着很有人情，背后却是很多无奈、诸多烦躁乃至些许怨恨。了解到这一层，我们对下面这种情形出现便不觉得奇怪：彼此关系很好，关键时刻却落井下石；彼此关系很亲，紧要关头反而施以狠手。建立在这种基础上的人情关系，实际上是根本没有人情的表现，是一种假人情；真正的人情应该是基于彼此理解、相互认同、多方包容之上。抱着假人情最终只能害人又害己，对所有人都不利，特别是至爱亲朋，有时还会影响社会稳定。抛弃假人情、建立真人情才是我们这个社会应有的人情。

学沟通，什么是前提？懂得沟通何以不可或缺的道理是前提。不懂这个道理，就不会想方设法改进沟通能力。很多人“懂”沟通在人生发展中的作用，可是在沟通方面却力不从心，原因何在？恐怕只有一个，那就是他的“懂”是听来的、读来的，不是悟出来的，唯有悟出来的道理才会使思想灵魂深处发生反应与变化——悟出来的道理才会使人产生行动，悟出来的道理才会将行动转化为成果。所以听懂、读懂道理是不够的，悟懂道理才能解决问题。

学沟通千万不要从沟通本身开始，而是要从认识、发挥人与事物的本性下手。那么如何认识、发挥人与事物的本性呢？我国古代经典早已给出清晰

路径："唯天下至诚，为能尽其性。能尽其性，则能尽人之性；能尽人之性，则能尽物之性；能尽物之性，则可以赞天地之化育；可以赞天地之化育，则可以与天地叁矣①"。这里有三个关键字：诚、性、尽。诚者，不自欺、不欺人也；性者，人与物固有本质、特点也；尽者，充分认识、尽力发挥也。至诚之后，人对己之本性便会充分认识，从而尽力发挥；对己之本性充分认识，尽力发挥，对人之本性便可充分认识，尽力发挥；对人之本性充分认识，尽力发挥，对物之本性便可充分认识，尽力发挥。一旦达到这个境界，就可以协助天地造化养育万物，到那时便可与天地并列为三。看来，最需要提早下功夫的就是一个"诚"。从"诚"开始，诸事皆成！

第四节　规律过程有讲究

沟通讲规律，这一节集中谈谈沟通中常见的一些规律。弄清规律，将其用于无形之中，沟通就会越来越有效果。一旦您在沟通方面游刃有余，取得事半功倍的效果就是可望而又可即的事情。

把握规律

人与人之间沟通涉及很多问题，第一印象便是经常为人所忽略的一个方面。两个人结识的时候，一方留下的印象会长久沉淀在另一方的大脑之中，伴其终身也未可知。即便开始印象尚好，由于人性中有一个喜欢紧盯、放大别人缺点的毛病，日久天长，评价也会降低。如果第一印象欠佳，评价就会更差，而且有可能永不磨灭。一旦不良印象固化为成见，可以设想沟通该有多难。正因有这样一种因素，我们才时常看到与人沟通时要反复斟酌人选。有的人去沟通就有效果，有的人去就没效果或者适得其反——不同的人会留下不同的印象，给人印象好的去沟通当然容易出成效。所以，不论什么时候、什么场合，给人留下良好印象意义重大。这不仅关系眼前，也会有影响今后。

① ［春秋］子思：《中庸·第二十二章》。

从某种程度上讲，第一印象就是日后沟通的伏笔。日后的沟通怎样，就看今天的伏笔如何埋下。

人际沟通中有几种情况很有趣，也很奇妙，值得认真玩味。一种情况是，引起沟通的事好像都是小事，为大事沟通的时候似乎没有小事多，这与矛盾的产生多为小事是一致的。另一种是通过小事沟通问题一旦解决了，那解决的多半不是小事本身，而是沟通双方的立场、观点、态度的一致或者接近一致问题，这叫小中藏大、寓大于小。还有一种是立场、观点、态度一致或者接近一致的问题解决之后，引起沟通的小事反而无需费多大精力便可轻而易举地“拿下”，甚至无需任何讨论。世界上的事情就是这样有趣，也是这样奇妙。

与人沟通不仅要善于表达，还要表达到位。表达到位的第一要素就是对客观事物了解准确，能够透过现象看到本质，也就是事物的根本属性。如此沟通，才会取得预期的效果。在这里，沟通是水到渠成的事情，而了解事物的本质则需要做大量的工作，付出巨大的努力。要知道，世界上的事物千姿百态，而其本质简单而又纯粹。当我们试图对事物的本质加以了解、认识时，我们必须先顺利迈过“千姿百态”这道关，否则我们或是看不到事物的本质，或是为“千姿百态”的表象所迷惑，进而作出偏离本质的判断。若要透过复杂的现象看到本质，根据我的经验必须按照下列程序进行。首先是观察，尤其是观察那些经常为人忽略的细节，只要抓住若干细节，就会为进入下一步储备活生生的依据。接下来就是不带情绪与偏见地思考，运用对比、质疑、排除、综合等多种方式进行理性分析，这样便可为形成符合生活常识的判断打下基础。然后，将观察到的现象与判断的基础联系起来，看其是否存在合乎逻辑与规律的内在联系。为使初步形成的判断不致出现重大偏差，此时应该跳出相关事物本身，到更大范围中寻找不同事物中与之本质相同的样本。得到样本还不够，还要根据所获信息、数据建立自己的推导模型。一旦模型成立且无瑕疵，您对事物的判断就趋于成熟了。做到这一步，虽不敢说能百分之百地看到事物的本质，但是在最大程度上接近是完全有可能的。认清事物的本质之后再与人沟通，就有足够的论据，也有足够的资本，沟通也就不成问题，甚至不用一言一语，就能取得极佳的效果，只因您对事物的透彻分

析早已令人敬佩有加。千万不要忘记，能把问题说得清晰透彻，无疑会让您增加沟通感染力。

讲话只有三五个字，未必讲不出道理；讲话长篇大论，未必讲出什么道理。

人际沟通、交往中少不了“失望”“责备”“发怒”。表达这类情绪时，人们往往会祭出各种各样的手段，其中“说”“骂”“批”便是常见的几种。不过，在解释这几种常见形式之前，有一点需要澄清，那就是这几个字用于表达上述情绪时已经远不是其本身含有的意味。放在失望、责备、发怒的语境中，这几个字的意思非常值得推敲。“说”一般用于关系比较密切的人当中，比如夫妻、母女、朋友之间，比如妻子对丈夫常用“你再说我，我就生气了”，女儿抱怨妈妈时会有“妈，您怎么又说我？”“骂”也是用于关系比较密切的人当中，不过那通常是间接的，比如“要是那样，我爸该骂我了”“刚从老板办公室出来，让老板骂了一顿”。“批”这个字更多见于上下级或者管理者与被管理者之间，比如“李书记批了属下一顿”“王市长怒批缺乏人情味的管理模式”。不同的表达方式用在不同场合。用对了，一个字便就能给人际关系带来积极的影响；用错位，不仅无助于强化人与人之间的良性互动，还有可能给人际关系带来短时间内难以弥补的裂痕。

读书不是为了学知识，不是为了拿证书，不是为了弄头衔，不是为了装门面，不是为了吓唬人。读书是为了借鉴前人的经验与教训，让自己聪明起来，与人打交道灵巧起来，以此熟练驾驭生活中发生的种种意外与困难。如果读了很多书，面对意外与困难依然束手无策，更不知如何与人交涉，这书恐怕是白读了。

去大学讲沟通，学生问可以读哪些书，好像读了书，沟通水平就可以上一个层次。要知道，沟通只不过是与人交往、合作时看不见的一个小程序。要知道，小程序做得好，未必只是这个程序的事情，此前的大量准备一点也离不开，就像发射一颗卫星，绝不仅仅是按发射钮者一个人的事情，缺少各个部门、众多人员的合作配合，卫星是上不了天的。同样，只会几个技巧，缺少个人修养、道理参悟、知识学习、实践经验，沟通肯定也不会有什么显著起色。

一件事情与若干其他事情联系起来，就容易搞清楚；一件事情与诸多别的事情结合起来，就不难弄准确。将多个事情放在一起考虑、判断，交流起来恐怕就简略得多，也有效得多。

人生的第一要务是社交。社交得当，您会用不多的时间办很多的事；社交缺乏，即便费大把的时间，使出吃奶的力气，有些事还是做不成。

人生需要营销，但是营销并不拘泥于一种形式。在我看来，如实告诉大家已取得的成果是营销，拜访朋友、与朋友交流也是营销，发布一些个人消息是营销，撰文介绍个人观点也是营销。不论怎么做，三个原则不能忽略，一是信息真实可靠，二是顾及对方感受，三是让人生活更好。

每开一次会都认识一些朋友，每认识一些朋友都使我有机会认识一些朋友的朋友。朋友圈越来越大，人脉网越织越密！

人脉是一种带有战略意义的储备资源，必须提前很多时间进行准备，必须经过很长一个过程。临时建人脉，一切来不及。

就我个人观察来看，人际交流通常由下列内容组成，即寒暄、生活、见闻、爱好、工作（业务）、思想。按交流难度来讲，排在第一的寒暄交流最易，排在最后的思想交流最难。按交流比例来说，寒暄一般占5%，生活占5%，见闻占10%，爱好占10%，工作（业务）占30%，思想占40%。如果其中一或两项为空，其他内容占比势必增大，交流的丰富性必定减弱，交流者之间的黏度也会显著降低。

参加活动或者会议，很多人喜欢晚去早退，我则恰恰相反，早去晚退，这样我可以跟更多的与会者相识。参加活动或者会议是结交朋友的绝好机会之一，如此结交的朋友不仅数量多而且范围广。我的人脉网就是这样一点一点地编织出来的。

与人相处不能光靠觉悟，靠修养，靠情谊。这些东西是变量，往往是很难靠得住的。即便偶然得逞，多半也是以一方作出牺牲为代价。与人相处，根本靠山还是规则。规则是个定量，不论您觉悟如何，修养怎样，情谊深浅，规则是不变的。大家在规则内相处，不仅顺畅无碍，还会在无言之中提高觉悟，改善修养，进而加深彼此之间的情谊。靠变量，一切靠不住；靠定量，万事皆可成。

人与人相交聚散离合是常有之事，因而有“好合好散”的说法。如果“好合好散”说的是散伙之后不去相互诋毁、互相拆台，那无疑是正确的，也是可以做到的，至少对有正常修养的人是没有问题的。如果“好合好散”指的是情绪一如既往，关系看上去依然如故，则完全是不可能的。可以设想双方讲“合”时，相互都是白纸一张，图画怎么画都行，所以我们才会看见推杯换盏之时海誓山盟之景在我们眼前出现。共事一段时间之后散伙，情形就完全不一样了——相互之间不再是白纸，而是早已涂满了色彩的图画，说得负面一些，可以说要多难看，有多难看。此时分离，提出分手的一方多给被动方以慰藉、补偿，借此纾解分离造成的负面情绪是非常有必要的。电视剧《英雄无名》中五零兵工厂厂长姜诚出于无奈，礼送阎宝航离厂时特地多支了一个月薪水给后者，就显得很有人情味。有朝一日，也许还会江湖重见，友好相处也是水到渠成之事。倘若主动方理所当然，爱答不理，完全没有换位思考的意识，那么这种“离”就会留下后患。彼此一辈子不再往来倒也罢了，如果哪一天命运捉弄双方，不仅要来往，还要置主动方于被动方“手”下，那故事的结局就不难推演出来了，《三国演义》中白门楼①的情节便是一个不错的桥段。

沟通要想取得预期效果，沟通者手中必须具备两个杠杆。一个是主观杠杆，另一个是客观杠杆。主观杠杆指的是沟通者本身具备的素质，包括品行、魅力、表达、经验，客观杠杆则说的是沟通对象存在的制约点，说难听话就是破绽或者软肋，一个巴掌拍不响嘛。主观杠杆完整，客观杠杆不具备，照样无法沟通成功；客观杠杆具备，主观杠杆用起来不合手，沟通效果有时也会很差。就拿我经常做的版权买卖来说，如果卖主觉得卖不卖两可或者抢购者一大堆，就降价问题与卖主沟通就会白费力气。如果潜在买主只有一个，对方又急着出手，如果您主观杠杆运用熟练，结果八成会如愿以偿。两者都

① ［明］罗贯中：《三国演义》中第十九回“下邳城曹操鏖兵 白门楼吕布殒命”。

具备最好，不论哪方面有缺陷，沟通起来都会遇到巨大阻力。当然，这并不意味着主客观杠杆有问题就沟通不了。尽量扬长避短，调配妥当，打个歼灭战，不等对方醒悟，问题已告解决。如果您两方面条件都不好，又出手不利，沟通恐怕是不会有好效果的。

人际关系处理起来是很吃功夫的，比如朋友与朋友之间的关系就是一个难点。有人喜欢将两个朋友介绍到一起，相互认识，可是有时候我们似乎忘了，您分别与这两位是朋友，不意味着您这两位朋友之间也能成为朋友。即便他们之间可以成为朋友，也不意味着他们之间可以共事或者合作。要知道共事或者合作有一项很不好应对的挑战，那就是尊严与利益，在这两个方面最爱纠缠的人便是密切接触者，而共事或者合作便是这种密切接触者密切接触的形式之一。一旦处理不当，您的朋友之间多半会因这两个问题或者其中之一发生不快或者冲突。所以，我的经验告诉我，明智的做法是只介绍他们认识，但是不介绍他们共事或者合作。如果他们交往到一定程度，觉得可以共事或者合作，那叫水到渠成，有这个缘分。如果此前出于善意，自觉不自觉地搞个拉郎配，结果多半不妙。

人与人相处的过程中遇有龃龉，常有两种现象出现，一个是就事论人，还有一个是就事论事。前者只因一事，便给一人下了定论，于是小矛盾激化为大矛盾，大矛盾演变成剧烈冲突。后者只讲事情，不涉其他，结果一方振振有词，另一方哑口无言，于是小矛盾依然会激化成大矛盾，大矛盾同样会演变成剧烈冲突。这两种现象，准确地说这两种处理问题的方式都不可取。明智的做法是其中一方态度软化，也就是后退一步，以免矛盾发展到无可控制的程度。待时机成熟，就事论理，总结经验教训，这样龃龉就不会再次出现，即便不能完全避免，也会减少出现概率。条件如果合适，可以与矛盾的另一方推心置腹；若无可乘之机，就各自悉心反省一番。如此下来，人与人相处会平和得多，友好得多，也有效得多。

人与人交往要注意两个要素是否具备，一个是社会地位相似或者相同，另一个是对一些主要问题的看法相似或者相同。社会地位相近或者相同，让彼此相处自在舒适——既不觉得乏味，又不感到尴尬。对主要问题的看法相近或者相同，则让彼此有共同关心的话题——既不觉得生疏，又无出现嫌隙之忧。满足上述交往条件有时候并不容易，但是这并不意味着社会地位之间有明显差异者就没法交往，也不意味着看法相左者就没法沟通。如果真遇到社会地位明显比您高的人，您也没必要气馁，只要您具有真知灼见，只要您在人家感兴趣的领域取得成就，照样可以弥补您因地位不足而产生的缺陷，减轻意见不同留给您的痛苦；只要您拥有提高交往层次所需要的杀手锏与敲门砖，您提高交往层次的希望就能实现。

交往有两个层次，一个是拘泥形式需要，另一个是追求精神享受。前者像个仪式，对很多人而言，没有这个仪式，比如串门、聚会，好像就什么都没有，似乎生活也就过不下去。后者意义深远，沟通交流积极，互有帮助启发，往往能给生活注入缕缕生机。形式曾经起过很好的作用，可是时代变了——个性得以张扬，生活节奏加快，空间距离缩短，发展渠道多样，信息传播频繁，有些形式如果不变或者顽强存在，则会成为人们追求精神愉悦的绊脚石。与其花时间、花力气去维护早已过时的形式，倒不如顺其自然，只要合乎社会规范，怎么愉快怎么做，怎么舒畅怎么来，这样才会使人在最大程度上活出自己，活得轻松，活得超脱。可以说，追求精神愉悦远比拘泥什么落后的形式有意义得多。

人与人相处、合作免不了会有矛盾、冲突；有了矛盾、冲突，又免不了去理论，去辨是非。有的是打嘴仗，有的是诉诸法律，当然也有用武力解决问题的。这样做也许能分出胜负，决出输赢，甚至还会得到赔偿。表面上有人胜、有人败，实际上没有一个不是输家——谁的心理也好受不到哪儿去，严重的还会长时间笼罩在其阴影之下而不能摆脱。聪明人不与别人争是非，更不与其去理论，只因庄子有句话说得特别好“人固受其黮暗，吾谁使正之？①”庄子的意思是世人都有偏见，能让谁当裁判员？请别人当裁判员尚且不行，自下断语，自说自话，恐怕更是行不通的。聪明人就不这样做。平时多多强化遇到此类情况时所能祭出的“反制”手段，比如品牌美誉度、不可

① ［战国］庄周：《庄子·齐物论》。

替代性、局面操控水平。“反制”手段多了、强了之后，矛盾、冲突自然会减少很多，损失也就会降至最低程度。

人与人之间发生问题之后，很多人喜欢讲理。讲理固然不错，能辨别是非曲直。问题是，是非曲直辨明了，理的天平倾向于您，您就大获全胜了？另一方的感受就不用管了吗？如果人家心情糟糕透顶，就算有一万条正当的理由，您又能如何？还指望人家与您交往吗？还指望人家与您共事吗？还指望人家与您合作吗？甚至还指望人家关键时刻帮助您吗？我的经验告诉我，人与人之间相处、合作有些时候不是看谁有理，看谁理屈，而是看谁能站在交往对象或者合作伙伴的角度考虑问题，为对方感受着想，尽力让对方觉得心情舒畅。这是因为人与人相处、合作离不开感受的介入，摆脱不掉心情的干扰。感受不好，心情很坏，估计前景再美妙的事情也很难做成或者做持久。在坚持原则条件下尽量多为对方感受、心情考虑，不仅不需要去讲什么道理，还会避免很多不必要的摩擦。平时您多为对方着想，关键时刻不用您说话，人家会挺身而出，为了您甚至“可上九天揽月，可下五洋捉鳖①”。这方面的例子从古到今可说是数不胜数。挑拣一两件，细细研究一番，说不定您会有非常不错的启发与心得。

在一部分人看来，似乎谁有理，谁就站在了道德制高点，谁就有了沟通的优势，谁就能把对方说服，谁就能取得沟通的成效。经验告诉我们，沟通本质上是一个感情融合并通过感情融合达到彼此理解、相互包容、妥协共赢这样一些目的的过程。如果指望通过讲理把对方说服，也许会把人说服，也许会使对方点头称是，可是那样的说服常常是口服心不服；如果指望通过讲理求得对方的同情，也许会获得对方的同情，甚至会让对方流下同情的眼泪，可是那种同情常常是打了折扣的——人家心中怎么想，天知道。一般沟通如此，请人帮忙更是一样。不论对方与您的关系多么亲密，无论对方平时与您多么要好，都不要以为对方会理所当然、义无反顾地帮助您，更不要认为可

① 毛泽东：《水调歌头·重上井冈山》。

以跟对方讲理，要求对方毫无保留地支持您。可以这样讲，在沟通这个事情上，没理可讲，不论你们是什么关系——夫妻关系、父子关系、同乡关系、上下关系、管理与被管理关系，都不能指望通过讲理实现有效而又导致双赢的沟通。讲理这种手段只能在双方遵守相同原则的情况下偶然使用才有效果。沟通恰恰是因为各有原则而又必须相互达成共识才有的一种接洽过程，所以沟通时绝对不要依靠讲理解决问题。

著名新闻评论员白岩松介绍过这么一个情况。他给腾讯写稿子，夜里 12 点发过去，对方 3 分钟后回短信说："收到了，谢谢白老师"。可是他给传统媒体开办的网站写稿子，晚上 7 点多发过去，第二天早上 8 点半收到对方短信："白老师，上班收到您的稿子，谢谢[①]。"说来也巧，我也遇到了类似情况。一天，一家传统媒体说如果有稿子发表，可以交给他们，第二天上午我便告诉对方有一篇稿子正在进行最后加工，几分钟以后便可发给对方，对方回答："好"。稿子发出后，我特地告诉对方注意查收，可是直到第三天早上 8 点多还是未见回复，是否收到，有无问题，一概不知。我与这家媒体的副总编辑联系，副总编辑不回。我又与另外一位编辑联系，这位编辑很快回复了，说约我稿子的编辑去参加书展了。我们都知道，一个人想干一件事，无需什么理由；一个人若是不想或者没动力去干一件事，可以拿出一万条过硬的理由为自己辩解、开脱。就算忙得不亦乐乎，如果心中想着刚刚约过的稿子，就会利用一切琐碎时间查收。加之这年月移动互联网很发达，随时随地都可以查看手机上的邮箱。实在不行，晚上睡觉前看一眼，给作者回复一句"收到了"，估计不会占用很多时间。如此这般对待约稿，白岩松后来是否还给那个传统媒体经营的网站写稿，我不得而知，可是我是决计不会再给上面提到的那家媒体写稿了——起码的尊重都得不到，合作有什么意义？以后如果这家媒体发现缺稿子，可不要怪作者不积极，都是您沟通意识太差酿成的后果。

---

① 白岩松：《白说》中"智商很高，情商却低"，长江文艺出版社，2015 年。

确立准则

人际交往与合作离不开两个要素，一个是规则或者原则，另一个是感受或者人情味。人际交往与合作犹如盖高楼，规则、原则是地基，感受、人情味是勾缝、抹灰。越是遵守规则、原则，地基越厚实，上面的楼才越可能盖得高，盖得稳固。关注对方感受，有些人情味好比给墙面衔接处勾缝、抹灰，为的是相互衔接紧密、柔和。人际交往还像机器运转，规则、原则就是机器内部各部分运转的规律，感受、人情味则是润滑剂。讲规律，机器运转高速、有效，加了润滑剂各部件工作协调，工作寿命长。西方国家元首或政府首脑进行国事访问常常携妻带子就是为两国交往在坚持原则基础上多一些轻松气氛，使相互沟通更为融洽，更为亲切，更为丰富，更为自然。不讲规则、原则，交往、合作无以为继，对别人感受缺乏关照，做事没有人情味则使交往、合作难以顺利进行。

老子在《道德经·六十三章》中说："天下难事必作于易，天下大事必作于细。是以圣人终不为大，故能成其大。"老子的意思是说，解决难题从容易之时开始，谋划大事从细小之处着手。圣人一向不做所谓的"大事"，所以最终能够成就大业。做事是这样，人际交往也富含这个道理。人与人之间关系紧密、协调，除了思想、情趣相互包容、趋同以外，多因举手之劳而得以强化，又常因细致入微的关照而得以深化，比如长久不见还记得对方的名字或者生日，天气不好给人送去雨具。另一方面，人与人之间关系恶化也是从容易为之而不为开始，也是从应该关注而忽略之处引发。我人生经验60年，至今尚未发现人际关系因为什么大事而出现怨恨，又因为什么大局而导致不和的——重大问题上立场不同并不意味着人际关系很差，敌我阵营中的两个人有时还相互佩服得五体投地呢。要知道，大是大非问题上出现什么立场差距是显而易见的，是有思想准备的，绝对不会给人的情感造成什么重创，除非有重大事项隐瞒。给人际关系造成伤害乃至严重伤害的虽不敢说绝对是，但是至少在大多数情况下是经常为人忽略的容易之事、细微之间。所以说，维护、发展人际关系务必从容易之处开始，在细微之间用心。

请人咨询，被咨询的人对您提出的问题有所建议，您却说您在那个问题上做得很到位，无可指摘，被咨询的人是不是会无以作答？邀人千里之外办讲座，您却连饮食送站都不管或不想管，被邀请的人是不是会大为不悦？这些都是容易之事，也都是在细微之间，在常人看来无足挂齿，可是却能给人留下十分深刻的负面印象。这样一来，沟通、交往自然就顺利不了，效果也会无从谈起。也许您有您的道理，而且是很充足的道理；也许您认为您做得很正确，而且确实很正确，可是人际沟通与交往讲的不是谁对谁不对，而是谦逊坦诚、以礼相待。如果这些易事、细事都不下功夫，都做不好，还指望您做什么难事、大事？圣人都觉得只有脚踏实地做好容易细小之事，才有可能成就大事、树立美名，我们这些常人又有什么理由不这样做呢？

沟通的本质是什么？在我看来，就是三个词：愿意、理解、妥协。愿意，就是有沟通的诚意，沟通参与者都想就关心的问题推心置腹地交换想法，进而将问题谈透彻。理解，就是沟通者持有相同或近似的情感，从而认同其他沟通参与者在那样一种情境中持有那样的立场、观点很具合理性。说白了，理解就是设身处地从他人角度考虑问题。妥协，就是相互适度照顾对方或另一方的感受。具体说，沟通参与者各有进退、互有得失，大家才能在一部分或大部分问题上取得一致，实现人们常说的共赢。达到这个程度，沟通才会起到应起的作用，沟通参与者才会达到相互沟通的目的。

沟通用于国与国之间，叫做谈判；用于公共事务，叫做公关；用于领导与被领导之间，叫做谈心；用于商家之间，叫做接洽；用于朋友之间，叫做交流；用于原告与被告之间，叫做调解。不论是什么场合，不论采用什么形式，都是两方以上之间交换意见，求同存异，以期达成共识，解决问题。如今很多问题之所以无法解决，不是沟通不灵，而是有些人变得很自我。换句话说，心中只有自己的利益，别人或者公共利益根本不在考虑范围之内。只要其个人利益得不到满足，哪怕存在一丝一毫的缺陷，都会祭出各种手段——合理不合理、合法不合法、缺德不缺德，都无所谓。还有的人为了一己之利，即便丢掉廉耻也在所不惜。遇到这种情况，您就是再讲道理，问题也是无法解决的。所以说，沟通是有条件的，那就是沟通双方均有沟通意愿，也都愿意在放弃部分一己之利的基础上达成一致的诚意。缺少这个先决条件，沟通绝对是无效的，更是没有良好结果的。

在这世界上，不论做什么，您越是想着结果，往往越是难如您愿，因为您的心思都放在结果上了——没积累，哪来质变？您越是想着过程，最终结果兴许会超乎想象，因为您的心思都放在享受过程上了——过程到位，自然有成效。看重结果的人，过程痛苦，结果悲惨；看重过程的人，过程愉快，结果开心。人际沟通与交往时不妨试一试这个逻辑，看看效果如何？

沟通的过程形象地说就是从点到线、再由线到高一级点的螺旋发展过程。努力一次是一个点，努力十次则是十个点，十个点便形成了一条线，也就是积累。需要多少次努力，也就是线要延续多长才能达到高一级的“点”呢？您说了不算，我说了不算，一切取决于那个高一级的“点”有多大，有多复杂，需要多少积累。不论沟通复杂与否，从低一级的“点”到高一级的“点”，过程是不可缺少的。所以，与人沟通贵在“‘再坚持一下’的努力之中①”。一旦若干努力形成足够长的线，积累厚实到一定程度，高一级的沟通点，也就是成果便会悄然到来。做好您该做的事情，结果不用管。如此这般，沟通效果通常不会太坏。信不信由您！

过去，有些事情做不成，别人觉得很正常，听完理由，我也觉得很正常；过去，有些困难没克服，别人觉得很应该，听完解释，我也觉得很应该。如今，同样事情做不成，别人觉得很正常，听完理由，我却认为不正常——在我看来小事一桩，加把力气一定能如愿；如今，同样困难没克服，别人觉得很应该，我却高喊不应该——在我看来，简单之极，动动脑筋肯定能克服。原因之一就是沟通能力不同了；沟通能力不同了，解决问题的能力也就不同了；解决问题的能力不同了，面对困难时自然就是两种截然不同的心态了。

做事必有“道”，沟通也不例外。“道”讲的是什么？“道”讲的是规律。“道”有大小之别，一般与特殊之异。大道讲的是一般沟通的通用规律，或者叫一般规律，小道讲的是某种沟通的特殊规律。懂大道又懂小道，不仅

---

① 毛泽东：《抗日游击战争的战略问题》，《毛泽东选集》第二卷，人民出版社，1991年第2版。

某种沟通进行得好，还能推及其他方面的沟通，这就叫举一反三。如果只懂大道不明小道，其结果只能是耍嘴皮子的，什么正事也做不成。如果只懂小道不知大道，其结果只能是就事论事，一辈子总是一个样子，沟通上难有成效。懂大道获利大，危害也大，用小道充实之，方可化大害为小害；懂小道，获利小，危害也小，用大道指引之，方可化小利为大利。大道小道一起抓，才是最佳而又最聪明的选择。

宇宙万物的运行规律可以引进到人类社会里，日常生活的沟通规律可以推及到业务沟通中。以大观小，以宏见微，做事不仅有谱，而且还富有成效。

有的人沟通就有成果，有的人沟通就没成果。原因是什么？症结在哪里？根据我的观察，眼界形成观念，观念产生思路，思路奠定策略，策略孵出方法，方法决定成果。看上去，成果取决于方法，实际不然，成果取决于眼界与观念。拥有宽广的眼界是前提，形成符合实际的观念是根本！观念正确、务实，沟通效果才会上乘。

不论事大事小，不论专业如何，要想做好，必须抓大放小。大者，战略决策是也；小者，技术应用之谓也。两者要想结合得好，就必须让大脑为之彻底沟通一番。自我沟通这个问题解决好了，战略决策与技术应用各司其职，既有眼光，又有能力，如此事情才能做得好。

与人沟通少不了要观察、处理沟通过程中出现的一些问题。观察问题时要从远处、从大局着眼，要用望远镜考察其内在逻辑是否合理。相形之下，处理问题时要从细节、从小事入手，要用显微镜关注每个动作是否到位。遗憾的是，一般人沟通往往将其颠倒，用显微镜观察问题，用望远镜处理问题。结果该注意的地方大大咧咧，该忽略的地方却斤斤计较。如此沟通，结果多半会事与愿违。

如果您认定的沟通道理与生活中通行的道理相悖，以此为指导去沟通多半不可行。如果非要这样去做，很难有货真价实的好效果。所以说，检验一个沟通道理是否可行，只要用生活道理去比照，可行与否一目了然！

沟通能力提高源于内动力，而内动力够不够则源于观念。没有足够的内动力，人不会一往无前走下去；没有先进的观念，人不会有一往无前走下去的内动力！

什么东西限制一个人沟通交往，什么东西阻止一个人增长沟通才干，什么东西让一个人陷入沟通困境而无法自拔，什么东西让一个人在沟通方面一无所获？所有这一切都应归咎于陈旧偏颇而又不合实际的观念。这个障碍一旦搬掉，所有问题都会迎来解决的曙光。

要想沟通效果好，对沟通者而言，眼界宽、观念新是前提，善表达、会交际是基础，有耐心、有毅力是关键，讲诚信、讲品牌是条件，有目标、有追求是方向，情况差、境遇糟是内动力。

人际沟通就像一座幽深的院落，道理是院落中最有魅力的去处，到达幽深之处方知景色如何。沟通知识犹如通达院落的蜿蜒小径，踏上小径，观瞧一二，便以为尽得院落风光——这是不是太肤浅了？

西汉人扬雄对世间大道理有一段精辟论述："事有本真，陈施于意。动不克咸，本诸身[①]。"这段话告诉我们，事物有共同的本质，分布于万事万物。懂得这个道理，就可以将我们对本质的认识，也就是道理用于各种努力之中。如果最终有的努力不起作用，抑或没有达到应有的效果，八成是我们自己出了问题，故而应该从自己修养方面找原因。如若不然，就算努力一百年，也不会出现预期结果。静心想一想，人际沟通是不是也是这般道理，是不是也该从认识道理角度学习才会掌握沟通的精髓与真谛？

很多人知道沟通很重要，也想在与人沟通方面顺畅起来，可是其努力的结果却常常无法如人所愿。在我看来，要想与人沟通顺畅，进而取得优异成果，两个意识似乎不可不重视。一个是您的骨子里要树立一种与众不同的意识——这是因为各方面沦为凡夫俗子者鲜有独立思考，少有独特见解。另一个是您大脑中要形成一种通过实际验证思路、想法、风格与方法的意识，只要与实际冲突，立即修正、改变——这是因为只有这样才能使您沿着符合客观实际的轨道前行。具备了这两条，您才有可能创造出与众不同的举动，才有可能在与人沟通方面取得长足进步。

① ［西汉］扬雄：《法言·序》。

在这世界上，凡是看得见、摸得着的都是比较容易应对的，凡是看不见、摸不着的都是极难解决的。正因如此，我才将看不见、摸不着的放在优先再优先的位置考察，才把看得见、摸得着的置于次要更次要的位置了解。也正是采取了这样的思路，我在很多方面才摸索出了与众不同的门道、形成了非同寻常的观念。在我看来，凡是难以讲出且没办法完全通过书本掌握的东西，就属于看不见、摸不着的东西，沟通、交往艺术便是其中之一，所以沟通、交往艺术对一个人的生存与发展至关重要。

世间万事是有联系的。古人做事讲究将一事放在多事中考察。在这个问题上，孔子的态度甚为明确，甚至对学生放出狠话："举一隅不以三隅反，则不复也①，"意思是如果哪个学生对学到的东西不能举一反三，我就不再教他了。由此我们可以得到启发，改进沟通能力不能仅仅放在沟通这件事中来研究，相反最好放在个人品德、行为方式、为人态度、个人魅力、学识见解等考察。综合素质提高，沟通水平自然就得到改进。

沟通观念正确，沟通过程就容易得多。观念是什么？观念是经验的结晶与升华。观念对行为有不可替代的指挥与影响作用。观念是固化的，但是世界是发展的。如果观念中缺少主动求变的因子，最终会沦为人们沿着正确方向前进的阻力，也会成为人们掉入万丈深渊的推力。因此，不断主动更新观念、修正观念，使其与实际接近再接近并拥有出其不意的特点，您的沟通方法才会很有效，您的沟通才会产生奇妙的效果。

沟通必有对象。有些时候对象没得选，愿不愿意都得与之沟通，否则事情办不成。有些时候则不同，潜在对象有若干，选谁不选谁可就是一个大学问。一般而言，作为沟通对象，具备下列条件最理想。首先是熟人。熟人有交情，脾气秉性全了解，沟通起来容易得多。其次是与沟通者有共同语言、志趣或者爱好，沟通时就有话题，就有话说。再次是拥有可资利用的突破口。军队作战讲究找突破口，科技开发讲究找突破口，人际沟通也是如此。突破口就是对方的弱点或者说软肋，摸到这个弱点、软肋，对症下药，就很容易

① ［春秋］孔丘弟子及再传弟子：《论语·述而篇第七》。

取得成效。最后是具备可资利用的资源。沟通对象必须具备相关能力，也就是资源，用坊间的语言就是说得上话。如果沟通对象有这个条件，与之沟通达成一致，事情就完成了一大半。沟通对象选准、选正确，沟通效果就会好得多，也容易成功得多。

眼前生存与长远发展是一对矛盾，每个人在社会生活中都会遇到这对矛盾。眼前生存没法进行，长远发展便无从谈起；没有长远考虑，眼前生存就会岌岌可危。到底是先顾眼前生存，还是先想长远发展？对很多人而言，这似乎是个无解的问题。从另一方面看，但凡陷入这种困境者，大多生存能力与条件十分缺乏，回旋余地非常有限。如果对自己的现状有个清醒、务实的判断，您就会知道长远发展才是优先思谋的问题，就像打仗不进攻总防守，最终是守不住的——不考虑长远发展，眼前生存就会难以为继。可以这样讲，只想眼前生存，失去的不仅是长远，也包括眼前；着眼于长远，不仅长远发展得好，眼前生存也能平静对待。很多人之所以为此纠结，就在于眼光浅近、观念不正、杂念丛生、面子作祟。如果一个人真把个人的长远发展看成关系一生的最大课题，就知道如何应对眼前生存面临的种种挑战，眼前生存也就不在话下。轻重缓急拎得明明白白，一切都不是问题，也不可能成为问题，令人纠结不堪的眼前生存与长远发展这对矛盾解决起来也将易如反掌。由此看来，眼前生存与长远发展之间的彻底沟通是不可缺少的。

沟通一般以语言为主，也就是我们常说的表达——正式场合叫做讲话，非正式场合叫做说话或者发言。不论是讲话还是说话抑或发言，最令人重视的通常是内容，至于表达过程中语气、速度、声高、咬字、顿挫常常为人所忽略。有人讲话极快，让人听不清楚，沟通效果肯定好不到哪儿去；有人一句话绝大部分说得声调很高，最后两个字却降低八度，弄得近在咫尺的人都无法领会其义；还有的人自创一些表达法，这已经让人不大容易理解，偏偏其中有些字讲得还囫囵吞枣，其整个意思根本无法判别。

地铁广播经常有这样一句话："列车关门铃响时请勿挤上挤下"。由于声音是通过扩音器传出来的，在杂音的伴随下，很多发音显然有点"咬字不清"，我这个老北京人听不清"列车"后面的几个字也就不足为奇了。听不清没关系，可以根据常理判断。巧的是，“关门铃响时”恰恰不是常用表达方式，从常理角度也无法辨别，这就有点麻烦了。如果广播改为“列车关门的铃声响起时……”或者“关门的铃声响起时……”，就不会让人费思量。公共场所广播经常“咬字不清”，如果表达再不合规范或者约定俗成的习惯，往往会让人摸不着头脑。乘客根本没听清广播说什么，也就谈不上与乘客顺畅沟通了。既然没有产生顺畅沟通，那个广播除了制造一些噪声，浪费一些电力，想必不会有什么别的用处。

顾客进门，商家一边笑脸相迎，一边询问需要什么服务，这不仅是对顾客应有的态度，更是商业经营必须遵守的规律——“来的都是客，全凭嘴一张①”。不过凡事不要过分，一旦过分，就会产生适得其反的效果，过犹不及呀②。走进银行，柜员问办什么业务。如果要办业务有几种，那该怎么办？是将其历数一遍还是只告知一二？走进电信公司，店员问办什么业务。如果说修改通信套餐，店员马上会问准备如何修改，以前用的是什么套餐，使用情况如何。还有的时候，商家会不停地追问，非要问个底儿朝天不可。如果热情到了这个份上，那可就有点招人讨厌了。正确的做法是因地制宜、因人而异、从简到繁、由浅入深。“因地制宜”就是要看场合。去办一件需要很多专业知识才能办的事情，顾客多半是有备而来，此时往往无需多问，只要招呼一声即可。“因人而异”就是通过观察顾客衣着、外表，判断顾客情况。“从简到繁”时，询问要试探着来，比如“您需要帮助吗？”“由浅入深”指的是一旦顾客提出的问题有深度，就要多加解释。商家对出售的商品、提供的服务应该认识深刻，回答时需简则简，要深则深。简而言之，商家待客不可用一种方式，询问更不可都是表面问题。不同顾客，不同对待，问题各异，回答有别，如此迎客才会产生商家希望得到的效果。

人与人之间沟通要讲态度和道理。不过，态度应该是对别人讲才对，道理要对自己讲才行，也就是宽以待人，严以律己，用古人的话讲就是“责人

---

① 京剧《沙家浜》中的唱词。

② ［春秋］孔丘弟子及再传弟子：《论语·先进第十一》。

则以人，自责则以义[1]”。当年造父向泰豆氏学驾车，“执礼甚卑”，可是“泰豆三年不告”，即三年过去了什么都没教。造父如果跟老师讲道理，质问老师为何三年不传一技，就不会对老师“执礼愈谨[2]”。如今时代不同，情形迥异。很多人往往“责人则以义，自责则以人”，喜欢张嘴对人讲道理，闭嘴对人还是讲道理。如果讲道理仅仅是为启发人、开导人倒无甚不妥；如果对人讲道理只为证明自己正确，别人不正确，那就有问题了。如果别人不接受或者批评自己，就说别人态度不好，以此文过饰非，混淆视听，那就太糟糕了。实际上，以文过饰非、混淆视听为目的对人讲道理的人最不听别人讲道理，对己讲态度的人最不对别人讲态度。无论怎么对人讲道理，即便对方不说话了或者嘴上服了，也不意味着人家接受您、赞成您。到头来，也许人家对您的看法更负面、更消极，态度会让您更心烦。看来，人与人沟通一定要对人讲态度，务必要对自己讲道理，这样才会和谐相处，才能合作有成。

人际相处与沟通不可讲道理——道理标准各不同，剪不断，理还乱，害人害己都遗憾；人际沟通与相处只可讲原则——原则规矩要一致，道不同，不为谋，利人利己两相安。

不论做什么，都有一定的目的，也要有一定的手段。目的不准，就会方向不明；手段不灵，目的就无法实现。人际沟通也是一样。沟通是为沟通者之间相互了解、相互理解、彼此包容、达成一致——这大概是所有沟通者沟通时的共同目的。沟通目的相同并不意味着沟通手段也一样。可以说沟通手段是丰富多彩的，只有想不到的，没有用不到的。不过沟通时有个倾向要注意，那就是千万不要把手段目的化。一旦为了沟通而沟通，就会弄些华而不实、标新立异的手段，到头来不仅沟通没搞好，反而比不沟通还糟糕。我所以有这样的担心，是因为社会上有一种风气，一种存在已久的风气，那就是喜欢将一切手段目的化，结果手段取代了原有的目的成了目的，而真正的目的却渐行渐远，甚至与初心背道而驰。这样做不仅错失了一些目的实现的良

---

① ［战国］吕不韦：《吕氏春秋・举难》。
② ［战国］列御寇：《列子・汤问》。

机，还浪费了大量宝贵的时间，最终得不偿失。

很多人做事就像俗话所说，小葱拌豆腐一清二白，小胡同赶骆驼直来直去。喝水只想着找杯子，谈恋爱只想着找各方面条件合适的异性，卖版权只想着联系版权代理公司，处理业务只想着接洽有关部门负责人…… 用这样的思维定式与人沟通，请人帮忙，恐怕得乘兴而去，败兴而归，弄不好还会甩出几句怨言和牢骚话。这是因为只有在极少数的情况下才会恰好碰到这样的人选，也只有在极为罕见的情况下才可能让您这般如愿以偿——概率太低了！如果采用迂回包抄、曲折蜿蜒、以退为进的思维模式，沟通起来就轻松得多，顺畅得多。气氛一轻松，交流就顺畅，对方不经意间作出的一个手势、发出的一句感叹会情不自禁地触发您大脑中的任意两点之间，使其形成一条线，让您即刻生出解决问题的思路与方法。如此产生的思路与方法即便很粗糙，那也是聊胜于无。如果您注意观察生活，这样的情形可谓比比皆是，其中闲谈、海聊则是最常见的场合。只要闲谈、海聊中擦出火花，启发就不愁出现，方法就不难产生。请记住：世间很多事情的解决不是靠现成的答案、现成的设备、现成的渠道、现成的模式等，而是靠触动灵感，靠瞬间启发，盖因现成的东西太少，恰如其分、严丝合缝的东西更是凤毛麟角。

人与人之间共事合作要有准则，那就是对事不对人。什么叫对事不对人？简单说就是以做事为目的，只要能把事做好，什么都可以搁置一边，包括与人有关的一切是非曲直。如果共事合作坚持这个准则，不论出现什么问题，不论发生什么矛盾，均可借助沟通这个手段解决，因为大家的目标都是为做事来的，因而是能摆到桌面上的。倘若不是这样，掺杂很多与人以及人性有关的东西，没问题会出问题，没矛盾会生矛盾。一旦到了这个地步，沟通水平就是再高，协调能力就是再强，也解决不了任何问题——很简单大家就是为拨弄是非而来的嘛。所以说，合作共事对事不对人是一个时刻不能丢掉的原则，是一个约束有关各方的纪律。

在我们生活的这个世界上，规律通常只管事物的大方向。无论是什么，参与得越具体，了解得越多，觉得随机性越强。如果涉及的事情人为干预很多，这种特性就更鲜明。即便一件事情做了很多年，也不能说每一个细节都能预先算计到，也不能说每一个情况都能提前把控妥当。相反，经验越多，认识越深，越觉得不可控的东西太多，可控的东西太少。这似乎是一条亘古不变且放之四海而皆准的规律。认识到这个规律，很多事做起来就会有条不紊，就会富有耐心，就会充满毅力。这是因为您关注的早已不是什么具体的固化的东西，而是如何应对任何可能发生的事情。可以这样说，在这世界上什么情况都可能发生，什么意外都可能出现。一旦您的精力与努力中很大一部分用在如何应对意外与突发情况上，任何意外与突发情况在您看来都属“正常”，那您对局面才可能真的有所把控，对未来才会抱有希望。沟通也是一样。很多人觉得与人沟通是一件很难的事情，我却不这样认为。在我看来，如果任何意外与不测都在您的预期中，与人畅快地沟通还成问题吗？是不是小事一桩？看来，认识世界规律是做好一切事情的前提，沟通也不例外。

沟通最显著的本质是诚意，所以沟通是个诚意问题，不是技巧问题。如果说沟通有什么技巧可以施展的话，那就是设身处地为人着想或者站在沟通对象的立场考虑问题。归结起来，这不过是诚意的另一种说法而已。有了诚意，设身处地为人着想或者站在沟通对象的立场考虑问题，沟通障碍就会少很多，沟通基础就会增加几许。障碍少了，基础多了，沟通便会成为一件比较容易实现的事情。很多时候沟通之所以无法展开，根本原因是我说我的理，您说您的情，谁也不管谁，谁也不听谁。如此沟通，依我看不仅不会有好效果，反而还会产生坏效果——给沟通对象留下恶劣的印象，谁还愿意与您沟通呢？所以沟通纵有千头万绪，诚意是关键，诚意是个纲，纲举目张。

古人云：“无言无思，静以待时，时至而应，心暇者胜①。”用现在的话讲就是，无言无虑，静默以待。时机来到，奋而响应，此时胜者一定是平时无言无虑、内心充满闲暇之人。沟通功夫的历练也是如此，只讲平时不繁忙、一事一情去积累，不求临阵磨枪心发慌。越是忙乱，越是有想法，沟通起来越是效果差。如果您想在沟通方面有所心得、有所创新，就更不能忙忙叨叨、繁杂不断。心事重重的人，考试肯定考不好；安排繁密的人，做事一定效果

① ［战国］吕不韦：《吕氏春秋·任数》。

差；事无巨细的人，关键时刻一定会糊涂；无所放弃的人，腹内绝对没装啥。学习也罢，交往也罢，参悟也罢，行动也罢，免不了要受俗物骚扰。与其掌握一堆知识，不如交往几个朋友；与其交往几个朋友，不如参透两个道理；与其参透两个道理，不如树立一生美名！可以这样说，腹内俗物越少，身躯越显轻松；身躯越是轻松，内心越是清静；内心越是清静，越是站得高、看得远、辨得清、懂得深——沟通一定不逾矩，一切尽在掌握中。

人与人沟通的时候经常出现这样的情形，明明是当事双方，叙述事情发生的本末缘由时却完全是两个版本，就好像两个人经历的是两件完全不同的事情。为什么会出现这样的咄咄怪事呢？原因只有一个，那就是每个当事人在叙述事情的时候都会本能地将那些对自己有利或者说有大利的东西说得详细又周全，而对那些于己不利或者有可能麻烦缠身的东西尽量推得远远的。仅仅这样叙述还不可怕，毕竟还是尊重事实，只是按自己的需要作了选择、剪辑而已。有一种做法令人恐惧，那就是只要对自己有利，不惜颠倒黑白、张冠李戴、无中生有、夸大其词，这样一来，当事双方怎么会不争执呢，怎么会沟通得好呢？如果其中一方再拉一些不解真相者站脚助威，事情原委恐怕还真难以弄清了。这种事情过去发生不少，将来还有可能出现。对付这种情形的唯一有效办法就是证据。如果平时注意保存证据——缺少诚信必然导致社会运行成本增加。可是有什么办法呢？这种办法虽然笨了点，可是到了关键时刻，证据在手，不用争来不用吵，事情真相很容易大白于天下。所以，沟通并非只靠观念，只靠技巧，有时候还少不了有力的证据。

在绝大多数情况下，沟通必须采取间接形式，只因人对说服具有与生俱来的戒心——未曾开口，早有数道屏障在默默地、顽强地等着您。换句话说，迂回曲折乃至比喻借代应该是人际沟通使用的主要或者常规手段。教师对学生的缺点往往以“希望”提出之；医生对病人的病情常常以“不要紧”安慰之；有人请客不便答应每每以“吃过了”婉拒之；提出要求无法满足屡屡以“面临困难”回应之……不过每一件事情都有两面，而且缺一不可。如果不论何种情况都讲迂回曲折，都是比喻借代，都要对方集中精力深入体会一番，说不定会适得其反，小品《实诚人》就是这样。明明希望来人快快走开，却问人家吃过晚饭没有，“要不一块儿吃点儿”；明明夫妻双双去听音乐会，非要说“有事走不开”让给来人一张票。嘴不对着心，话不对着脑，结果的走向与希望偏离越来越远，越来越没谱。虽说只是个小品，现实中有话不直说、耽误大事的情形可谓是比比皆是——心里不愿意，却全然接受；渴望获利，却假意推辞；成见颇深，却装成好友；没有好感，却说情深意长。在我看来，如此迂回曲折是要误事的。有时候误事不说，还会给人留下虚假伪善的消极印象。这样一来原有分歧无法弥合，弄不好还会落个“画虎不成反类犬[①]”的下场。英国电影《阳光下的罪恶》中有一个场景，保险公司给大侦探波罗加 200 英镑，委托其调查一起假宝石案，波罗坦率地回答：“210 英镑，我可以办这件事兼旅游，这样可能更舒服一点。”波罗说话真叫一个直率，真诚又有趣。这样的人您能没兴趣，您能不喜欢？跟这样的人沟通能没效果吗？其实不只是影视剧中的西方人如此，现实中的西方人大概也是这样。一位英国客户对当初我们商量好的合作条件有了新看法。情况变了，想法改了，很正常。既然一切很正常，毫不客气地提出要求也是顺理成章之事。至于结果如何，那可不重要。不答应，很正常；答应了，算是额外收获。快递合同由于让其付出的邮费比平时多，对方坦率拒绝。收益有限，自然就要精打细算，这也是人之常情，没什么不可理解的。大大方方拒绝，也就没什么不好意思的。

在中国人面前，像前文讲述的那样必要时有啥说啥的观念是很难有市场的，因为中国人讲面子，犹如前文提到的《实诚人》。正因如此，在实话缺少市场的地方，偶然来一回实话实说，尤其是在表达个人要求时实话实说，效果可就非同一般了。昔日领导开办了一家公司，给我打电话，希望我有空的时候帮助做点业务。我回答，以前在职的时候给领导卖了不少力气，苦活累活没少干。如今退休了，给领导帮忙属于友情出演，提出点条件理所当然。于是我要求，分给我的活必须得“甜”，不“甜”可不行，说得双方哈哈大笑。个中滋味与目的，自己慢慢体会。不管怎么说，接受、拒绝大概都不好，

① ［唐］刘知几：《史通·内篇·六家第一》。

唯独现在这个直率的回答反而恰到好处，令人浮想联翩。人际沟通有时候就是这么微妙，迂回曲折很有必要，直截了当也并非绝对不可。关键要看时机、对象以及尺度拿捏如何。时机、对象选择妥当，尺度拿捏到位，一切都是那么自然；时机、对象选择不准，尺度拿捏失当，结果就很不好说了。练就这种拿捏妥帖的功夫，是人际沟通水不可缺少的一环。

有人交涉事情喜欢找关系。如果是事先关照一下，倒无不可。可是若是找交涉对象的上级，令其向相关交涉对象施压，结局如何，估计不难想象。在这种情况下，交涉对象很少有买账的，即便不在面上表现出来，等落实的时候也不会那么积极。如果此时您再去找交涉对象的上级，估计就不好使了——管您一次，还管您两次、三次吗？这样一来交涉对象讨厌您，交涉对象的上级也不待见您，到了这个地步，事情可就很难办了。俗话说，一事不烦二主。一件事同时找两个人，通常会引发不快。有人会说，我只找了领导，可是领导并不是具体操办人，事情要办成必须要找操办人。操办人不论是否喜欢，您找也得找，不找也得找，可是领导却是您自己弄出来的多余人。如此一来，想得挺好，结局却很糟糕，这恐怕是始料不及的。不过，具体情况、具体分析，联系什么人帮忙还要看是做什么事情，最好别一概而论。

沟通时必须记住一个要点，那就是主动性。如果您要咨询什么问题，就要先好好研究，什么地方清楚，什么地方不清楚，什么地方有把握，什么地方没把握，咨询的时候将重点放在您不清楚、没把握的部分上。等您将这些事情统统主动做好了，您的沟通就会有出人意料的效果。记得几十年前上小学和中学的时候，老师总是叮嘱上课之前要预习，也就是要有准备。有了准备上课时精神比较容易集中，对老师讲课的思路也很清楚，顺着内容逻辑走下来，效果非常显著。这样上课，不仅自己上课有效果，老师也觉得受到了尊重。现如今情形大不一样。很多人咨询问题之前，似乎什么事情都不做，好像什么准备都没有，大概什么条件都不具备，有时候甚至什么脑子都不动，上来就问："怎么给外国人写信？""如何做版权贸易？""用什么方式扩展人脉？""怎么与人交涉问题？"先不说这些大而无当的问题能不能回答，单就咨询之前一点功课都不愿做、都不想做的态度，即便人家回答了您的问题，您也不会得到什么有益的收获。如此咨询，不仅耽误了人家的时间，也浪费了自己的时光，一举两失！

在这世界上，可以说绝大多数人都把尊严摆在第一位，也可以说绝大多数人在与别人较量尊严时都想把别人比下去。人是有思想、讲地位、论成就的动物，有如此心态可以理解。而且正是由于有了这一心态，人与人之间才展开了竞争，这对人类社会发展有极大益处。不过，任何事情都不要走极端，一旦过分、过火，就会引来麻烦或者大麻烦。为使自己获得自尊而忽略别人的自尊是不可取的，为使自己增加自尊而贬损甚至剥夺别人的自尊是很危险的。回顾这世界上发生的种种不幸，桩桩惨剧，哪一件哪一桩不与贬损或者剥夺别人的自尊有直接关系？毫不夸张地说，在很多人的潜意识当中，只要贬损、剥夺其享有的自尊，就是坏人，就是不共戴天的敌人；如果这种贬损或者剥夺做到了登峰造极的地步，由此引发的愤怒或者仇恨兴许也会达到无以复加的程度。所以说，不论伤及别人什么，都不可伤及别人的自尊，更不能以贬损、剥夺别人的自尊而去增加自己的自尊。不然的话，莫说彼此之间有效沟通、合作共事，就是正常相处都是不可能的。

人际相处，保证别人享有足够的自尊是第一要务，是必须时时刻刻牢记的最大原则。不过，不论是第一要务，还是最大原则，都不是写在纸上的，也不是挂在嘴上的，而是要体现在件件微不足道的小事上。这就要求与人交往时要在语言、动作上理解对方、尊重对方，如果处在大庭广众之下，更要小心回应，只因此时此刻人们对涉及自尊的问题更加在意、更加敏感。具体来讲，就要是多观察，少评价；多理解，少反驳；多赞美，少揭丑；多认同，少争论。如果面对的是陌生人，面对的是很少打交道的“半熟脸”，就要更加谨慎小心。俗话说，小心驶得万年船，沟通大概也不例外。

经常见到一些人不顾儿女感受，为其确定高考志愿；不顾他人感受，为其购买生活用品；不顾朋友感受，为其决定个人事务…… 问之何以如此，答曰：“一片好意”或者“怕你吃亏”。可是如此做事时，您可否知道您认为“好”的事情在另一个人看来有可能不好，甚至很坏？您可否想过您认为不好或者很糟糕的事情，在别人心里却是一种享受？生活中的事例表明如此做事者并非不知、并非没想过上述道理。既然如此，又为何这般行事呢？通过观察发现，忽略别人感受的人往往并不把自己的内心真实感受当回事，严重地麻木不仁。不满现状，可是又不愿改变；不敢担责，可是又舍不得放弃；不想努力，可是又怕在别人面前没面子；不想坐失良机，可是又不敢开口…… 在纠结中度日，在烦恼中生活，在消极中工作，在扭曲中做人。长此以往，习惯成自然。不仅自己如此，还会将此种做法投射到别人身上。一旦别人像其那样纠结、烦恼，这些人内心估计就会好受一些，就会平衡很多。不知是一部分人如此抑或人性使然？不论承认与否，这种现象都是普遍存在的。也许不是故意为之，有可能是情不自禁，但是如此与人相处肯定处不好，如此与人沟通肯定是争执不休。

人际关系中夫妻关系最需要沟通，只因这种关系按一般规律最密切，可能持续时间最长久，长者能有几十年乃至人的一生。不过夫妻之间有问题如果就事论事，有时很难沟通好。这就需要夫妻关系形成、建立之前相互之间互有深入了解，尤其是对个性、风格、追求的了解，这些往往比我们喜欢经常挂在嘴上的所谓“品质”“品行”更值得注意，更值得权衡。有的人生活单一，显得很乏味，这样的人说不定会长期坚守，矢志不渝；有的人生活丰富，显得很有时代感，这样的人说不定会使夫妻生活充满生气，要求不断翻新；有的人特立独行，引人注目，这样的人说不定会很浪漫，忍受不了生活的平淡与无奇；有的人生活讲究，喜欢攀比，这样的人说不定会虚荣心很强，对金钱很是渴望…… 人是感性动物，大多数情况是很难把控自己的，更不会受人把控。这就意味着选择一种个性、风格、追求的人就要为这种个性、风格、追求承担风险，付出代价。没有风险承担与代价付出的婚姻是绝对不存在的，区别只是风险大小、代价高低罢了——有的给您带来 10%的风险与代价，有的则是 70%，而有的则是 95%。这世界上没有一件事完美无瑕，婚姻也是如此。孰轻孰重，孰大孰小，这个问题拎清楚了，日后沟通就不会出现大问题，更不会陷于无法调解、劳燕分飞[①]的境地。

---

① ［北宋］郭茂倩：《乐府诗集·杂曲歌辞八·东飞伯劳歌》。

遇到困惑征询他人的意见，是一个很常见的生活现象。拿不定主意，听听别人的想法与见解本无可厚非。不过有一点建议您要记清楚，想法如何、见解怎样通常都是从自己的立场与观点出发的，说句直白的话，都是为了自己的利益，越是与您关系密切、越是与您瓜葛复杂的人，这种“为自己利益”的色彩就越重。不仅如此，这样的人提出的意见和建议往往会迎合您此时此刻的心态与处境，至于是否对您将来有利则通常不管。只有与您没什么关系、缺少纠葛的人才不受其干扰，提出的意见与建议也才相对靠谱。即便这样，每个人遇到问题，也要好好结合自己的情况进行分析，进而作出判断——毕竟不同的人有不同的境遇、习惯、风格，万万不可脱离实际地去接受他人的意见和建议。一旦囫囵吞枣式地采用了他人的意见和建议，酿成祸灾之后再去埋怨、责备，一切就都来不及了。彼时不仅沟通无果，还会伤及以往费了极大努力建立的良好关系。

人既要谋生，也要有理想，这样才会幸福。谋生很简单，找个工作干，就会有收入，只是收入多少不同罢了。理想则大不同，这是人生得以延续的支点，也是人生动力永不枯竭的来源。实现理想的最简单方法就是加入与自己价值观相近或者相同的组织，通过为组织工作实现自己的人生理想。人有理想，归根结底是为了拥有归属感。人是一种社会性动物，不论什么样的人都需要归属感。依我之见，一个人如果少了归属感，估计是很难有幸福可言的。说到组织，规模可大可小，形式可紧可松。一个管理严密的政党是组织，一个由几十人构成的创业团队是组织，一个经常交流的朋友圈也是组织。不过仅仅加入某个组织还不行，还要让谋生与追求理想的关系处理妥帖才行。以前我们见到很多人一方面谋生，一方面承接组织交给的任务。有时候，尽管生存条件恶劣得不得了，甚至入不敷出，承担组织任务却从不含糊。如今情况大不相同，承担组织任务时，大多谋生不成问题。如果加入的是一种松散的组织，如此处理似乎不无不妥。倘若加入的是非常正规的组织，如此对待可就有问题了。现如今有些组织就是这样，除了极少数人专职为其做事外，大多数成员为组织做事与为己谋生早已合为一体。然而，为己谋生具体而又讲回报。回报多，积极性高；回报少，积极性就差。如果将为己谋生的准则拿到为组织做事上，是不是有些奇怪？再者，如果为组织做事与为己谋生合为一体，会让为组织做事显得很空泛，这样一来前者很容易被后者所取代。一旦前者被后者取代，为组织做事便只剩下一种存在于组织成员大脑中的意识。日久天长，缺少具体东西作依托，组织意识会逐渐淡化，荡然无存也有可能。组织与组织成员之间缺少沟通，向心力就会锐减。所以一个组织，尤其是正规组织要想长久不衰，安排组织全体成员无一例外地为组织或多或少、力所能及地承担一些具体任务，组织向心力的增加就会落到实处，组织成员的归属感就大为增强。从另一个角度说，一个人如果仅为谋生而忙碌，不为组织承担什么具体任务，是不会实现其理想的，也不会有什么很强的归属感。一个人一旦没了归属感，幸福也就成了无稽之谈。

送礼是人际交往与沟通时常见的一种现象。在很多人乃至大多数人看来，送礼要有价值，而价值就体现在贵重与否之中。礼物贵重，说明送礼人尊重收礼人；礼物轻薄，对收礼人多有不恭。如果按这种逻辑送礼，也许有时会达到目的，可是世界上的人千差万别，不同的人有不同的想法，也会有不同的感受。礼物贵重对某些人来说可能意味着尊重，可是对另一些人来说则有可能带来恐惧。如果加以研究就会发现，送礼是很有学问的，而关键之处就是能否恰到好处。所谓恰到好处指的不是价值，而是礼物引发的联想，再由联想引发的感受。如果一件礼物每每看到都有一种既在意料之外又在情理之中的美好联想与感受，这个礼物就有价值；如果一件礼物令人联想恶劣、感受糟糕，这个礼送得就很失败——给老年人送去一座挂钟，会遭人唾骂；给年轻夫妇送去一筐梨，会让人怒火中烧；给住院病人送去山茶花，会让人觉得很不吉利…… 古人“千里寄鹅毛，物轻人意重①”讲的就是恰到好处问题。简单说来，送礼就是送联想，就是送感受。如果礼物引发的联想让人惊喜，感受令人舒服，这个礼送得就有价值；如果礼物不仅联想、感受都觉好，而且还能持续长久，这个礼送得就物超所值。礼送得妥当，胜过千言万语，效果也会事半功倍。

---

① ［南宋］胡仔：《苕溪渔隐丛话后集·卷三一引<复斋漫录>》。

第六章

职业生涯润滑剂

人生至少有三四十年的时间在工作，也就是说一辈子最好的年华都是在工作中度过的。工作极少有孤家寡人的，只要有同事或者上下级，只要有合作者与交易对象，就离不开沟通。沟通就像轴承上的润滑剂。轴承涂上了润滑剂，才会正常工作；没有润滑剂，轴承就得休息，甚至报废。没有沟通这个润滑剂，职业生涯要想顺利持续下去乃至取得辉煌成就，就像让没有涂上润滑剂的轴承去工作，结果不难想象。这一章题目中含有“职业”二字，但是论述角度却并非只从职业出发。有些与职业牵涉紧密的问题同样放在本章中讨论，如怎样在企业做领导，再比如企业内部的相互配合应该如何进行。这是因为从“职业生涯”角度论述方便一些，易于与个人化很强的沟通联系起来。不过有一点需要说明，由于个人经历有限，本章论述的问题不可能很全，也无法面面俱到。本人撰写本章的用意只是给各位读者提供一个思路或者借鉴，以便各位读者遇到问题时有个参考。

第一节　掌握主动有指望

做事讲主动，沟通就更要讲主动；坐在家里等待，很多沟通效果就不会自动找上门来，就有可能失去很多改善生活、谋求发展的机会。

想学习是好事，想进步更应该鼓励。如果要学的是某一行业的从业本领，那就应该说道说道了。行业本领不是学会的，相反是通过长期实践、经常总结、不断提炼、适时参悟积累出来的。如果人在行外，整天周旋于几本行业指导书，或者纠缠于业内人士问这问那，得到的只能是一鳞半爪，看到的只能是表象枝节。不仅如此，不时骚扰业内从业人员，不仅不会令人佩服，还可能招人厌恶。如果您向业内人士咨询相关知识时言论不实、沟通不当、应对失据，人家将您"拉黑"也有可能。这样一来，学习行业本领会成为泡影，进入业内也会越来越难，只因您的名声已经不那么美妙。进入一个行业之前要做的并不是学习从业本领，而是了解这个行业的基本情况，然后根据行业要求，在通用素质上多下功夫。一旦通用素质达到相当的水准，进入您钟情的行业后就会很快适应，迅速融入其中以至做出不俗的成绩也不是一件很难的事情。所以进入一个全新的领域应该从改进通用素质入手，而不是认识业内人士、学习从业本领或者其他什么的。

职场上经常发生一些本可以避免的矛盾，原因在于我们有时候表现得好像没什么情商。遇到工作质量上存在问题时，直接找领导汇报，而且是点名道姓地汇报。领导做事也干脆，没几分钟就将这种汇报转告给了当事者，而且也是点名道姓。结果不出半日，当事者就来找汇报者，说不是工作质量有问题，是汇报者不解真情瞎说一气。本来是坚持原则、为公司利益着想，到头来不仅无言以对，还弄巧成拙，得罪了一干人等。此时汇报者纵有万千冤屈，恐怕也很难与当事者沟通清楚。

到了职场，要想做事，就是得有话语权。话语权是什么？本质上就是让别人听您讲话并对相关事务的决策产生重大影响的实力。说白了，话语权就是一种沟通优势，一种沟通上的主导权、控制权、优先权。有了话语权，您才能做成事。怎么才有话语权呢？当官吗？不一定。在某个领域您是权威，您就有话语权。要成为某个领域的权威，必须多做感觉难做的事。做多了，做久了，有经验，有理论，您就有话语权了，您就能做更多的事了。要注意话语权的增强并非一日之功，也不是三年五载，需要耐心而又不断的积累。

这世上领导者与执行者是一对矛盾，是一对避不开且大多令执行者很头疼的矛盾。领导者怎么做与执行者如何做是很有学问的。就拿布置事情一项来说，其中就大有讲究。如果领导者布置事情时对事情在行，对其内在规律了如指掌，就安排任务，执行者只要调动一切积极因素，这个任务即便很困难，也有可能完成，甚至出色完成。如果领导者对要做的事情外行，对其内在规律知之甚少，即便布置的任务很简单，执行者也未必能完成好，更别说复杂的事情了。倘若领导者再施加各种压力，执行者又屈服于压力，结局就更为不妙。要求领导者事事在行，那也不切实际。聪明的做法是，如果领导者对要做的事情在行，就给目标、给原则、给任务；如果领导者不在行，就只给目标、只给原则、不给任务，执行者会按事情规律做事，最终实现领导确定的目标。战国时期问世的《吕氏春秋》对上述问题有详细、精辟的论述，如需更多了解，可找来一读，料您会大有收获。

掌握主动是职场工作的灵丹妙药。如何掌握主动？从什么角度掌握主动可是大有讲究。与业内朋友聊天，得知其社长也当编辑。当其责编的书卖得不如手下编辑的书多时，不是主动向属下取经或者与之沟通，而是凭借权势要求营销部门多宣传他的书，少宣传手下编辑的书。我问别的出版社朋友，朋友回答说，他们那里也有类似情况。且不说这种拒绝向属下学习、与属下沟通、总想与属下争利的做法效果如何，单是事必躬亲、只觉得自己才行的思维方式就非常不适合当领导。如此这般在单位中当领导能掌握主动吗？2000多年前楚汉相争时项羽因有一身武艺而自恃强于所有人，不听忠言，不纳良策，最终不仅大好局面断送，主动态势全然失掉，还性命不保。相反，刘邦却能化被动为主动，从弱到强，不少有才智者为其出谋划策，驰骋疆场。西汉哲学家扬雄为此发出感叹："屈人者克，自屈者负①"。扬雄的意思是说，懂得充分发挥别人力量的人胜利，只知消耗自己力量的人失败。其实早在楚汉相争之前就有人指出："先王用非其有如己有之。"使用别人的能力、智慧就像用自己身上的一样，如此当领导才能当好领导。假如项羽研究过前代经典，也许会懂得上面讲的道理，"无智无能无为，此君之所执也②"亦有可能深深印在他的脑子中。然而历史不能"假如"，项羽早已成为尘埃。今天的人们是不是应该引以为戒，以免重蹈覆辙？

---

① ［西汉］扬雄：《法言·重黎卷第十》。
② ［战国］吕不韦：《吕氏春秋·分职》。

职场中有人当领导，然而并非什么人都有资格当领导。换句话说，当领导要具备相关的素质，在我看来最重要的素质就是虚怀若谷，只有这样才能在日常工作中与属下进行有效的沟通。这个素质并非可有可无，可强可弱——作为领导，这方面必须得强，而且要强大到无以复加的地步。前文提到的与属下抢资源的领导，恐怕就不适宜在职场上当领导。还有一种人也不适合当领导，那就是唯恐别人比自己强，或者说嫉妒心理太重。按说嫉妒心大部分人都有，领导也是人，有点嫉妒心没关系。可是由于领导在职场上处于决策地位，嫉妒心强，就会压制有才华职工的成长。有才华职工都不成长了，或者说其治下的机构中一个有才华的都待不住，这个机构还能进步吗？难道愚蠢无才之人能干出大事业？所以说，当领导的虚怀若谷是不得不具备的素质。

接受工作时，会有各种各样的回应。有人说："没问题""有困难，可以克服，一定会完成"。听到这样的回答，领导觉得这个人会竭尽一切所能、想尽一切办法去完成工作。有人则不同："这件事没做过，干不了""这样做，别人会有意见""人手不够呀，加几个人吧"。听到这样的回答，领导肯定认为这个人根本不可能竭尽一切可能、想尽一切办法，更不可能付出最大努力。也有这样的回答："不归我管，请找别人""待遇太低，没人愿意干"。听到这样的回答，领导会作何感想？同样的工作，不同的回答，结果以及未来发展恐怕也会大不相同呀。

发展离不开人脉，人脉离不开沟通。一个团队初创时期可以没有资金，可以没有技术，可以没有客户，可以没有品牌，但是绝不能缺少谙熟人脉拓展与人际沟通艺术的成员；一旦团队成员大多精通人脉拓展与人际沟通技艺，团队前景将无可限量。

职场上遇到令人气愤且不可容忍的问题非常难免，但不是无可作为。要减少这种问题的发生，就必须提高您的不可替代性，不可替代性越强，上述问题发生的次数就越少。不可替代性一旦增强，无形之中您会省去很多交涉，也会减少很多沟通方面的麻烦。

职场上——其实不只是职场，很多场合都会出现——有一个毛病人们最爱犯，也最难避免，那就是跟别人“讲道理”——为什么让我做这么多，我的收入怎么这么少？为什么坏事找我，好事不找我？不如我的都高升了，为什么不让我高升？讲道理是应该的，但不是跟别人讲，而是跟自己讲；多跟自己讲道理，上述问题就会越来越少！

要让职业生涯取得令人瞩目的成绩，就要拓展见识、苦练本事，然而光有这些还不够，还要善于不露声色、恰到好处地营销，其中包括发展人脉、增加声誉、扩大影响、两者有机结合之日，便是成绩向您走来之时。

营销是一个人职业生涯发展不可缺少的一部分，个人介绍则是营销的体现方式之一。不过在一般人看来，个人介绍没什么了不起，个人介绍的篇幅有多长更是简单之中的简单事。我不这样认为，由于场合不同，介绍篇幅也会不一样。如果需要简单一点，准备详细了会让人看着啰唆；如果需要全面了解，简明扼要会很难产生应有效果。为此我准备了四五份个人介绍，其中有微介绍、短介绍、简单介绍，还有详细介绍。不同的介绍，不仅篇幅不同，侧重点也有差异。如此准备，才有可能“按需供货”，才有可能恰到好处、有的放矢地介绍，从而达到营销推广的目的。

职场中请示领导批准一些事项恐怕每个人都会经历。办这类事情，首先要注意的是尽量别在正式场合讲，比如领导的办公室。一旦身临其境，领导立刻就会正襟危坐，一本正经起来。什么事情就怕认真，一旦认真起来，很多事情就办不成。除此之外，还有一点要特别注意，就是请示领导之前最好先向领导报告一些具体的好消息。如果实在没有好消息，报告一下最近的工作进展也可以。我管这叫心情预热。心情预热完了，再请示工作，只要不是太为难的，十之八九会批准。如此方式向领导请示工作，可说是屡试不爽。

与领导谈话，不谈则已，一谈就要留下深刻印象。怎么谈才会留下深刻印象呢？那就是用事实、数据或者法律条文说话，无根无据的话，一个字都不要讲。由于您的话来龙去脉清楚，讲的时候声音小一些，慢一些，显得您很有自信心。领导看您不慌不忙、不急不迫，就知道您是有备而来，您的话是有根有据的。这种话讲得不用多，有两三次，领导就知道您是个责任感强、靠得住的人。特别提醒一下，很多主观武断的口头语务必要改掉，诸如“我认为”“我觉得”“我听说”。要注意古人说“臣闻”比较客观，因为那时传播手段很落后，能听到别人没听说过的话就算很有见识了，所以古人的“臣闻”“寡人闻之”等基本属于客观描述。这样的例子下一章会有所涉猎。如今不同了，传媒太发达了，信息铺天盖地，如果再说“我听说”，基本上就是无根无据的同义语。

面试是一种非常好的选人方式——直观、立显。然而，任何一种选人方式都有自己的局限性，面试也不例外。面试时面试者要面临一个或者一排面试官，紧张气氛油然升起。如果再有什么意外提前发生，面试者面临的压力可想而知。如果一个人理论修炼扎实，口头表达娴熟或者口若悬河，环境对其影响就小得多，发挥也会好得多；如果一个人长于实践，理论修养不够，表达训练有限，环境对其影响就大很多。以此方式选人，也许会选到称心如意的人才——能力强表达好，踏实肯干又会说，这样的人太少。然而我敢说，靠面试选人多数情况下不是选了能说会道的，就是漏掉踏实肯干的。选人的最好方式是尽量给应聘者以宽松环境，通过其不经意、非刻意的表现来判断一个人的优劣。如此选出来的人不论怎么说都比在紧张且刻意安排的环境下选出的人靠谱得多。刹那间表现好容易，长时间表现优异很难呀！

很多人向我表示，希望将工作做好。为此，他们不断地讨要做好工作的秘诀。当我告诉他们做好工作的前提是学会与人沟通时，这些人往往面露难色。不仅如此，当我为其提供与人沟通的机会时，他们不仅不善加利用，甚至坚决予以拒绝。要我看，与人沟通以及与人交往，是做好一切工作的基本条件，更是生活美好、充实的重要筹码。缺少这些条件和筹码，做任何事情都很难，更不用说工作乃至事业了。

职场中常有这样的现象，那就是宁可不做事，也不去冒险得罪领导。这种现象可分两头说，一头是不做事的问题，另一头是得罪领导的问题。为什么不做事？大概是因为惧怕哪个举动不当或者哪句话没说好，领导不高兴，所以宁可不做，宁可不说，在一些人看来也许就不得罪领导了。一旦领导怪罪下来，说没主动工作，我不知这种人如何应对；如果领导是个较真的人，我估计这些人应对起来就更难了。其实，这个事情若是深入思考一下，就会发现主要是有些人沟通能力有限，说话经常不靠谱。比如，有些事情需要敦促领导加快速度，因为不知如何敦促领导，就只好不作为。如果哪天领导醒过味来，说不定是会十分不满。在职场工作，不能什么都按自然条件办——自然条件允许的，就办；自然条件不允许的，就不办，一点主观能动性都不发挥。如果真要是按照这个思路在职场干的话，我估计再怎么做，也不会有什么前途。不善沟通，要努力去学；不善表达，要使劲去练；不善交往，要开动脑筋去研究思路。这世界上很多事情是靠现有条件办成的，肯定也有大量的事情是创造好条件之后才成功的。懂得后者事关重要，而悟透后者就不会无所作为。沟通就是这样的，只要肯于锻炼、勤于思考就会掌握，无形之中就能做成很多事情。

身在职场，如果地位不高，肯定两头都要顾及——上面考虑着领导，下面惦念着属下或者工作。具体来讲，不论领导交办什么事情，既要考虑到领导的需要和要求，也要顾及到具体的环境条件与属下的现状。仅仅考虑到这些还不够，还要想到一个不显眼但是却很要紧的事情，那就是回旋余地——做事没有回旋余地，您很可能会忙死。所谓回旋余地，就是从领导那里领受工作时要多想一想，看看相关的工作除了工作本身，还有什么与之关联。自己处理或者安排属下处理工作的时候，可能会出现什么意外，可能会衍生出什么别的东西来。想到这两层，领受任务时，您就会先与领导沟通，让领导对可能出现的情况有个思想准备。给自己或者属下安排工作时也要想到这一点，否则紧急情况一发生，说什么都来不及了。我刚在出版社当版权部主任时就曾请示领导购买一个管理软件，将版权贸易的数据录入到里面，开始类别不多，随着工作的深入，越来越细致。由于我的管理细致，领导跟我要什么数据、哪一年的数据或者哪几年的数据，我都能在分分钟内拿出来——都是现成的呀。如果当初我只领受了版权部主任的工作而不考虑相关的管理工作，领导找我要数据，我不仅无法及时呈送给领导，还会让自己在一段时间内忙得团团转。还有我刚负责出版社网站的时候，跟社领导提出来置办一台扫描仪，以便有了新书，随时将封面上传到出版社的网站。随着积累的增加，我这里掌握的图书封面大概是全出版社最多的，也是最全的。如此一来，不论是做书目，还是临时需要，我都能立刻拿出来。如果一切都等领导安排，都等领导统筹，估计会耽误不少事情。这叫什么，这叫自我沟通。自我预先沟通好了，知道该做什么，知道什么该提前做。能提前做的事情提前做好了，突发情形发生时，就会应对有方。

第二节 相互协调成果多

沟通可以有多种多样的方式，我们通常说的“协调”便是其中之一。遇事多交流，少强制；多协调，少指定；多沟通，少等待，这样不仅事情办得顺畅，当事人的心情也顺畅，何乐而不为？

文化要素

不同的文化对职场要求也许有很大差异，不过了解一下其他文化背景的职场特点对我们改进职场表现会有很大益处。就拿编辑这个行当来说，在我们这里当编辑更多强调的技术性工作，其他方面极少涉及。在美国，一个编辑，尤其是大出版公司的组稿编辑承担的工作非常具有挑战性。对内，编辑不仅要充当“真善美”裁决者与公司“守门人”的角色，还要想尽一切办法说服编辑同事以及营销、宣传部门，使其认可一部书稿在文学、艺术、经济上的优势。对外，编辑要代表出版社与出版业内各种各样的人打交道，处理各种复杂的法律、委托、管理、营销方面的事务①。从上面的介绍可以看出，对内协调、对外沟通能力一般般，是很难胜任工作的；如果再想把编辑工作做出色，恐怕就更难了。所以，不论是做什么工作，只要您是职场中人，只要您需要经常与别人打交道，不论是对内还是对外，协调、沟通都是一等一的修养才能担得起的。

---

① Albert N. Greco, Chapter 5 The Editorial Process, *The Book Publishing Industry*, Second Edition, Lawrence Erlbaum Associates, Publishers, 2005.

时代在发展，很多习以为常的东西正在发生巨大的变化。就拿企业员工来说，过去虽然是各司其职，但是也很讲相互配合。我就听老同事讲过，如果您的孩子很小，可是您要工作，您完全可以将孩子交给本机关开办的幼儿园。如果您哪一天太忙无法按时下班接孩子，那也无所谓，只要有孩子，幼儿园是不会下班的，这便是配合——后勤做不好，业务怎么能开展得顺畅呢？再比如不同部门之间的关系，过去也是很好说的，有工作大家都是争着抢着去干，在绝大多数时候，相互配合是很默契的，就像部队作战，需要时可以通过上级安排友邻部队阻击增援的敌人。一切都显得那么自然，那么不费吹之力。如今不同了，单位幼儿园纷纷关闭，即便有，好像也越来越少。孩子早上被送到幼儿园，到了钟点必须去接。机关内部也是如此，不管您有多紧急的事情，要想顺顺当当地“使唤”他人是不可能的。别说不同部门之间不能这般“使唤”，即便是同一个部门内的人也很难调动。面对这种情景，很多人显得很无奈，也很没辙。加上畏惧心理作祟，一种情形便出现了：宁可耽误工作，得罪所谓外面的人，也不愿意去碰钉子。如此一来，如何才能把工作做好呢？时代变了，人也要跟着变。面对今天的职场，就要有新的思维，也要有新的办法，沟通便是其中一个重要的手段。新一代的职场人在职场中工作的最大课题不是业务能力如何提高，而是沟通能力是否出色。沟通能力出色，看上去干不好的事情能干好，干不成的事情能干成。

与人合作常常需要支付款项。看似平常的一件事，却令很多人无可奈何。明明是一月份发表的作品，资料手续都齐全，可是稿费直到10月份还没付给作者，直气得作者微词频发；明明2月份就将全部资料与手续提交妥当，可是直到9月份还没将版权使用费付给海外的权利人，直弄得权利人不停地发牢骚；明明付款缴税有法规，可是乱扣一气，直弄得收款人没有一点脾气；明明是图书出版后付款，可是要了几个月都不给，直到走上法庭，才把款项结清，直弄得合作者赌咒发誓永世不再与其合作……业务要开展，终端的一些机构部门却无所谓。台上本来唱的是一出戏，可是各唱各的调，各管各的词。一个机构内部如此工作，怎么可能出成效？更加匪夷所思的是面对这种情况最高领导竟然无能为力，局面近乎于失控。不论怎么样，只要公司不解散，业务就得开展下去，可是这般与外界合作，如何进行得下去？依照我的经验，相关当事人必须努力协调内部关系，使之对工作产生促进而不是促退作用。协调关系并非一蹴而就、一朝一夕的事情，相反要在平时多下功夫，这个功夫就是沟通。沟通到位了，姿态端正了，位置摆平了，关系就会有所改进；关系改进了，工作衔接就顺畅得多、有效得多，事业也会有更大的发展。

职场上，有些事情虽说是应该做的，比如去财务部门报销账目，再比如请驾驶员出车。但是我们与其打交道时万万不可有理所当然的心态。有的财务人员就跟我说："有的人拿着单子过来，伸手一递，就要我给他办报销手续，而且是立等可取，我就说，没看我这儿正忙吗，过一会儿再来不行吗？"结果要报账的人就站在一边，双手叉腰等着——越这么等着，人家越不给您办。细一想还真是这样，您现在有空，人家正忙。我一般就不这样。还说财务部门，我往往把要报账的单子往出纳桌上一放："什么时候有空，什么时候再办，我不着急！"说完，我就回办公室了。您越这么说，人家办的速度越快。回到办公室没几分钟，就接到了出纳的电话："手续办完了。"沟通就是这样，您替他着想，他为您分忧，各得其所，皆有收获。

在一个公司里面共事，同事之间的关系有时候非常微妙，遇到问题时非常难处理。比如张三跟您说李四如此这般不好。议论一般同事已经很不好，还有的人公然议论领导，甚至说领导的坏话。如果不回答，好像会慢待同事；如果顺口搭腔，说不定就会惹来麻烦。一个朋友就是这样，就因为电梯中的两句闲聊，导致一封匿名信寄到了女领导的办公桌上。等女领导把这位朋友叫到办公室询问时，这位朋友一脸茫然，不知如何回答领导是好。等回到家才想起来，是某天在电梯中一同事说起了领导的不是，这位朋友只是看了看这位同事，就被装进了彀中。所以我说，在一个单位共事，遇到这种情况，一则可以岔开话题，实在不行就说"有事"，马上离开。这样做，既避免了尴尬，又不会卷入是非之中。

职场中做事，有一点必须时刻牢记，那就是您这道工序要为下一道或者下几道工序留足时间余地，创造方便条件。一般而言，我领受任务时都多要一点时间，这样一来我不仅干着从容，同时也为下一道工序同样从容地完成工作创造了条件。如果给我的时限太紧张或者五天改三天，领导就有可能进一步压缩时限，结果不仅我倒霉，下一道工序的同事就会跟着遭殃。向领导争取必要的时间余地，不仅工作质量有保证，无形之中还与下一道工序的同事拉近了关系，达到了沟通的目的。

不论从事什么行业，都有专业能力够不够标准的问题，于是乎人们将大部分精力放在改进专业能力上。殊不知与专业能力相比，一个人的通用能力更具决定性作用！打个比方，人在社会上行走就像盖大楼，专业能力好似建筑材料，通用能力宛如设计施工水平，只有好材料，没有好设计、好施工，大楼能盖好吗？沟通能力便是这诸多通用能力中重要的一个。不会沟通，我相信，很多工作就做不好，甚至完不成。谓予不信，请君试之。

人的表达远远不如人的思考丰富，也不如人的思考及时。一个人没表达或没及时表达不意味着这个人没想法、没意见、没观点，只是没找到合适的表达方式或者不知何时表达更为妥帖而已。如果您要在社会立足，如果您要建立广泛的人脉，如果您要与各色人等打交道，如果您想成就点什么事业，千万不要为别人没表达或者没及时表达就认为别人没想法这种假象所迷惑。如果反其道而行之，自以为是，为所欲为，您在前进的路上就会遇到一个又一个障碍，错过一个又一个机会，最终无所作为，一事无成。人生活在社会中，不顾及别人的想法是不行的，不善于顾及别人的想法同样是有百害而无一利的。

同事间相互帮助是常见的事情。如果别人有困难，一时解决不了，而您做起来顶多是举手之劳，就应该帮助人家，不过帮人之前有五种情况最好考虑清楚：(1) 人家干不了，您不用求人便可轻易干成，此时应该帮；(2) 人家干不了，您也干不了，莫要求人帮；(3) 人家干得了，一时无所措手足，此时应该帮，但是次数尽量少；(4) 人家干得了，也有时间干，此时坚决不能帮；(5) 人家干得了，没请您帮忙，此时莫要主动帮。

工作中，同事之间一定少不了沟通。尽管经常见面，沟通时如果一上来就讲“正事”或多或少会显得唐突。如果工作沟通之前，随便聊几句家常，做一些铺垫，也许气氛就好得多。不过要注意，铺垫切忌过长，过长容易耽误“正事”。即便不耽误，也会冲淡沟通对象对“正事”的印象。我就碰到这样的事情，聊了一堆闲篇，“正事”是什么早忘到脖子后面去了。再去打听，不好意思；不去打听，有些细节没记清楚，就这样盲目地往下干，结果事情办得不伦不类。

同事之间沟通工作，为了增加效率，事情通常都是“攒”足了再去。效率倒是高了，时间也省了，可是好几件事连着说，到最后没有一件记得特清楚。经验告诉我，每次沟通事项不宜多，因为多了就像撒芝麻盐，哪件事都没有什么特别印象，哪件事也做不好。如果沟通事项中有特别重要的，最好单独交涉，这样重点事项会得到重点关照。

曲直兼有

如果您当领导，给属下布置工作也要简明扼要，多余的话不说，记起来就容易。有一次我要参加北京国际书展，安排属下参加书展时想着带上我办公桌旁边的书目。提前好几天就嘱咐，嘱咐了好几次，布展那天再次嘱咐，结果开展那天还是没带。到底是当事人给忘了，还是我说的次数太多没印象了？就像审阅稿子，看几遍就麻木了，眼看着打错字，就是没反应。问了当事人，也没问出所以然。从别人那里长经验没用，还是我吸取教训——说话简单不重复，免得混沌一片，什么都记不清楚。

与同事讨论问题，经常有谁也说不服谁的时候。过去，我一般把每个环节都讲得一清二楚，听起来我的话很有道理，细问起来，我统统回答不好。尽管说了很多，理由也讲了不少，人家就是不接受我的说法。后来我悟出来了，讨论时一定要按照我的节奏和方向走，我只要在某个关键问题上搞清楚，理由很充足，别人问不倒我就行。至于其他方面，基本放弃，根本不参与讨论。这就叫扬我所长、避我所短。比如我通常不在市场问题上与周围的人讨论，那不是我的长项，可是讨论与著作权法有关的事项，尤其是侵权认定与责任方面的问题时，我就充分发言，此时通常没有人对我提出异议。成为某个方面或者某个领域的权威，沟通就简单得很。

一个人在职场中“混”是很需要实力的，缺少实力可谓是寸步难行。说到这里很多人会问实力指的是什么？经过研究发现，有个东西比所有东西都重要，那就是各方面素质蕴藏的力量付诸实施时所体现的一致性，也就是人们常说的士气。一致性越高，效果越好；一致性越久，实力越强。试问，如果您坚持的观念与行动高度不一致，您内心的想法与手段高度不一致，您悟出的道理与目标高度不一致，您练就的毅力与努力高度不一致，结果会是怎样？您想成为出版专家，可是您不喜欢与人打交道，也不喜欢做市场调查，这么多“不一致”会使您的梦想落空；如果您想创建某种品牌，可是您耐心有限，学习精神不强，这么多“不一致”会使您的愿望成为泡影；如果您立志学好一门外语，可是您害羞得很，不敢在他人面前讲外语，这么多“不一致”会让您精通一门外语的计划难以实现…… 所以让多方面长期保持高度一致才会使一个人具备相应的实力。不过说起“一致性”，并非所有方面所有条件下永远都是一个样；相反，不同方面之间的沟通可使这种一致性始终处于动态调整中，以期达到最大效能与最佳状态。谁能将这一致性保持得好、调整得好，谁就有了士气，就有了实力。不过要达到这种高度的一致性，有个条件似乎不可缺少，那便是我们常讲的自律与自觉。缺少自律与自觉，一切免谈。个人如此，团队更是如此。

团队做事——不论是企业经营、军队作战还是科技开发、政务管理等，都是多人或者许多人参与。既然是多人或者许多人参与，就需要观念一致、目标一步、步调一致。那么体现诸多一致的东西是什么？或者说是什么东西将这三方面联系在一起？要我说就是“气”，用现代人的话讲就是“士气”。不过从现代语境看，“士气”通常指军队作战与体育比赛中有关各方的内部一致性，只因这两个场景对抗性强，才有此说法。三人成众，一个事情只要有三人或者三人以上参与，就属于团队行为；只要是团队行为，无一例外都有“士气”问题。要想让一个团队有力量，士气高昂是关键；要想让一个团队士气高昂，内部的自我沟通是核心。所谓自我沟通，不同时代有不同的形式，而现代国人经历最多的莫过于开会、谈心。不管形式如何，只要在观念、目标、步调上达到一致而且保持下去，自我沟通就达到了目的，团队就会有高昂的士气。相反，一个团队做事失败，原因可能很多，可是士气跌落应该是最不可忽略的因素。足球比赛有时候即便领先，也会以失败告终——领先不意味着士气高昂。军队作战，有时候形势大好，也有可能自乱阵脚，导致惨败——形势大好并不能保证士气没有问题。《左传·庄公十年》记载的齐鲁长勺之战就是如此，齐军强大且气势汹汹而来，可是攻了几次没得手，齐军士气便出现问题。曹刿看得很明白，"一鼓作气，再而衰，三而竭"是作战的规律，在敌人士气"三而竭"时发动反攻，"彼竭我盈，故克之"便成了水到渠成的结果。史书上并未记载此前曹刿是否从事过军事研究——尽管现代有人称其为军事理论家，可是他却能恰到好处地掌握敌人士气变化的规律，尺度与时间拿捏得真是太准了。曹刿作战有其精到之处，那就是避其锐气，堕其士气，最终以弱胜强。当然，开战之前如果曹刿与鲁庄公缺少深入沟通，君臣二心，打胜仗也只能是奢望而已。保持高昂士气是每个团队做事的最大课题，而内部沟通则是最大课题中的最大课题。

我国一家叫海底捞的著名餐饮公司曾因卫生状况不堪入目而被媒体曝光①。当事公司迅疾发布致歉声明并表示采取措施整改。当事公司还表示主要责任由董事会承担，普通员工无需为此担忧。大气，少见的大气！从海底捞的反应速度与应对措施来看，其道歉还是很有诚意的，至少不像一些公司出现问题后马上将责任归咎于某个具体人或者某些客观原因。我们先不论海底捞的道歉是否真的发自内心，单就随之而来的一些"分析"与"总结"而言，我们不得不得出这样的结论，那就是这个社会的功利性思想已经强大到了无以复加的地步。有人说："海底捞的致歉信是有亮点的危机公关稿件，给读者正面的主观感受②"。如果海底捞的道歉真是这般解读，本意真是如此，其写在纸面上的道歉恐怕就不是味了，就像食物变质产生的难闻味道一样，道歉是什么？是做错事之后悔悟的表示，是纠正错误的一个信号，是抛弃错误、继续前进的决心。如果将其视为什么"危机公关"——这个说法近些年

① 张鑫：《两门店关门整顿 食药监查海底捞》，载《法制晚报》，2017 年 8 月 26 日第 8 版。

② 杜绍斐：《关于海底捞卫生事件，只会说漂亮话的公司，真能让你吃上放心火锅吗?》，微信公众号"杜绍斐"（shaofeidu），2017 年 8 月 26 日。

叫得非常响亮，这种道歉与道歉人内心的态度还有关系吗？一种赤裸裸的技巧，根本不可能代表一个人或者一个机构的真实态度。如今很多事情，都上升到技巧来考虑、研究，好像一有技巧，似乎所有问题，包括态度、诚信问题，都能解决好，似乎态度、诚信问题都不重要，技巧玩得是否巧妙才是最要紧的，就像以前商店墙上贴的文明礼貌语言一样。文明礼貌语言上墙，店员就讲文明、懂礼貌了吗？说一千道一万，技巧不过是手段，人的态度才是根本。无论技巧如何运用，只要您的态度、修养、观念、意识、习惯不怎么样，您的沟通技巧再高明，也不会取得预期的效果，更别说保持好的名声了。即便偶尔奏效，那也只能得意于一时，逞强于一域，绝对不会长久无忧，绝对不会次次走运。名声与品牌是第一位的，而支撑名声与品牌的就是态度，可以说态度决定一切。

职场团队中经常有一种争论，那就是谁更重要。在几百年或者上千年前，这个争论也许很容易解决。在如今这个信息发达、创新乏力的时代，再提出这个问题就有点不合时宜。如果真分出个“我高你低、我重你轻”，结果只能是掩耳盗铃、自欺欺人。先不说事实是不是这个样子，仅从道理上讲就说不通。如果只有您高明，只有您重要，您还会允许或者邀请别人与您一起组成团队吗？即便一时糊涂组成了团队，也会早早地把别人给弄走。一个人把所有事情都包下来岂不更爽？不仅简单，而且还无人与您争利。这样一来，既没矛盾产生，又无争执出现，多好呀！组成团队做事远非一加一等于二那么简单。只要搭配合理的团队，就有可能出现下面这种局面：有的人擅长谋划，有的人精于管理，有的人熟于执行，有的人懂得交涉…… 这只是明面上的东西，一目便可了然。还有很多东西看不见、摸不着的奥妙隐藏其内。比如，也许您的一个说法，会触发我产生头脑风暴，想出个非同一般的好主意。可是若是没有您这个说法，可能我永远也拿不出这样的主意。古人所谓“二人同心，其利断金[①]”讲的就是团队协调一致的作用，就是团队沟通有效的力量。其实不仅职场如此，生活中也是这个样子。只要一个团队、一个家庭

① ［西周］姬昌：《周易·系辞上》。

齐心协力，多半或者一定会产生一加一大于二的效果。

不论是在企业还是事业机构中，员工的工作是按看得见且方便管理的类别区分的，这是现代社会分工越来越细而不可避免的结果。可是实际上，如果工作真按分工那种做法去干，“灯标那边归八十八师，灯标这边归八十六师，两档子事”①，那可就麻烦了。看得见的麻烦还好说，容易引起领导们的注意。那些看不见、摸不着的深层理念、经验等问题引起的麻烦恐怕就很难为人关注了。就拿出版单位来讲，有的部门负责经营，按照习惯分工，版权贸易归这个部门负责。负责版权贸易的这个部门虽然不做具体业务，可是相关的会议与活动却经常参加。需要了解情况，将书做得更符合海外读者需求的编辑却无缘参与。还有的机构研究对外沟通，虽然偶尔有参加国际书展的机会，大多数情况下与承担对外沟通功能的出版与版权贸易业务却没有任何瓜葛。说到这里各位应该看出来了，我们的分工很多情况下忽略了事物本身特有的联系与规律。这种分工在很多情况下对做好工作不仅起不到任何促进作用，反而会阻碍工作按规律有条不紊地进行。新闻评论员白岩松就曾说过，好多单位规定，出差报销必须是来回票，火车票与目的地住宿费一起报。如果出差目的地是父母家，回家住不仅尽了人情，还能为组织省钱。但是规定不允许，没有住宿票，来回路费也报不了②。明明是为国家着想，实际上却行不通。所以说，沟通远不止面上那些事情；按事物发展规律去沟通、安排，才能为做好事情提供保证。写到这里，我想起了看过的一篇文章，说哈佛大学“给每一个本科生一笔钱，专款专用，就是请教授吃饭③”。学校发钱让本科生请教授吃饭，这在一般管理者看来应该是不可思议的事情。如果您看到哈佛大学在把教授当成学校重中之重的同时非常善待本科生，就不觉得奇怪了。教授的时间极为宝贵，不花钱请吃饭，估计猴年马月也轮不到您从教授耳提面命的教导中得到启发。可是让没有收入的本科生掏钱请教授吃饭于心

---

① 电影《渡江侦察记》中的台词。

② 白岩松：《白说》中“智商很高，情商却低”，长江文艺出版社，2015 年。

③ 邹振东：《我们与哈佛的差距可能就三顿饭》，微信公众号“厦大邹振东”（xdjszzd），2017 年 10 月 20 日。

何忍？学校为本科生着想可谓是煞费苦心。本科生得到了善待，学校的经费可是有了稳定的来源——哈佛大学本科生校友的捐赠对哈佛的日常运转起着重要作用①。按表面分工做事与按规律做事，差距就这么大。

第三节 业内交往更通畅

做业务离不开交往，交往则离不开沟通。沟通到底意味着什么？在我看来，最主要的是感受。感受好了，加上其他所需具备的条件，交往就有了；感受很差，就是有再多、再好的条件，也无济于事。顺着这个思路，分析一下以往的经验教训，估计会对您今后沟通大有裨益。

适时主动

渠道来自哪里？来自人脉。人脉来自哪里？来自交情。交情来自哪里？来自美名。美名来自哪里？来自诚信。从诚信到渠道，一根直线贯穿始终，那就是沟通或者交流。缺乏足够有效的沟通或者交流，诚信永远成不了交情，也就不可能有渠道形成。

很多人搞商业合作总是从“关系不错”开始，这没有问题。不过，如果您让“关系不错”产生的情绪贯穿于合作始末，那恐怕就大错特错了，弄不好还会赔钱赔情又赔神！不论关系如何，搞商业合作一定要按商业规则进行，用制约机制平衡双方的利益与风险，这样合作才会产生令双方满意的成果。

有一年代理一家出版社从美国购买一本版权书。经过出版社、代理商才找到作者，这中间的曲折自不必说。眼看买卖双方合作接近尾声，作者突然提出一个问题，那就是版权使用费的支付问题。中国出版社通过我向作者索要银行账户信息，作者却根据银行建议坚决不给——因为担心银行信息泄露。对方要求我们给其挂号邮寄支票，可是版权买家根本没有外汇账号，开不出美元支票。于是双方在汇款上就卡壳了。美国方面认为，中国出版社不通情

① 郭静：《哈佛大学校友捐赠管理及启示》，载《高教探索》，2016 年第 2 期。

达理，索要银行账户信息太不厚道，可是中国出版社也觉得委屈，版权使用费汇不出，急得不得了。此时此刻，摆在面前的方法似乎有两个，那就是由作者本人到中国来一趟，版权买家亲手将兑换好的美元交给她，那以后万一有结算该怎么办？要不然就问作者是否有朋友正在中国访问。如果有，出版社将版权使用费交给作者的朋友，回美国时带给作者。就算两个方法可行，可是解决得了一次，解决不了永远——一旦版权使用费有结算，是不是还要不远万里来中国一趟？经过艰苦沟通，买卖双方总算找到了解决办法，那就是由对方在银行新开一个账户，买家将版权使用费汇入这个账户，作者收到汇款取现后，立刻将这个账户注销。没有耐心细致的沟通，买卖双方就要僵持很长时间，误事又费时。

从事业务工作，就不能不涉及合作。对我而言，每次合作开始前，我都怀有一种长久合作下去并取得丰富成果的期待。愿望很好，可是实际上很多情况下却并非如此。分析多年实践中积累的经验教训，我发现造成这种情况屡次三番出现的原因是很多合作者对待合作问题的态度一来有缺陷，二来不严肃。具体讲就是，相关问题在合作启动前从来不想，商谈中根本不提，约定后坚决不做，结果常常弄得我措手不及。如果对方处于比较强势的地位，问题就更大，不仅合作短命，损失也比较严重。说起来，损失点金钱、耽误点时间是小事，给内心造成伤害则是完全没办法补偿的——与这类人合作太没谱、太伤人、太浪费时间！

有一年临近年底，吃完晚饭登录聊天软件，看到某出版社的几位朋友还在线，就问他们忙什么，几位朋友说正在写年终总结。抓住其中一位，我问：“这么晚不下班，家人会不会担心？”对方回答：“我老公马上开车接我回家。”我回答：“看来你老公还是很听话的。”对方却说：“家里的大事还是听老公安排。”我于是开玩笑说：“原来你不过是一位名誉主席呀！”对方听了哈哈大笑。职场幽默感会增进同事之间、同行之间的关系。

一位做书店研究的女士要我帮她审阅一下书店经营调查报告。尽管我们是多年的朋友，我也不乐意掺和这事，一则我对书店经营完全不知，二则我也没那么多时间研究这个问题。不知又不愿意研究，还帮人审阅？简直是笑话。朋友抓住我不放，非要我答应不可。网上了谈了有十几分钟，我婉言拒绝了好几次，就是拒绝不掉。最后我只好避实就虚，对她说："搞调查报告，我真是外行，可是写情书我倒是有经验，哪天你交了男朋友，不知如何抒发情感，我可以帮忙。"一见我这样讲，对方马上回答："真的?"我说："不蒙你。"就这样，一桩不愿又不想承担的事情终于给拒绝了。

有些人由于社会交往很少，与陌生人打交道很胆怯。不论什么样的事情，只要需要联系，就找熟人代劳。与业务、工作距离较远的陌生人联系感到畏惧尚且情有可原，相当多的人与同行联系也找熟人，时间长了，社交沟通能力肯定越来越弱。实际上，这类事情很简单。到网上查一查拟联系单位的电话号码，然后立即给对方挂个电话。多数情况下，同行遇同行，两眼直放光，用不了三五句话，彼此就可以建立起联系。双方毕竟是同行，共同语言多，沟通很方便。倘若双方再有其他一些共同点，比如年龄相仿、性别相同，沟通起来就更方便了。

与同行沟通交往切忌等待，相反要主动出击。一是利用聚集在一起的机会，比如培训、开会，主动跟与会者建立联系。参与这类活动的最大收获就在于此。其次是充分利用各种培训班、会议的参会名单，主动打电话，安排登门拜访。多数情况下，只要表现出足够诚意，极少有人拒绝这种拜访。第三，对于比较熟悉的人也不可掉以轻心，一年半载中尽量安排拜访一次，以使关系处于密切之中。长久以往，不仅可以增进与同行之间的了解与友情，还能拓展人脉。

业务往来过程中，如果碰到不太熟悉的人，有些不便打听的情况又必须马上知道个大概其，就要采用蜿蜒曲折方式解决之。前往一个出版单位，拜会一位女士，不知是怎么回事，以往的火眼金睛再也不灵，无论如何判断不出对方大致处于什么年龄段。这个情况不掌握，人际沟通中肯定缺少针对性。就在此时，我想起了一个话题，那就是延迟退休政策的实施问题，舆论界对这个问题讨论得很多。我对这位同行说："延迟退休政策实施 20 年后，您才退休呢"。对方则回答："哪呀！顶多 10 年。"就这么两句话，对方的相关情况我立刻明白了个八九不离十，以什么方式称呼、如何与之打交道也有了对策。

要想把工作做好，就要想办法建立人脉网；要想建立人脉网，就要善于与人沟通。与人沟通的第一步就是寻找共同点，这是拉近人与人之间关系的有效方法。刚刚认识，一切都是陌生。没关系，慢慢聊，用不了多久，就会发现彼此之间的共同点。共同点从具体到抽象，从看得见摸得着到看不见摸不着。同乡、同学、校友、同行是最先想到的。共同点还包括到我去过的一个地方也许是您的家乡，我认识的一个朋友没准是您的同学，我喜欢的一个领域可能是您的专业，我坚持的一个观点保不齐与您的相同，如此等等，不一而足——不怕找不到，就怕您不找，不论谁见到谁，都能找到相同的东西。

看中一位作者的一本书，通过朋友找到了作者。给作者向海外推广版权，对作者而言是巴不得的事情，很多作者也确实如此。不过，这位作者却对我说，他的重点在影视改编上，对出版兴趣不大。我也不急，给了作者一个不冷不热的回答："做不做都没关系。实际上，做这件事情既不费您什么精力，也不耽误您什么时间，更不会对您的名誉有任何损害。"过了两天，我给这位作者写了一封长信，介绍我个人的情况以及代理过的作者和作品名称。当然，我也把拟议中的交易程序、方法以及利益分配方式详加解释。又过了两天，我问对方考虑如何。对方跟我说："站在利益角度考虑，签不签这种版权合同对我来说无所谓。我看得出来你做事很认真、用心，所以与你合作一次，如果效果不错，以后可以多合作。"没希望的事情，通过有效沟通办成了。

将一位作者的书介绍给越南方面以后，买卖双方很快达成了一致并很快将合同快递给了我。合同到我手后，我没细看，便快递给了作者。作者收到合同后发现，预付款中文数字与括号中的阿拉伯数字不一致，前者金额比后者高，可是买卖双方认可的金额却是后者。作者问我怎么回事，我开始还以为应该以中文数字为准，细察记录才发现，应以括号中金额为准。我要求作者暂时不要签约。我向越南方面报告此事时说，如以括号中阿拉伯数字金额为准，作者肯定不接受——果不其然，一语成谶。作者发来信件，拒绝在合同上签字并告诉我取消合作，原因是我们对合同敷衍了事。接到作者信件，我并未立刻给作者回信，而是直接给越南方面发信，指出这宗交易金额虽然不高，可是对我和越南方面的消极影响很大，甚至妨碍我们未来的合作。在我强烈要求下，越南方面同意由我另起合同，预付款金额按照原合同的中文所示金额处理。接着，我给作者写信，首先承认我有不可推卸的责任，对这个耻辱，我要铭记在心。我提出的解决办法是按照中文所示金额支付预付款，其他条件也按作者的意见修改。过了一天，作者来信说，既然越南方面恳切希望合作，那就试试看。于是我赶紧起草合同，一刻也不耽搁。不过，合同起草后我却不着急，主要是担心再出问题。放在了一天之后又修改了一次，待一切确认妥当后才发给作者。有错即认，知错必改，不仅挽回了生意，还增加了作者对我的信任。

职场上少不了要代表本企业与合作伙伴订立商业合同。订立合同前，有些人把交易对手当成百年不遇的知己，为对方考虑得别提有多周到，本方的利益与感受却绝少想到，甚至连出现一闪念都觉得可恶；合同订立后发现，交易对手并未像开始感觉的那样，本方的利益没人提，本方的感受没人理，于是又把交易对手当成千载难逢的奸佞之辈，进而消极对抗，最终不欢而散。“先君子后小人”的错误我们犯了一次又一次，可是很多人依然在义无反顾地犯着。遇事把各自的责权利义约定好这种“先小人后君子”的古训，不知何时才能记起！

每个人都有自己的世界观、立场、行为准则，这很正常；每个人也都有自己处理事务的准则、态度和方法，这也很正常。正因如此，这个世界才显得那么五彩缤纷、丰富有趣。不过在处理包括商业合作在内的“双边”或者“多边”关系时，如果每个人都按自己的准则、态度和方法应对，这个世界就不会有友情，也不会有合作。友情需要相同相近的志向与情趣，合作则需要协商一致的准则与约定。前者属于精神方面，暂且不论。双边合作或者多边合作所要遵守的准则与约定便是法律，其表现形式就是合同。正因如此，越是想把合作引向深处、长远，合同越要订得缜密、可行。人们经常说的“君子协议”或者“君子之约”也是合同，只是不诉诸纸面、没有签字画押而已，绝不是什么不需要合同的同义语。之所以很多人合作中途散伙或者合作过程中发生争执，各说各的理，归根结底就是大家没用一个准则衡量问题，没用相同的规则约束自己。可以这样说，遵守共同约定的规则是人与人交往、合作的强大保障，离开这个保障，追求人与人之间的交往与合作，追求职场上的成功？免谈！

业务沟通常常不靠嘴巴，而是靠行动。我有这样的体会：世界杯足球决赛中，韩国队赢了球，给韩国客户发去祝贺邮件，人家高兴；日本发生大地震，给日本客户发去慰问邮件，人家欣慰；越南客户的父亲重病垂危，多次表示同情，人家激动；美国客户家中添丁，在法兰克福书展上当面向美国朋友道贺，人家喜上眉梢。这些举动虽与工作无关，虽与业务无涉，可是有谁会说这些举动是徒劳无益的呢？

韩国代理公司的业务人员联系中国的著作权人有时很困难，我就为其扫平障碍。她要联系少年儿童出版社，我帮她找到需要接洽的人与电话，不仅如此，我将电话打过去，确认对方姓字名谁、何时有空，然后将这等细节告诉韩国代理人。如此帮助多次，涉及的出版社包括陕西师范大学出版社、黑龙江人民出版社、海潮出版社、浙江人民出版社。有一年，光韩国这家代理公司就从我供职的出版社买走了六本书的版权。您能说我提供的这些不是沟通吗？您能说我的职场成绩与这些帮助无关吗？

一家业内媒体的记者朋友希望在北京国际书展之前采访一位韩国代理商，我就与韩国代理商联系，很快一位姓朴的小姐答应了。媒体朋友将要采访的问题发给我，由我转给韩国的朴小姐。朴小姐作答之后，将相关文字发给我，由我再转给媒体朋友。这个采访记终于在北京国际书展期间的特刊上刊登了。书展开始了，我约上朴小姐与中国媒体朋友共进晚餐，共享友谊。几年后，上海一家出版社要联系韩国一家大学出版社，购买一本韩文词典版权，要我帮助接洽。我联系几次无果，就找朴小姐帮忙。真巧，要联系的大学出版社正是朴小姐的客户，可是她二话不说，就把那家韩国大学出版社的联系方式交给了我，而且分文不取。我经常做这种看上去与业务没有关系的事情，因为我认为做这些事情的过程就是有效沟通的过程。

应对适当

职场中经常会碰到“人才”问题。有人说：“那小伙子在原公司干得很好，昔日的同事评价也很高。不仅如此，小伙子因在某些方面具有特殊才华，在社会上颇有一些名声。奇怪的是，小伙子来到我们单位之后，好像没有传说的那么棒，怎么看也不像我们需要的人才。”如果您稍微懂点心理学，对此就不会觉得奇怪，那是接触距离缩短的缘故，也就是我们常说的“距离产生美”。不仅人才是这样，对一个人的其他方面的评价也会出现这类“落差”。一个人远看令人敬佩，可是走近了却觉得多少有些俗气；远看是个很有责任感的人，可是走近了却发现是个事不关己高高挂起的人。道理很简单，远看时，看得不那么真切，缺点、问题自然看不到；走近了，各个方面了解得透彻了，自然会感觉缺点一大堆。更为严重的情况还在后面，因为人与人相处久了，上述“发现”多半会越来越多。如果对此缺乏了解，相互之间沟通就很容易产生隔阂或者矛盾。有时候，这并非沟通本身有多大问题，而是沟通者之间的距离改变导致的。对观察者而言，每个人都会有不足，经常在一起，这种不足会显得更加突出，这本属正常情况。对被观察者而言，好的一面表现时要收敛一些，才华可以逐渐或者分批表现，这样做可以使观察者对您的评价始终处于一种平衡之中。如果您新到一个地方，才华本事一下子倾囊而出，对新单位也许暂时会很有帮助，可是对您长久在彼处发展则是非常不利的。一旦人际关系因此而产生问题，届时您就是想为所在公司贡献才智，估计都难有机会。

一个人有才华很容易为水平不相上下者嫉妒，这是很常见的现象。如果有才华的人不注意收敛，那就更容易被嫉妒，特别是被视私利为一切者所嫉恨，如果此人手中再掌握一些权柄，有才华者的命运就会非常糟糕。战国时期的孙膑和范雎人们很熟悉，一个是齐国的军师，一个是秦国的相国。可是在他们成为军师、相国之前都是因为周围的人嫉贤妒能而惨遭陷害，险些丧命。只是这二位命中有好运，才得以逃离虎口。历史上这类有名有姓有情节的事例虽说不上数不胜数，但也是时有出现，经验教训可谓是发人深省。难道这二位不会沟通吗？如果不会沟通，就不可能在表达自己的观点和立场时滔滔不绝，直说得各自君王点头称是，得到重用，最终成就大业。所以说，有才华的人务必要记住，面对心胸狭隘、私利重于一切的人来讲，千万不要把心思放在所谓沟通上。要知道，此时此刻多高明的沟通都是无济于事的，远离麻烦制造者才是有效的避祸途径。

沟通虽然不唯语言，但是语言的运用是不可忽略的一个方面。如果您语言修养到位，水平比常人高出一大截，沟通起来就容易得多，比如重大节日来临，大家都会发个短信或者通过聊天软件留个言，表示一下祝贺。如果各位注意一下就会发现，除了非常简单的贺词外，只要稍微有点文采的，基本上都是抄来的。如果您的文字与文学造诣高，自己搞点贺词发出去，那将是另外一番成色。正因如此，每当节日来临，我都自己创作贺词，发给我职场中的朋友以及有业务关系的熟人，比如国庆节来临，我就发过“七天长假巧利用，一周休整倍轻松”。春节到来之际，我写过这么一段发给朋友们：“岁末年初诸事稀，别旧迎新放眼祈，日积月累宏愿遂，体轻神爽荡愁遗。”如此祝贺节日，是不是比马马虎虎写几个字或者抄写他人贺词要好得多呀？

职场中的朋友多半是因业务来往而相识，真正的知己非常少。如果有这样的关系求您帮忙，而您根本帮不了抑或根本就不想帮，就要想办法拒绝。拒绝两个字说起来容易，做起来还真难，一则怕朋友生气，二则担心在圈内引起不良反应。实话实说，只要求您的人但凡有点他人意识，就会理解您的苦衷。如果求您的人从未考虑您的处境，一味地要您帮，不帮就不饶您，我看得罪这样的人也无所谓——与根本不为别人着想的人交往毫无意义。不过，拒绝时尽量缓和一些，委婉一些，以便将影响降到最低点，比如“最近很忙，恐怕顾不过来”“这方面的过硬朋友认识不多”“家中老人、孩子需要照料，精力不够”“我替您想着，有信息马上与您联系”“回去跟家里人商量商量”等等。只要混过“眼前”，稍微识趣一点的人都知道是怎么回事。如果真遇到“实诚人”还来找您，您就坦诚拒绝，而且是非常明确地拒绝，不给对方留下任何幻想。

与海外客户沟通时常会遇到如下情形，那就是很简单的一件事，费了九牛二虎之力，对方才弄明白。有一年给新加坡一家出版公司的版权负责人发去引进图书销售报告，通知对方按销售报告上的结算金额准备支付版权使用费的形式发票。不知是什么缘故，两天后，对方将我发送的销售报告原封不动发了回来。我跟对方说，你寄给我的不是形式发票，是我几天前才寄给你的销售报告。对方问我不是就要这个吗，我说不是——对方也许真糊涂了。我将前一年结算用的形式发票扫描了一份发给他，要对方照着这个做一张发票，只是金额按我给的数字修改。对方说，他寄给我的就是形式发票。交涉到这个地步，真不知说什么好，是对方真糊涂还是此前我的邮件解释过多使其抓不着要点？这么简单的事情交涉了将近一个月，对方才把我要的形式发票寄来。由此我得出经验，交涉时一个事情如果有好几个点需要说清楚，只说其中最关键的，就像拍电报，话说多了有些人理解起来困难，反而容易糊涂。

沟通中最常用、直接的手段是说话，而说话富有感染力才能打动人。如何才能富有感染力？掌握好节奏是重要技巧之一。需要对方听进每一个字的时候，要讲得慢、讲得清楚、讲得简单一些，这样对方不全神贯注，就很难知道您在讲什么。如果您想让对方知道您掌握的情况足够多且其中不少需要罗列给对方听时，就要讲得快、讲得重、讲得抑扬顿挫，就像相声中的“贯口”。此时细节已不重要，只要对方知道您掌握得“多”，就算达到目的了。

在公共场所讲话时，讲出来的话有层次、脉络清晰是讲话能否抓人的第一个前提。试想，讲话中如果出现三四次“第一”，听众一定会听得很糊涂。这还不要紧，要紧的是听众会觉得话讲得没完没了；一旦听众觉得讲话没完没了，立刻会失去兴趣，结果不是睡大觉，就是开小会。这样一来，讲话还怎么产生效果？如果真有效果，那就是令人烦躁。

不论是在公共场合讲话，还是在私底下沟通，肢体语言与眼神是不可少的。讲话时，如果在语言、表达方式之外再配以适当的肢体语言，比如手势、眼神，就会更能吸引人。根据我的经验，讲话时的手势要大气，富有变化，眼神要随时与听众沟通、交流。讲话内容好、表达方式妙，加上肢体语言与眼神配合准确，沟通起来就富有想象力——想象力是使沟通出神入化的一个重要手段。

有的同行一年前我跟他打招呼，他不理；半年前我跟他打招呼，他不理；一个月前我跟他打招呼，他还是不理…… 突然有一天，他通过网络联系我，要我为他所在出版社的一个项目充当推荐专家。遇到这种情形，您会作何反应？您有心情帮助他吗？所以说，沟通不是刹那间的事情，而是延续性的动作，需要提前做好准备。

有位业内朋友说，他与一个熟人约定中午一起吃饭。他到了约定地点，这个熟人却没来。约定时间过了，这位朋友就给他的熟人打电话，打了七八次，都是“无法接通”。其间，我这位朋友还发了几个短信，也是没有回复。30 分钟过去了，这位朋友只好往回走。即将到家之际，他的熟人发来短信，说手机没电了，好不容易“攒”了点电，才回了这个短信。这个熟人还说，晚上请朋友吃饭，当面道歉。此后便再无音信。估计他的熟人是碰到了什么紧急事，脱不开身。一个多月后，恰逢北京图书订货会，我这位朋友给他这位熟人打电话，问他是否去了图书订货会，对方说当时说话不方便，晚上再回电话。几天过去了，这个电话也没来。我这位朋友只好将这个熟人的信息全部删掉。几个月后，这个朋友告诉我，他的这位熟人又要跟他联系，他没同意。又过了多半年，这个熟人再次与他联系，要加他微信，我这位朋友断然拒绝再次与其建立关系。俗话说，宁失江山，不失约会。对待约会如此态度且不说，几次说话不算数也可不去计较，只是这一切围着自己转、以自己为中心的思维方式是很难让人与之沟通的。

有个出版社委托我帮助寻找海外著作权人，找到后还要帮助洽谈。经过一番努力，联系上了位于英国的版权代理公司，相关事宜进展顺利。突然有一天，英国人来信，问我要购买版权的中国出版社是不是某某出版社，我说是。英国人说，那家出版社已经与其直接接洽。我赶紧与中国那家出版社联系，询问前因后果。出版社版权负责人告诉我，她得到领导通知，联系版权不得经过代理人，对此她无可奈何。我有点不高兴，您得到领导通知没关系，上级的指示不执行不好，这一点我理解。可是您应该及时告诉我呀。您也不想想这件事我早晚会知道，早点直接告诉我，局面更主动呀。一旦我从英国人那里得到我成了局外人的消息，我会怎么想？有问题及时知会一声，本来没多大事情；越怕有事越隐瞒，时间拖长了，小事反而变成了大事，甚至变得不可收拾。

对有些人而言，您在合作前没提的条件，合作中一概不提供，可是合作前没对您提过的要求，合作中却一股脑全端给您。这种情形一旦出现，就很难纠正。如果您心眼儿小，您会觉得上了当；如果您大度，您将进一步受剥削。经验教训告诉我们，一切都要事先讲清，一切都要明言于纸面，不厌其烦，不厌其细。只有这样，才能使彼此合作进行得深一些、久一些。

代理一位作者与越南出版社订立了版权购买合同。合同订立之后接下来就是付款。越南出版社说 2017 年 4 月 21 日汇款，可是到了 4 月 25 日，依然不见汇款到账。询问对方是何原因，对方说："经查，确已汇出，请你今天再去银行查询。"我回信说："请将汇款凭证发我，没凭证，无法查询。"我这样说只是想使对方尽快给我发来汇款凭证。对方对此置之不理，说最近正赶上他们独立日假期，要等 5 月 4 日版权使用费才能汇出，说了半天还是没汇出。我继续索要汇款凭证，直到 4 月 28 日午夜，对方才将汇款凭证发来。开始时，我在询问版权使用费为何没有到账的同时索要汇款凭证，没有回应。后来，我只要汇款凭证，结果汇款凭证就发来了。一次讲一件事对某些人而言兴许是很有必要的，人与人多有不同啊。

有一年接近年底，一家出版社社长给我电话，希望我参与一项版权引进工程。既然人家看得起我，我就答应了，约好第二天下午 3 点在出版社见面，谈完后共进晚餐。第二天下午我按时赴约，双方谈了一个多小时，而后与社内相关人员见面，商讨引进工程的日程安排。散会时已经将近 5 点半，领导根本没有"共进晚餐"的意思，反而给了我好几本沉甸甸的画册，安排司机送我回家。正赶上下班高峰，用了一个多小时我才回到家。晚饭后，我起草了一个合作协议，发给那家出版社的社长。合作协议是否收到、对所拟条款有何见解，一概不知。追问几次，对方说正在等待某国驻华使馆负责人的回复。又过了几天，再次追问，对方告诉我准备请某国的版权代理公司充当我这个角色。说好的"共进晚餐"先不谈，单就后面的合作事项，如果事情尚不明朗，没必要那么急不可耐地联系我，收到合作协议后一个字不回，几番催促下才告诉我早已改换门庭。这样与人沟通是不是有点欠妥，是不是有损自己的名誉？

做交易、谈合作，必须遵守下面这条规律。磋商开始前，务必确定好本方最在乎的利益，不要考虑对方是否接受；磋商开始，先把本方最在乎的事项解决掉，越早越好；磋商过程中，主动照顾对方的情绪，只要不伤及本方最在乎的利益，细枝末节的地方尽量按对方的想法或使对方高兴的方法做。如此这般，协议才会达成，合作才会长久。

人们参与社会活动，会情不自禁地按地位与业务形成圈子，中国是这样，据说外国也是这样。知名演员的圈子，一般演员估计进不去；总经理的圈子，副总经理恐难以置身其中；副总编辑的圈子，中层主任大体上没资格；教授的圈子，副教授可能没希望。当然，不排除跨行业、跨部门加入圈子的，前提是地位要相互对等。

工作或者业务沟通讲究身份对等，主任级别的人就要与主任级别的沟通，而总经理级别的当然要与总经理级别的人沟通，教授级别的自然要与教授级别的沟通，正因如此，层级较低者是很难与层级较高的人相见的，更别说相互沟通了，根本原因就在于层级较高者对层级较低者需求甚少或者根本没有需求。这种情形可以改变吗？当然可以。那么应当如何改变呢？我的回答是从需求上下功夫。换句话说，层级较高者对层级较低者产生需求之日，便是两者之间有机会展开沟通之时。具体来讲，就是层级较低者通过一切机会锻造自身品牌。经过磨炼，品牌形成了，美誉度达到一定水准，自然就具备了与层级较高者对话甚至沟通的资本，再经努力，就会使层级较高者对层级较低者产生需求。这个需求就是影响力达到一定程度的结果，就是我们常说的“势”。层级较高者有“权”，层级较低者有“势”，“权”“势”相合，有“权”者与有“势”者沟通，谁说不对等呢？

在社会发展成熟、法制意识完善的地方，人与人交易时只需将涉及交易的细节准确、清晰地约定在合同中即可。可是在法制规则意识淡薄、自我约束较差的地方，交易时别说约定笼统，就是把交易细节约得一等一地清晰也不一定能使交易顺利进行下去。原因只有一个，这些地方的人一会儿一个想法，一阵儿一个主意，听人一鼓动则是又一个想法，又一个主意。加上心里总有个小九九在盘算，一旦认定自己“亏”了，什么承诺、信用、品牌、未来，统统抛到九霄云外。在这种地方订立合同，光约定交易是远远不够的，还要将交易背后那些“动态的东西”拎出来，尽可能地约定在合同中。一旦合同当事一方反悔，哪怕利益上免不了一损，我们至少还能找个地方说理，还能让舆论站在我们这一方。

与人沟通时有时会遭到拒绝或者受到欺骗。之所以会出现这种情形，不在于您的心情有多迫切，您的眼神有多深情，您的状况令人多同情，而在于您的沟通对象拒绝您、欺骗您时胆量有多大。人家拒绝您、欺骗您的胆量越大，您与人沟通的效果就越糟糕。人家为什么敢于拒绝、欺骗您？是人家没把您放在眼里。人家为什么没把您放在眼里？不把您放在眼里不会有什么损失。不把您放在眼里为什么会没有损失？那是因为您在这个社会上的影响力太小——有您没您无所谓，理您不理您没啥大关系。所以说，要想与人沟通好，要想与人沟通出成效，增加您在这个社会上的影响力最重要。如果大范围内增加影响力有困难，那就从某个领域或者某个局部做起。至少要让这个领域或者局部的人认为您很重要，您很有威望，跺跺脚能让人心有震动。一旦到这个程度，您不论与谁沟通，都会少去很多障碍，多些话语权。有了影响力，有了话语权，沟通效果还用操心吗？所以说，减少人家与您沟通时拒绝您、欺骗您的胆量是我们改善沟通能力的一大课题。

第七章

吸取经验长本事

改进沟通，实践是第一位的；通过实践总结、升华出来的心得不仅有效、适应性很强，还得心应手。除了实践，日常闲聊、新闻报道、史书记载、文学作品等一切间接来源蕴含的与沟通有关的经验教训，也可以用来丰富自己的沟通宝库、改进自己的沟通手段，从而使沟通者对沟通的认识不断深化，不断全面，不断推陈出新，不断总结出出神入化的东西。毕竟一个人的经历是有限的，所有事情都指望有了亲身经验才掌握分寸、了解底细，那是不可能的。获取间接材料同样是改善沟通不可或缺的途径，甚至是很重要的途径。

第一节　不畏挫折勤实践

沟通需要实践，需要经常、反复锻炼。试图仅仅通过阅读改善沟通的想法，很难让您得到真正的锻炼，盖因书本与实际之间有一些差异。

必然经历

学沟通与交往应该从实际出发，我有一段时间却从书本给的结论开始，结果还是不知如何交往——难道我不知道实践很关键吗？这个问题的回答只有一个：否。之所以明知故犯，就在于脑袋里的观念有问题，总认为读书可以让我多快好省见效快！实际上呢？这只是一厢情愿，到头来，只能是费时费力费人工，重新开始没可能。由此看出，观念摆正乃第一要务，观念不正，一切免谈。

“我没办法”——这句话是不是经常听到？如果出于义务帮人，遇到困难说这句话虽不会引发埋怨，效果却不好；如果因为责任去做事，永远别说这句话。我们的能力不可能包打天下，只要尽力就行。遇有困难就说“我没办法”，总会让人觉得您有逃避之嫌。

人际沟通时经常听到一个说法：“请您理解”，意思是事情没办好，责任不在“我”。话中虽然有“请”，可是却依然显得不够大气。实际生活中，这种情形还真是不少。听有些人说话的口气，似乎不论您愿意不愿意，您都要表示理解。在我看来，理解这东西应该是安排者、委托者出于宽胸雅量表达的一种谅解。现在可倒好，别人尚未表达理解与否，自己却光张嘴要“理解”，这与向观众、听众要掌声别无二致。如此与人沟通，真是有些不可思议。不论怎样，交办的事情没办好应该表示十二万分的愧疚才对。别人如果表示理解，算您走运；别人若是不理解，也很正常。一旦办事不力之后将求人理解当成理所当然之事，不仅不会自我反省、改进能力，还很容易与人形成比较对立的情绪，日久天长，无以解脱，人际交往无以为继。一旦人际交往走下坡路，想在社会上立足估计会十分困难。

做事不成或对结果全无把握时，很多人往往会说：“我尽力了！”这话听起来尽管没什么太大的问题，总是令人觉得不舒服。每个人的能力都是有限的，每个人所能利用的条件也都是有限的。只要您让人觉得您尽了最大努力，事情做得成做不成、做得好做不好，都没多大关系，绝大多数情况下是没有人埋怨您、怪罪您的。如果您急于表白自己，说什么“尽了力”“困难比我预想的要大”，无异于画蛇添足①，且大有“此地无银三百两②”之嫌。这样一来，不仅得不到人家的理解，反而还会让人从心里对您产生微词。妥当的应对之法是，不论事情办得好坏，都主动向委托者坦率说明，即便不完满，

---

① ［西汉］刘向：《战国策·齐策二》。

② ［清］无名氏：《龙图耳录》中第四十回“思寻盟弟遣使三雄 欲盗赃金纠合五义”。本书是根据说书艺人石玉昆表演的《龙图公案》记录而成，故称“耳录”，作者无可考。

您在他人心中的分量也不会降低，说不定看在您的坦诚态度上人家对您的评价还会有所增加呢。

有人嘱您“有苹果和梨，可随便吃，”您回答：“谢谢，我知道了。”有人提建议，如“早点睡觉”，您回答：“谢谢，我尽量。”有人讲个他很专业的事，如“谈版权时要计算成本”，您回答：“谢谢，我会按您的指教做。”有人劝您别吸烟，您回答：“多谢，我会努力戒掉。”回答方式最好不要错位；回答错位，效果相反！

与人沟通或者请人帮忙，有三类行为是非常忌讳的：（1）贬低待办事情的难度，进而贬损人家的作用，什么“事情很简单”“花不了您多少时间”；（2）随意改变主意，什么“没想好”“忘了，还有这么个茬儿”；（3）一切都从自己角度出发，只为自己求利，什么“要为我想”“我不容易呀”。

日常生活中，只要空闲下来，就去做一件事，那就是将前不久提到的不同事物联系起来，从而发现其中的内在规律，找出彼此关联的奥妙，最终提炼出与众不同的经验与观念。有了这些经验与观念，我做很多事都觉得游刃有余，推陈出新，获得非同一般的效果。我的沟通能力就是这样炼成的。

人际交往中从长远来说对您产生负面影响者可称为毒朋友：（1）给建议毫无依据；（2）情绪失控时煽风点火；（3）喜欢讲别人八卦；（4）相聚时只有吃喝玩乐；（5）经常怨天尤人。

很多人渴望成功，也有很多人渴望获得成功不可缺少的人脉资源。可是机会来临时，却情不自禁地带上面罩，唯恐别人认出他是何人，甚至连姓字名谁都不肯报出。这种情形我经常看到，虽然不能说随处可见，但也是司空见惯。如此交往，谁愿与您成为朋友？如此沟通，谁会主动给您帮助？

人际沟通说到底是一种改变人态度、看法等固化认识的过程，即便不求完全改变，只要理解包容，那也是改变。任务既然这么重，难度既然这么大，将要沟通的事情分解或者只求局部成功则是比较明智的做法。换句话说，沟通要讲有限诉求；诉求有限，沟通难度就会降低。历史和现实的经验告诉我们，化整为零，化大为小，每次交流一个问题，每次解决一个局部，积少成多，坚持不懈，效果就会达到或者超过沟通者的预期。

有一位绘本作者要加我微信，我说我现在不做绘本出版业务，对方依然要加我，我删掉后，对方依然不舍，我只好将其“拉黑”。人际交往是建立在良好沟通之上的，您不了解我，我不了解您；您对我有需求，我对您没渴求——如此情况下是无法建立任何关系的。社会学家告诉我们，人际关系讲究互有需求，不论是眼前需求还是长远需求，不论是物质需求还是心理需求，无论是直接需求还是间接需求，总而言之要互有需求，沟通才能有效，关系才能产生。与他人，尤其是在某些方面比您强很多的人建立关系之前，先想想您能给对方带来什么，您能带给对方的是不是对方最需要、最渴望的，如果没有，最好别瞎耽误工夫，至少等一段时间再说。

人际交往离不开吃饭。如果为吃饭而吃饭就没意思；如果为吃饭而与很多人一起吃饭，那就更没意思；如果再喝得酩酊大醉，不仅没意思，还会害处多多，甚至招来祸端。我喜欢与朋友一起吃饭，但是我只与一两位朋友一起吃饭，相互交流，彼此促进。为吃饭而吃饭，为吃饭而与一群人吃饭，我是尽量避免，竭力远离——不耽误工夫，不自找麻烦。

有些人看上去很慷慨，经常给人以有形帮助，周围的人评价很高。可是问到其至爱亲朋的时候，却恶评如潮，诸如对别人的感受麻木不仁、不懂赞美别人的长处、不会跟别人交流思想与情感。出现这种反差的原因在于周围的人作出评价时依据的都是看得见的行为，而至爱亲朋的反映却来自于精神上的感受。正是这个原因，年轻人多回家陪伴年迈父母，远胜于给他们很多钱粮，父母对孩子的进步及时而又适度地予以精神鼓励，比给孩子买新衣服有效得多。再者说，如今这年月大多数人早已解决了温饱问题，物质需要不再那么迫切，精神上的包容、鼓励、关照、理解反而显得更加珍贵，更能密切人与人之间的关系。

经常有人跟我要“关系”，实话实说，我真没什么现成的“关系”可以贡献出来。有人说我吝啬，其实我是有难言之隐。首先，我不找所谓“有用”的人交往。我与人交往只求有共同语言可讲的君子之交，即只谈情义，不讲利益。朋友遇到痴迷处，我会出一言警醒之；没事时，相互间尽量不去打扰，这叫蛰伏。诸位可以设想，如此交往的朋友不就是人们常说的人脉吗？

如果真有一天您有什么事情求助于朋友，这样的人脉估计就能为您所用。其次，遇到紧急情况，如果昔日交往的朋友鞭长莫及，仅凭往日练就的交际手腕也可来个“现上轿子现扎耳朵眼”，这才是沟通上乘的表现。

机会很多，关系不少，知识丰富，经验深厚，可是工作成绩却非常一般，原因何在？依我观察，说话不当乃一大破坏力。说话不当，会使机会一一失去；说话不当，会让关系效果为零；说话不当，会令知识形同虚设；说话不当，会将经验束之高阁。

不同场合，采用不同的说话方式才可达到目的：一是公开辩论——逻辑严谨，抑扬顿挫，以便抢占先机；二是讨论问题——以问代论，语速缓慢，以便阐明观点；三是游说领导——直截了当，笑容可掬，以便消除戒心；四是沟通事理——多用比喻，和蔼可亲，以便情感融合；五是电话交流——简短清晰，层次分明，以便解决难题；六是回答问题——切中要害，虚实相宜，以便各取所需。

据我观察，做事讲步骤——有的事一步到位，有的事要三步到位，有的事要十步到位，有的事要二十、三十乃至五十步才能到位，有的事甚至需要几百上千步方可达到标准。然而有些人太缺少耐心，不论做什么，都希望少走几步就到位。人本来就喜欢避繁就简，加之环境熏染，人的耐心似乎越来越少，希望一步到位的人好像越来越多。依我看，做事还是要讲到位。这样做，一辈子即便只做成一两件事，也比做了很多事、件件停在半道上有意义得多。

人际关系冷热也罢，亲疏也罢，都是定格在一定时间与空间上的，这一点请您务必记清楚。随着时间与空间的移动，人会发生诸多变化，以适应时间与空间的腾转挪移。如果时过境迁之后，依然用定格在当初那个时间与空间上的“老”判断看待一个人的今天以及彼此当下的关系，恐怕不是自欺欺人，就是不负责任。如果拿“老同学”“老战友”“老部下”等关系去撬动新关系，往往很有迷惑性与欺骗性。一旦当事一方对此关系缺少调整、警觉，跌进万丈深渊也是不足为奇的。

体检查出胆结石，拿着体检报告去看医生。轮到我就诊，我走进诊室，将体检报告交给医生。医生看了报告，就给我讲开了，说胆结石病发作呈随机性，预防很困难。如果一定要注意什么，那就是饮食，可是我们也不能因为患上胆结石，生活水平一下子倒退好几十年吧？该吃什么就吃什么，没关系。至于要不要手术，医生建议以观察为主。医生一边讲，一边在纸上给我画示意图。看着示意图，听着医生讲解，我知道如何权衡利弊了。由胆结石聊到了其他，我说我在出版社做图书版权引进工作，医生对此挺有兴趣，说他经常阅读美国医学文献，也想翻译几本书出版，我说我们之间可以合作。这一聊不要紧，40 多分钟过去了。看到候诊患者显示屏上还有 7 位病人，我赶紧说了声“谢谢”，快步离开诊室。都说医生看病简单匆忙，三五分钟看一个病人是常事，如果您掌握一些人际关系的特点，再加上进行有效的沟通，我估计您在处理各种关系时同样会取得如此成效。

十几年前，因病认识了一位牙科专家，从那以后，我们交往很密切，关系也很好。只要牙不舒服，不管毛病大小，我都找我这位医生朋友给治疗。尽管这位牙科专家已经退休，对我依然是有求必应。我跟医生打交道，就一条秘诀，有了问题就找医生，一切由医生做主。我这一“大方”不要紧，医生很受感动。不论多忙，只要我有需求，她都尽量安排，即便家人规劝，年纪大了，少出诊，这位医生朋友总是跟家人说：“患者这么信任我，我必须得管！”除此之外，医生的嘱托，我都百分之百执行，决不把医生的话当耳旁风。我越信任医生，医生越是不敢怠慢，于是我与医生之间的关系总是处在良性循环之中。

注意分寸

与人谈话涉及对方家庭成员时，也要注意称呼。面对长辈，要按与长辈的关系称呼第三方，比如“您女婿”“您儿媳妇”“您孙子”，万不可说“我丈夫”“我媳妇”“我儿子”；面对平辈或者晚辈时，要按与晚辈或者平辈的关系称呼第三方，比如“你嫂子”“你爷爷”“你姑姑”，万不可说“我妻子”“我爸爸”“我姐姐”。从对方角度论关系，有利于强化彼此的纽带，使之更亲近、更贴心。

与人讲话，称呼第三方时务必要小心，尤其在称呼有一定名望或者一定地位的人，更要如此。此时最忌讳的就是“他”，取而代之的是明确的称呼，比如“张教授来了，与我们谈了一晚上。从交谈中看出，他不仅见识广，而且说话风趣”最好改为“张教授来了，与我们谈了一晚上。从交谈中看出，张教授不仅见识广，而且说话风趣”。不只如此，即便是称呼一般人也要注意。比如“李晓丽是一个人来的。她在单位很有人缘，同事们都愿意与其相处”如果改为“李晓丽是一个人来的。李晓丽在单位很有人缘，同事们都愿意与其相处”或者“李晓丽是一个人来的。这个姑娘在单位很有人缘，同事们都愿意与其相处”就顺耳得多。中文自古以来，上下文清楚，什么都可以不用。实在不行，就用名字。如果觉得重复，就改用其他有明确指向的表达方式，比如上文提到的“这个姑娘”。不论用什么，只要少用或者不用代词就好。

沟通时，有一个细节要特别注意，那就是更换话题。更换话题最好是在前一个话题告一段落且确实没人就此再发表看法之后进行。更换什么样的话题，也有讲究。如果前一个话题是工作，接下来的话题就应该与生活有关；如果前一个话题紧张有余，接下来的话题就应该轻松一些。更换话题时，切不可没头没脑，突然切入，也不可连续都是令人心情紧张的议论。有张有弛，严肃有趣，这样交流起来才有魅力。不过有一点要特别注意，不论是什么话题，都必须与沟通参与者有关；将其中任何一个人排除在外都是不礼貌的。

我这辈子从20岁开始储备美名与人脉，直到快50岁才找到适当机会消费。尽管如此，储备依然是我的第一任务，花费的时间与精力最多。只有这样，我现在才有潇洒一点的本钱，才为老年生活打下一点基础。只因消费比储备来得快，储备不足，这一辈子便没的可消费呀。

一遇不明不白或者疑虑重重的事情，有人就喜欢问，似乎一问就能得到正确的答案，甚至对别人的答案坚信不疑。纵观历史，不论是什么人，但凡怀有一定不良目的，回答问题时不是添油加醋就是偷工减料。即便没有恶意，原原本本、一丝不苟的回答者依然很少。如此获得的答案难免没有水分，难免不令您作出与事实不符的判断。口头回答尚且可以从对方的眼神与脸色发现点什么，以矫正自己的判断；如果是书面回答，全无现场情景，得出错误结论的可能性就更大，就像我们阅读先秦的古书，准确把握书中内容的准确意义何等困难。这并不是说遇有不明之事不能问，但是不能唯答是从，偏听偏信。开动脑筋，对获得的答案进行综合分析是得出正确结论必不可少的前提，对那些具有重大意义的问题尤为如此。

多年前去日本给妻买了块手表。几次让妻子戴上，妻子都不戴。某晚躺在床上无意间碰到妻子的手，顿有刀切之感。一看才知道，妻子戴上了那块表。我说："您戴什么表呀？"妻答："不是你让我戴的吗？戴了你又说这个！"我说："难道您是夜袭队①的不成？"

老婆发烧，身体不舒服躺在沙发上。我在对面沙发上看报纸。老婆说："你看什么呢？"我说："《三十六度女人》。""那些人有什么好看啊，沙发上有个三十九度的你怎么不过来看一眼呀？"

五一节中午在家烙肉饼。搅拌肉馅时，我对妻说："待会儿擀皮时，请注意擀薄点儿，皮薄肉饼才好吃。"妻回答："谢谢提醒！"如果妻换个方式回应，比如"你是不是说以前做得不好""要求还挺多""用不着你管"，兴许会引发不快。生活中你说我应看着漫不经心，其实内里大有讲究。技巧再多，修养不灵，话语会横着出来；修养到位，即便没上过沟通课，说话也不会差多少。当然，如果说话时讲点技巧，沟通效果会更顺畅。

小女给妻发来几张游玩的照片。妻看着照片，不时感叹："他们那里怎么就像在初春时节。"妻问我是怎么回事，我回答："我可不是他们那里的天气预报员！"

我不论是作文还是写书都有两个鲜明的特点。一个是句子短小口语化，以便别人读起来顺口，意思不用猜。另一个是总与生活联系在一起，用生活现象、生活道理解释专业与业务问题，以便别人读起来好玩，意思看得准。顺便说一下，西方出版的一些很有专业水平的书写法上也越来越口语化，只因这种行文方式契合大众风格与口味。倘若一味地用书面语言，看着很规范，

① 冯志创作的抗日战争题材小说《敌后武工队》中提到的一个日伪特务组织。

实际上很难吸引大众读者，更别说让读者购买了。

与周围的人沟通时发现，有些人有想法不说，希望别人揣摩；有些人有利益不提，希望别人想着；有些人有怨言不发，希望别人领会；有些人有难处不诉，希望别人察觉。于是，别人没如期回复，就说别人有变化；别人没主动招呼，就说别人有看法；别人没痛快答应，就说别人不咋样；别人没优先考虑，就说别人要奸猾。如此心态，这般思维，生活太累，关系太繁。抱着这种心思与中国人打交道可能影响不很明显；如果交涉对象是外国人，不仅办不成事，还可能伤及自尊乃至人格、国格。

一个人最不可或缺的人生大课是艰难困苦、挫折失败。缺少这一课，即便是学富五车，也不叫有知识；即便是技压群芳，也不叫本事大；即便是满腹经纶，也不叫懂道理；即便是满口道德，也不叫品行高。这是因为，缺少这一课，知识与经验无法融会；技巧与悟性无法沟通；学问与实际无法互动；道德与内省无法合一。所以我说，艰难困苦、挫折失败是人生不可或缺的必修之课，是成就功业的重要前提之一。

沟通中有一个环节似乎经常为人所忽略，那就是自己的信念、目标、条件与困境之间的沟通。这几个方面缺少沟通，无法取得一致，信念就成空想，目标就是梦想，条件就成楼阁，困境就成拦路虎。信念从何而来？从目标而来。目标从何产生？从条件产生。困境何以能够克服，皆因人有信念、目标与条件。正是因为相互之间沟通及时、有效，困难即便延宕几日，也是正常，不至于损伤信念，更不会危及目标。如果这几个方面沟通较少或者根本没有沟通，各干各的，其结果只能是顺利之时有信念、有目标，困难之际没信念、没目标。不论顺利还是困难，信念与目标赖以建立起来的条件都是一个丝毫作用都不起的大摆设。遇到困难如何利用已有条件去克服困难，从而使自己的信念与目标进一步坚定是成功者不可逾越的一个过程。

第二节　间接心得好处多

直接经验很宝贵，可是人的经历有限。有限的亲身经历无法提供人这一生需要的全部经验，这时间接经验便可派上用场。研读、借鉴间接经验还有一个好处，那就是省了很多时间，少了很多教训，也避免了不少损失。

研究历史

过去的人，不论是评人还是论事，都是量身定做。说具体点就是每一句评语，即便只有几个词，也是字斟句酌，甚至不惜创造新的组合，以切中不同人事之要害——《三国志》说孙权“性度弘朗，仁而多断”，说曹操“治世之能臣，乱世之奸雄”，《晋书》说司马懿有“雄豪志，狼顾相”，鲁迅评《三国演义》“状诸葛之多智而近妖①”。进一步研究还会发现，过去评人论事通常是一人一语，一事一词。如今不同了，评人论事不仅大而无当，而且是百人一话，千事一言，比如“忠诚老实”“坚持原则”，再比如“描写生动”“情节动人”。为什么会有如此变化？是人事都变得一样还是思想简单了？有人说古人获取知识渠道少、思考多，因而识少智多；今人知识来得太容易，又无暇思考，故识多智少。今人评人论事千篇一律与此有关否？未经验证，不敢妄下断言。

古典作品中有些书专辟“劝学”一章，例如《荀子》和《吕氏春秋》，可是涉及学习的作品更多，比如《列子》《论语》《孔子家语》《大学》。这些书不仅论述教学之道，无形之中还介绍了教学互动或曰沟通规律。什么东西老师讲，什么东西老师不讲，什么东西学生去体味，什么东西学生去联系，说得非常透彻。正是这个原因，孔子的学生才会经常向孔子请教做人、做事道理。具体来讲，古人的教学互动之道就是：找出艺之关键，再寻己之不灵，经大师指点弥补之法，方可入得门去。所谓弥补之法，便是出发之所。出发之所寻得，久练不辍，直至得之于手，应之于心。心手相接，两者联动；心想手到，莫不中的。简言之，一找关键点，二找障碍点，三找出发点，四练习惯成自然。出发点非有道之师指点而不得，而有道之师只需做此一事，其余均靠自己。唯至于此，艺之奥妙，唾手可得矣！师生各有任务，师生相互

① 鲁迅：《中国小说史略》第十四篇“元明传来之讲史（上）”，上海古籍出版社，2001 年。

沟通，如此方可培育出大才之士。

《左传·僖公二十四年》记载，有一天秦穆公宴请准备回国即位国君的晋公子重耳。席上，宾主指定诗篇，安排乐工演奏，这种吟唱形式被称之为赋诗。重耳指定的诗篇是《河水》，其中有这么几句："沔彼流水，朝宗于海，"意思是返国之后，当朝事秦。不知穆公是怎么想的，他指定的诗篇是《六月》，而这篇讲的是内史尹吉甫辅佐周宣王北伐之事："王于出征，以匡王国。王于出征，以佐天子。共武服国，一定王国。"听完秦穆公吟诵《六月》，跟随重耳流亡十九年的赵衰赶忙提醒重耳："重耳拜赐。"重耳也够聪明，赶忙退到堂下，面向穆公拜谢。穆公作何反应？除了"公降一级而辞焉"，《左传》没有别的记述。这种没过脑子的事情，估计是不好意思记录下来。赵衰反应甚是敏捷："君称所以佐天子者命重耳，重耳敢不拜？"赵衰的意思是说，秦君用辅佐天子的诗命令重耳，重耳岂敢不千恩万谢？真是巴不得呀！重耳在秦国大军的护送下登上了国君之位。没想到一年后，周襄王因王子带作乱仓皇出逃，因没有其他诸侯收留，只好跑到了郑国。这时晋国与秦国都认为这是挟天子以令诸侯的大好时机。正当秦国挥师东进、准备前往郑国迎接周天子并将其护送回天子之都时，晋国大夫赵衰以穆公前一年吟诵的几句《六月》给挡了回去，于是晋国军队名正言顺地成了勤王之师。秦穆公兴许是太轻松了，尤其是在听了重耳吟诵的《河水》后更是有些飘飘然。面对尚未即位的重耳，穆公竟然以充满歧义的《六月》回赠，真不知哪根神经出了故障。就是这么几句诗使重耳不费吹灰之力站到了尊王的制高点，为日后成就霸业奠定了基础。由此看来，两人沟通时不仅要明其表面，还要懂其内心。如果借用现成表达来诉说衷肠，切忌因话有歧义而让人钻了空子。重耳与秦穆公堂上赋诗便是一个深刻的教训。

《燕子春秋·内谏篇上第一》有个故事很有意思。话说齐景公有一匹爱马暴病而亡，景公大怒，准备把养马的人给肢解了。就在此时，晏子正在景公近前侍奉，于是不失时机地走到景公身边，煞有介事地询问景公，尧舜要是肢解人从何处开始，景公一下子懵了，竟然情不自禁地回答："从寡人开始。"景公的意思是说，尧舜是明君，从不做这种残暴之事，只有他齐景公才想得起这等刑罚。景公无话可说，肢解之事暂且不提，不过气却未消。景公准备将养马人收监，找机会将其杀掉。晏子故伎重演，要为景公历数其罪。说着他来到养马人面前，说什么景公命令你养马，你把马养死了，这是第一罪。养死的马是景公马中的最爱，这是第二罪。景公为马杀人，会招致国人怨恨；国人一旦怨恨，诸侯就瞧不起齐国，这是第三罪…… 听到这里，景公忙说："夫子释之！夫子释之！勿伤吾仁也，" 意思是说："您把他放了吧！您把他放了吧！可别损害我的仁义美名呀。" 倘若晏子直言相劝，不仅救不了养马人，说不定还会搭上自己的性命。古人的劝谏之术真是值得学习呀。

据《吕氏春秋 · 必己》与《淮南子 · 人间训》记载，孔子跟学生们走路走累了，坐在路边休息。突然，驾车的马挣脱缰绳跑了，而且还吃了农民的庄稼。这下农民不干了，立刻把马给拴走了。孔子的学生子贡自告奋勇去游说，结果好话说了一堆，农民就是不听。有个从乡村来的人刚刚开始侍奉孔子。见此情景，这位乡野之人忙说："我去吧。" 来到农民面前，这人用农民的语言对农民说："你们种地从东海种到西海，到处都是你们的地，我们的马跑了，一吃就是你们的庄稼——这个地方没别的主人呀。" 农民听了非常高兴："你这么说真是有道理，不像刚才那个人。" 说着，农民将拴马的绳子解开，把马交给了前来要马的人。估计子贡要马的时候不是跟人家之乎者也一顿，就是讲了一通圣人之言，所以人家不理他。缺少共同语言，是说不到一起的。顺便说一句，如果先派那位乡下人去跟农民交涉，即便成功索回马匹，子贡这个雄辩家也不会服气。孔子说服人的艺术真是高超——不费一言，只在交涉顺序上作了点安排，不仅要回了马，还将子贡很好地教育了一番。

有句话说得好："到什么山上唱什么歌[①]。" 这句话的意思是说与人沟通要讲场合，要看对象，对不同的人说不同的话。如果对方是一位学者，您讲话认真严谨，有根有据；如果对方是一位文化水平不高的农民，您讲话就要

① 毛泽东：《反对党八股》，《毛泽东选集》第三卷，人民出版社，1991 年第 2 版。

直白形象，这样才便于对方理解；如果对方是一个小孩，您讲话就要句子短小，意思复杂一点的地方要多说几次，这样对方才能听得懂。如果您是在给属下布置工作，您讲话就要清晰准确，这样工作起来才有效率…… 不仅一般讲话要注意，涉及比较复杂的问题更不能掉以轻心。对学者讲话，如果涉及不懂的学术问题，如果非要交流不可，就要事先做好功课，否则就坦言不懂，免得贻笑大方。对文化水平不高的人讲话，就要了解人家的生活、状态、需求，这样交流起来才有效果。对小孩讲话，就要讲一些孩子感兴趣的东西，跟孩子们讲大道理，只会让其眨眼不止。对属下讲话，要了解属下的状态与工作中遇到的困难，这样才会有的放矢，解决问题。

粟裕乃一员名将，也是一位神枪手。一次粟裕去部队视察射击训练。来到一位战士跟前，从兜里掏出一枚铜钱，放在这位战士枪的准星上，让其继续射击。这位战士一开枪，铜钱应声而落，成绩不佳。粟裕接过枪，照样把铜钱放在准星上，连射数枪，枪枪命中，准星上的铜钱却纹丝不动①。粟裕没用多说话，战士就知道如何改进自己的射击技术了。这种沟通靠什么？靠的是粟裕的示范动作。为什么他能做出这般示范动作，在于他年轻时打下了雄厚的基础。他的基础是什么？他的基础之一就是巨大的臂力。粟裕单手举枪20分钟手不晃，可谓臂力过人。举枪瞄准手不抖，射击精准当然就有了保证。

电视台曾经播放一个节目，里面有一个场景，是记者采访某著名医院的医生。当记者问医生对患者有何希望时，医生说，一些患者来就诊时总要医生这样那样，尤其是看过一些健康节目的患者好像自己就是医生，指挥起医生来一招接一招，一令接一令。医生最发愁见到这样的患者，常常被弄得哭笑不得，左右为难。医患之间时不常出现失和的音符，原因之一恐怕就与患者这种自以为是的态度有关。若是换成我，我肯定会想，您什么都懂，还来找我干什么。再者说，对医生要求这么多，谁心里都发憷，诊治时只好保守又保守，以免给自己招来不必要的麻烦。

---

① 张雄文：《名将粟裕珍闻录》中第四十八章“打仗高手的怪癖”，北岳文艺出版社，2009年。

多点参考

法国心理学家爱德华·德·博诺针对垂直思维提出了水平思维的概念。他在其经典著作《水平思考法》一书中讲过这样一个故事①。有个商人欠了一个放贷人一大笔钱，而且无力偿还。放贷人长得又老又丑，可是对商人那漂亮的女儿却垂涎三尺。于是，狡猾的家伙便以还钱为筹码要挟商人，意在娶走商人的女儿。高利贷放贷人建议说，要么还钱，要么以女儿抵押，要么被送进监狱。商人别无选择，只好同意。放贷人说将两颗鹅卵石放在一个袋子里，一黑一白。抓到白色鹅卵石，债务取消，姑娘留在商人身边；抓到黑色鹅卵石，就将女儿嫁给放贷人，同时债务取消。就在放贷人从地上捡起鹅卵石的刹那间，眼尖的商人姑娘发现，放贷人将两颗黑色鹅卵石放进了口袋中。这一下姑娘有办法了。姑娘不慌不忙去口袋中掏鹅卵石，拿出一颗，尚未看清是何颜色，鹅卵石就掉到了铺满鹅卵石的地上，与地上的其他鹅卵石“融为一体”。姑娘赶快道歉：“我真笨，实在抱歉。不过没关系，只要看一看口袋中剩下那颗鹅卵石是什么颜色，就知道我刚才抓的是什么颜色的鹅卵石了。”放贷人怎敢说真话，只好乖乖拿出口袋中的那块黑色鹅卵石——姑娘“抓”的是颗白色鹅卵石，商人的债务一笔勾销。如果商人和商人的女儿按照以往的垂直思维处理这件事，恐怕哪个结果都不怎么样。采用水平思维方式去沟通，更是棋高一着。

中国古代也有水平思维的故事，令人深思。北宋年间，南唐派人到北宋朝廷纳贡，来人是江南著名的辩才徐铉。一听徐铉要来，北宋满朝文武都很畏惧，生怕当选押伴使，前往江南迎接这位闻名北宋朝廷的人物。宰相赵普不知选谁为好，就向宋太祖赵匡胤请示。宋太祖说：“姑退，朕自择之。”宋太祖也不急，只是命令殿前司从殿前侍者中找十个目不识丁的报上来。收到名单，宋太祖大笔一挥：“此人可!”赵普不敢多问，催促这位皇帝钦点的押

① ［法］爱德华·德·博诺:《水平思考法》中第一章“黑白鹅卵石的故事——水平思考与垂直思考的不同”，山西人民出版社，2008年。

伴使前往江南迎接徐铉。一上船，徐铉滔滔不绝，词锋如云，船上的人都惊叹不已，唯有那位殿中侍者除了点头称是，无言以对。徐铉不知底细，更加喋喋不休。一连几天，都是徐铉一个人唱独角戏，直说得口干舌燥，疲惫不堪——徐铉终于不吭声了①。如果宋太祖派一个能说的人来，一旦说不过徐铉，就会给北宋朝廷丢脸。事实也是如此，否则满朝大员不会各个惊恐万分，以逃避出使江南为能事。宋太祖如果顺着“辩才”这个思路选人，结果可能会很差，甚至还会很难堪。宋太祖一反常态，找了个最不能说的殿前侍者去迎接能说会道的徐铉，后人管这叫以愚困智。看完这个故事，有两个地方似乎很值得思考。一个是沟通未必一定硬碰硬，因为在这世界上很多事情直来直去是不可能解决的。另一个是沟通时如果换个思路，采用水平思考，不仅省人省力，说不定效果还会出奇的好。

《吕氏春秋·异用》有一段文字，专门介绍孔子是如何阐述尊卑亲疏关系的。只要弟子从远方来，孔子扛着手杖就问：“令祖父没病没灾吧？”接下来，孔子持杖拱手行礼：“令尊令堂没病没灾吧？”而后，孔子拄着手杖拱手行礼：“令兄令弟没病没灾吧？”最后，孔子拖着手杖转身，背朝对方：“令正令郎没病没灾吧？”孔子通过几个不同的动作，便清晰表达了自己的思想，真是简明而要！

有一部电视剧叫《神探狄仁杰》，在其第二部第六集中有这么个情节。狄仁杰到了王孝杰的大营，询问崇州长史和司马在什么地方。王孝杰说，二人均在牢中畏罪自尽。狄仁杰提醒对方，二人分别关押，却同时自杀，真是凑巧之极、心有灵犀呀。还有一个细节，就是崇州刺史丘静被千牛卫押解回京，结果千牛卫悉数被杀，丘静不知所踪。问起此事，王孝杰说丘静是李楷固劫走的，狄仁杰问王孝杰他是怎么知道劫持者是李楷固，王孝杰回答是一个军士回来报告的。李楷固原为契丹将领，后归顺武周朝廷。狄仁杰又问：“可刚刚孝杰还说过，押解丘静回京的是千牛卫，而且全部殉难，怎么会有一名军士看到了李楷固呢？”王孝杰被问得瞠目结舌，若不是手下人过来打

① ［明］冯梦龙：《智囊全集·上智部见大卷一》。

圆场，说是正好有一名军士路过看到真情，还真不知如何下台呢。首先，狄仁杰并不是先入为主，而是顺着对方的话问，这叫“以子之矛攻子之盾”。这总比上来就问王孝杰为什么要杀长史和司马强得多。还有就是狄仁杰听人讲话如此认真不能不让人佩服，一个细小的环节都不放过。全剧看完，我有这样一个感觉，狄仁杰之所以能够立于不败之地，确实有独到之处，用剧中狄仁杰的话讲就是“细致的观察和精谨的分析”。电视剧虽然有演绎的成分，但是狄仁杰善于观察、精于分析且断案如神却是有根有据的，否则《旧唐书》上就不会有“周岁断滞狱一万七千人，无冤诉者”的记载。

本书第六章第一节中曾经提到古人沟通很注意遣词造句，也就是在表达上下功夫。经常阅读古典作品的人会发现，古人在游说，尤其是向地位比自己高的人游说时，总爱用一个字“闻”，比如“臣闻繁礼之君，不足于文①”“婴闻之，君正臣从谓之顺②”“寡人闻之，羽毛不丰满者不可以高飞③”。

与人交涉问题，尤其是请人帮助时务必要采用曲折迂回之法。抗战期间，李克农组织八路军武汉办事处及其相关单位人员撤退。刚行进两天，便遇到日军飞机轰炸，结果所乘之船被炸沉，只好请沿岸百姓帮助解决饮食医药等燃眉之急。与百姓交涉时，李克农并不立即向对方提出要求。取而代之的是先与对方寒暄，相互介绍。不仅如此，他还与好奇的妇女、孩子开玩笑。没过多久，李克农便巧妙地打听出附近是否有日军以及当地的社会情况。等情况得到了全面了解、与百姓的关系非常融洽之后，李克农才提出自己的要求，与百姓商量。即便如此，李克农还强调不管用什么东西都付钱，只住一晚，所借物品用后原物奉还。李克农的卓越交涉能力，在弹尽粮绝、敌军追击、与中央失去联系的情况下，使撤退人员顺利到达长沙办事处，而且没有丢掉一个伤员，没有一人患上重病④。

相声演员杨少华2016年在中央电视台的一个节目中讲述了自己50多岁

---

① ［战国］吕不韦：《吕氏春秋·义赏》。

② ［春秋］晏婴：《燕子春秋·卷一内篇谏第一·景公燕赏无功而罪有司晏子谏第七》。

③ ［西汉］刘向：《战国策·秦策一》。

④ 方可、单木：《中共情报首脑李克农》“沉船遇险，镇定组织小长征”，中国社会科学出版社，1996年。

时应北京一家曲艺团之邀去广州演出时发生的一件事[①]。广州观众不认北方的相声，上去一个“泥[②]”一个，上去一个“泥”一个，倒好声一片。轮到杨少华上台，未曾开演“掌声”开始：“下去吧，下去吧！”杨少华一边往台下走，一边想没演就下台，那也太不合理了。他转身又上台，结果又被轰，如此往复三次。等他第四次上台，倒好声虽有，但是已经稀稀啦啦。杨少华开腔：“都累了吧？”——就这么一句话，逗得观众开怀大笑。演出结束时返场四次，才下得台来。上台时轰了四次没下去，下台时返了四场才下来——真是鲜明的对照呀！再说50多岁的人被轰下台三次，谁能忍受？杨少华的气度、毅力以及与观众的沟通水平可谓是非同一般呀。

人际交往少不了回应。网络时代，人们的回应多种多样，有简单的“呵呵”或者“哦”，也有没太多内容的表情符号。不知各位是否知道，人际交往如果如此回应的话，会出大问题的。有个女孩在网上对男友说“十一”假期中要去见他。男友回答时只有一个“哦”，女孩大怒，顿时提出分手。后几经挽回，两人关系才得以保持，不过以后交往中再也不许用“哦”之类的简单回复。一个“哦”何以令女孩如此大动干戈？[③] 心理学家认为，只因那不是一个真正的回应。如何发出自己的声音以及如何回应别人的声音是沟通方面的基本技能。您发出声音，若是对方没有回应或者回应不及时，声音发出者的情绪会产生巨大波动。生活中我们会常常见到这样的情景：小孩兴致勃勃跑过来，告诉妈妈一件高兴的事，可是妈妈却不耐烦地回答：“妈妈忙着呢。”这种回应用弗洛伊德的话讲很容易使孩子内心产生黑暗之感。有研究认为，婴儿发出声音，如果在7秒钟之内获得回应而且是准确的回应，婴儿就没有受挫感；超过7秒钟，婴儿就会产生受挫感。如果一个人婴幼儿时代总是处于无回应绝境，长大以后认知方面会出现极大的缺陷。可以这样说，如果您要与人交往，如果您要想在交往中得到有质量的回应，尽量设身处地为别人着想，也就是不能让人家的热脸贴了冷屁股；与别人高质量共情，人

① 中央电视台：《中国文艺》周末版“向经典致敬”，2016年8月20日。
② 相声术语，意思是“冷场”。
③ 武志红：《巨婴国》中第六章“无回应即绝境”，浙江人民出版社，2016年。

际交往就会产生良性互动。在现如今这个社会中，能为别人感受着想的人太少，懂得回应别人的人更少，人际关系出现种种问题也就不足为奇。

跟同学说“我要门门功课考第一”——您门门考第一了，人家怎么办？跟同事说“奖金我要拿大头”——您拿大头了，人家怎么办？跟合作伙伴说“我要挣大钱”——您挣大钱了，人家怎么办？跟朋友说“你要让我成明星”——您成明星了，人家怎么办？跟外国人说“我要把文化传播出去”——您传播了，人家怎么办？做事不能一厢情愿，更不能那么太直接，否则一无所获。

电视剧《东周列国·战国篇》第七集，博士赵良拜见刚刚荣升左庶长的商鞅。一番言语之后，赵良提醒商鞅：“左庶长虽有治国之法，亦不可无治国之道。”如果各位不明这“法”“道”之间的区别，赵良接下去说的一句话可作为注脚：“今日朝堂之上，左庶长锋芒毕露啊！”赵良的弦外之音就是，光有热情是不够的，光有思路也是不成的，还要懂策略，讲过程，善于沟通之道。虽然商鞅当时沉吟片刻，可是终究没有将赵良的劝解放在心上，估计也不记得春秋末年吴国同行伍子胥的下场。果不其然，商鞅一不与朝野沟通，二不找几个地方试点，三没有可靠的同盟军，四不知百姓是否支持，法令制定好了，就在全国施行。商鞅变法虽然对秦国发展促进很大，但是那是以血的付出为代价的。历史上果然有个叫赵良的人。此人在商鞅变法十年后亲自跑到秦国，告诉商鞅“君之危若晨露①”，意思是商鞅的处境犹如清晨的露水，要他“归十五都，灌园于鄙②”，即将十五块封邑归还朝廷，躲到边远之所栽花种菜，可是商鞅却充耳不闻。结果秦孝公去世才几个月，反对变法的势力就向其发难，新上任的国君于是下令逮捕商鞅。商鞅跑了几个国家，无一收留，最终被遣送回秦，落得一个悲惨的下场。商鞅的结局与其说是个案，不如说是只讲“法”不讲“道”，也就是只有工作热情、工作思路不讲沟通之道的普遍结果。如今做事只讲“法”不讲“道”，特别是不讲沟通之道，结果也许不会这么严重，但是白白浪费很多时间、精力、财力却是毋庸置疑

①，②［西汉］司马迁的《史记·卷六十八·商君列传第八》。

的，同样应该引起极大的重视。

《吕氏春秋·具备》中记载，春秋时期，鲁国国君要派宓子贱去治理亶父，宓子贱领命赴任。只因担心国君听信谗言，使其无法按自己的主张施政，就请鲁国国君选两位亲信与自己同去。到了亶父，亶父官吏都来晋见，宓子贱就让那两个官吏记录所来何人。两位官吏一坐下记录，宓子贱就站在他们身旁晃动两个人的胳膊肘，“掣肘”之说由此而来。有人“掣肘”，字能写好吗？这还不够，字写不好，宓子贱就发怒，来访的官员无不面面相觑。那两位官吏很烦，就要求返回国都。宓子贱也不挽留，两个人就回去了。见到国君，两位官吏就说：“宓子贱这个人没法合作。”鲁国国君问：“为什么？”两位官吏说：“宓子贱让我们记录都有哪些官员来访，可是却时不时地摇动我们的胳膊肘。字要写不好，他又大发脾气，亶父官吏都笑话我们，所以我们才要求离开亶父。”鲁国国君长叹一声：“原来宓子贱是用这种方式给我提意见呀。我给宓子贱添乱，使其无法实行自己的主张，看来这类事一定是屡次发生。没有这两个人回来报告，我真要犯大错误。”于是鲁国国君派亲信前往亶父，告诉宓子贱：“从今以后，亶父不归我有，只归你管。只要对亶父发展有利，都由你决断。五年后报告施政情况就行了。”于是宓子贱终于可以没有后顾之忧地在亶父实行自己的主张。又过几年，孔子的学生巫马旗去亶父微服私访，发现百姓自觉遵守法制，就像刑罚在旁边伺候一般。宓子贱赴任前如果采用与国君讲道理的方式沟通，结果恐怕不会这么显著。由此看来，人对感性的东西往往更容易接受，“掣肘”一事不仅给鲁国国君留下了深刻印象，而且还使沟通产生了非同一般的效果。未用一言一语，少了面红耳赤，君臣关系更加和谐，一举多得，实在是高明。

有一汉子在路上捡到一个鸡蛋，回家告诉老婆说，他有家当了。接着，这家伙便展开想象的翅膀，尽情憧憬起来，说什么把鸡蛋寄给邻居去孵小鸡，孵出小鸡，拿回来生蛋。如此下去两年之后可得三百只鸡，用鸡换金，拿金买牛。牛又生牛，再置田产、买仆人，外加娶个小妾。一听这话，妻子顿时大怒，一手将鸡蛋打碎。此人将妻子扭送官府，要求诛杀不赦。审案官详问一番，汉子将事情诉说一遍，直说到购买小妾为止。审案官听完详情对汉子说："你还没说完呢。"对方回答："说完了。"审案官说："你小妾还要生子，子要读书登科，进入官场博得富贵，这些可以不算吗？你老婆真是该杀！"汉子的老婆说："我丈夫所说的都是没影的事，为什么要杀我？"审案官说："你丈夫买小妾也是没影的事，你为何醋意大发？"审案官说完，自己也笑了。这个案子就这样结了，夫妻二人也被释放回家①。如果审案官对案子追根究底，能搞得清是非曲直吗？如此沟通，不费吹灰之力，便将问题解决于无形之中。

电视剧《英雄无名》第二十五集中有这么一个情节：阎宝航的大明公司与美国军官比尔做了一笔生意，然后借着兴头谈起了另一桩买卖，希望通过比尔在美军高层的关系搞一些有关日军在中国东北的情报。不过阎宝航并未直言，而是以为朋友帮忙之名相托。比尔觉得奇怪："你这个朋友是干什么的，为什么对这种东西感兴趣？"遇到这种刨根问底的人，我们通常会怎么办？是不是一句"这你就不用管了"直接把对方给回绝？对方如果是一个兴趣盎然的人，兴许会紧追不舍，甚至以拒绝帮忙相要挟。如此沟通不用我说，就能猜得出效果如何，不是不欢而散，就是达不到沟通目的。阎宝航却不这样回答。阎宝航说："比尔，如果你要把一颗钻石卖给顾客，你会不会问他：'尊敬的先生，你是准备把这颗钻石镶在项链上还是镶在戒指上，是打算给夫人还是准备献给情人？'"一听这话，比尔自己都忍不住笑了："显然我的问题有点愚蠢。"用打比方的手法，阎宝航含而不露地就把球踢给了对方。如此回绝恐怕比直接拒绝要自然得多，负面作用也小得多。

还是《英雄无名》，还是在第二十五集。阎宝航去军令部二厅找一位老朋友聊天，想通过二厅找一些东北的政治、经济资料，以便给上峰写个报告。结果这个情景让昔日与阎宝航打过多次交道的军统少将谭文强看到。几天后，这位老友给阎宝航打电话，说没有东北的政治、经济资料，但是有一批军事方面的资料转给了军令部三厅。刚挂断电话，在窗外已经偷听一阵的谭文强

① ［明］江盈科：《雪涛小说·妄心》。

走进阎宝航这位老友的办公室，打听刚才跟谁通话。还没等谭文强仔细询问，那位热情的老友便将阎宝航找他索要东北政治、经济资料、他这里没有、军令部三厅有一些军事情报的前前后后一点不落地告诉了谭文强。要知道此前谭文强已经与阎宝航交手多次，均以失败告终，而谭文强被迫离开军统也与阎宝航或多或少有些关系。谭文强无时无刻不想将阎宝航置于死地。阎宝航这位老友也许不知道这个关节，可是随随便便将其与他人沟通的情况一五一十地告诉第三方是一个非常不好的习惯。实际上正是因为这次不经意间的“泄密”，谭文强才再次盯上阎宝航，使梁栋这个阎宝航情报小组的重要成员在搜集日军东北军事情报过程不幸牺牲。所以，与人沟通过程中，一定要把握讲话的尺度与分寸，有必要讲的一定要讲，没必要讲的绝对不讲，更不能将一些完全没必要讲、甚至涉及他人的信息主动、详细地告诉无关之人，那会给他人带来巨大的风险乃至损失。

从媒体上读过下列这样一篇报道，一个男孩玩游戏机，他妈妈喊他去做作业，他不去；妈妈叫他吃饭，吃不了几口接着玩。天天如此，日日这般，妈妈甚是发愁。突然有一天，妈妈说：“儿子，妈妈跟你一起玩如何？”男孩一听，高兴得直跳。开始妈妈玩不过男孩，男孩就耐心教妈妈。没多久，妈妈跟男孩玩到了一起，兴致勃勃，兴趣盎然。妈妈一边玩一边对男孩说：“你愿意妈妈陪你一起玩吗？”男孩回答：“愿意！”妈妈说：“可是妈妈有工作，有家务要做，不能总跟你玩游戏机呀！再者说，你要上学，要做作业，也没那么多时间玩游戏机呀！”妈妈接着说：“以后妈妈每天陪你玩半小时，不过玩游戏机之前，不仅要完成当天的作业，还要帮妈妈做一些能做的家务，行吗？”男孩连连点头。从此以后，放学回家，男孩就去写作业，写完作业，就去帮妈妈干这干那。只等一切都干完了，按照约定的时间，跟妈妈一起玩游戏机。玩够半小时，男孩立刻将游戏机收了起来，抓起书就看。从此，上课精神更集中，功课也有明显的进步。

如今有感悟的人很多，发感悟的人也很多，有了微博、微信后，感悟发得就更多了。白岩松引述一位学者的话说，对这个世界发生的事情有感触是第一步，紧接着去追寻是第二步，最后才是第三步——表达[①]。在我看来，这其中第二步最艰苦，最吃功夫，在这期间不仅需要验证，还需要穷极每一个可能，更要考虑到各种例外。经过这个程序之后感觉比较成熟的东西才可能去考虑表达。表达虽然不像追寻那么费力，但是也要讲究立论、逻辑、层次与结论的匹配。有时候表达虽然只有十几个字，程序则是不可少的。经过这个程序表达出来的东西才经得起检验与质疑。我在自媒体上发的感悟都是来自几十年的积累以及在严密逻辑思维基础上的推导与验证，越不过这个阶段，就不可能成为感悟；越过这个阶段还要能以恰当、简明而又符合逻辑的方式表达出来才是真正的感悟。一言以蔽之，真正的感悟应该是既在意料之外，又在情理之中。

东晋大政治家谢安不仅打仗有两下子，成功指挥了淝水之战，在引导子女方面也颇有独特观念。一天，妻子问他，为什么从来不见其教育儿子。谢安回答："我常自教儿[②]。"谢安的意思是他常常用他的行为教育儿子，通过行动向儿子传递他的主张、要求与期望。如此引导儿子，不仅省却了很多口舌沟通，效果自然也好得多。

1919 年，美国有一种叫喜立兹（Schlitz）的啤酒销售每况愈下，在全美十大啤酒厂商中排名仅列第八。厂家请来广告大师克劳德·霍普金斯（Claude Hopkins），又是给他作介绍，又是带他看设备，霍大师一言不发。就在大家往工厂大门走去的时候，霍普金斯猛抬头看到了什么，于是突然跳了起来——原来他看见工人正用蒸汽给空酒瓶子消毒。老板告诉大师，啤酒厂莫不如此，没什么可大惊小怪的。霍大师说，是不是都这样做不重要，重要的是消费者并不知道谁在这样做。结果，凭着霍大师"每一个啤酒瓶都经过高温蒸汽消毒"这个独特的销售主张（Unique Selling Proposition），不到半年，喜立兹就消化了库存，而且还创造了市场销售第一的奇迹。所谓独特的销售主张，讲的是预先占有权。预先占有权具体来讲就是谁率先声称自己拥有某种产品或者品质特征，即使这些产品或者品质特征并非为其独有，即使

---

① 白岩松：《白说》"致青春：做一个和自己赛跑的人"，长江文艺出版社，2015 年。

② ［南朝宋］刘义庆：《世说新语·德行》。

这些产品或者品质特征在业内非常普遍，只要是第一个提出来，这个人就是这个观念的所有者。一旦广告围绕这个观念提出诉求，就会在受众当中取得非同寻常的沟通效果。广告大师罗瑟·里夫斯将其解释得更直白，那就是向消费者说明以往广告没有提到过的个性①。实际上，不仅工业生产会从这种推广中得到启发，我们平时与人交往、沟通也是如此。毕竟人活在这世上，要想获得更多资源，就必须自我营销。自我营销的方法多种多样，霍普金斯的拿手好戏——“说明以往没有提到过的个性”就是一个十分不错的策略，可以说是屡试不爽。当然了，这个“个性”五花八门，关键就看您怎么提炼，如何认识。

电视剧《人民的名义》中的主角侯亮平因“涉嫌”受贿被停职。经过调查，所谓受贿指控是对手栽赃陷害。听到这一消息后，省委书记沙瑞金立即安排侯亮平来其办公室见面。沙瑞金一见面就问侯亮平此前为什么不来找他“喊冤叫屈”，侯亮平说作为一个侦查员出身的反贪局长，如果连自证清白都做不到，那也太无能了。沙瑞金回答：“你越不来找我，我对你就越有信心呢…… 那时候我还想，这个侯亮平可千万别来找我，他得挺住了。”这里面有一个道理，不论是喊冤叫屈还是反映意见，都要有过硬的根据；没有过硬的根据，嘴巴再能说，找的人官再大，也不会有什么好作用，说不定还会弄巧成拙，甚至授人以柄。

第三节　有啥观念结啥果

观念指挥行动。若要行动有成效，最好先把观念拾掇好。观念正确有新意，推动行动的思路、策略、方法常常使人出其不意，效果非凡。

调整观念

人与人之间发生龃龉乃至冲突并非总是表面呈现的那样，什么观点相左、

① Rosser Reeves：13 The Copy of Leverage，*Reality in Advertising*，Knopf，1961。

什么利益不可调和常常是引人作出错误判断的假象。很多时候，都是忽略对方心理感受的强烈反差所致——风起于地，起于青蘋之末[①]——而“咽不下这口气”便是这种反差的生动写照。情绪失衡，问题自然爆发。适当关注交往对象、合作伙伴的些微感受变化并予以恰当疏导，很多不快均可化解于萌芽之中，朋友、合作关系亦得以保持下去。

世上之事，只要人在其中，总要与人打交道，如亲子之间、师生之间、劳资之间、买卖之间、朋友之间、上下级之间、管理者被管理者之间。与人打交道的核心是交流，而交流的真谛就两个字，那就是“同”与“利”。“同”字说明交流双方有共同点，意味着彼此交流有基础；共同点达到需要的程度，交流就顺畅。“利”则表示交流对双方有利，能让双方从中获益；有利，交流才会有效；有效，交流才会持久。无利可得，谁会起大早呢？

人与人之间所以发生争执，尤其是水火不相容的争执，原因只有一个，那就是双方衡量问题的标准不同，尺度各异。为防止无谓的争执，一定要选择理念相同者来往，不得已除外。如此这般即便不能避免所有争执，至少可使争执不至发展到水火不相容的地步。

不同的人对同一事物有不同的观念。有的人对孔方兄[②]敬畏有加，有的人则是金钱多少无所谓；有的人恋爱讲门当户对，有的人则强调志同道合；有的人认为请客时给客人布菜显得热情洋溢，有的人则觉得这类做法很讨厌；有的人做事只看结果，有的人则把过程看得很重要…… 如果用自己的观念去衡量别人的态度、观点、措施，一定会觉得不可思议。同样，用自己认为正确的态度、观点、措施去与别人沟通也是不切实际的，是不可能产生良好效果的。唯一正确的方法就是尊重对方。如果对方的观念以及由此产生的态度、观点、方法确实有不妥之处，尽量根据事实以委婉方式指出，点到为止。如果您的观念、态度、观点、方法正确，对方迟早会意识到的，急躁只会适得其反。

---

① ［战国］宋玉：《风赋》。

② 古代铸造铜钱时常将铜钱穿在棒上，以求方便。为防铜钱乱转，特将铜钱中的孔开为方形。后来人们称钱为“孔方兄”。“孔方兄”有时又被寓指拜金主义。

人这辈子其实就忙两件事，一个是打牌子，另一个是交朋友。这两件事做好了，别的方面不灵，照样生存；什么都成，就是没品牌、没朋友，好日子照样与您无缘。

凡事太过较真，烦恼便无处不在；凡事有几分糊涂，快乐将随时到来。不较真，糊涂点儿——做事虽有简单粗糙之嫌，却能觅得人生崇高境界。

做人不仅说得要漂亮，做得也要漂亮。一个人做得很糟，不是欺蒙哄骗，就是乏善可陈，就算您唱出全天下最动听的歌儿，恐怕也没人相信。

我将人们赖以生存的资产分为两类，一类是自然资产，另一类是人工资产，前者如姿色、身高、家庭等，无需努力便可拥有，后者如学识、见解、交际等，皆需后天努力得来。一个人只要拥有自然资产，哪怕一点点，通常不会为获得人工资产而费劲；一个人只有自然资产不敷所用，才会下功夫去获得人工资产。

有条件地帮人不仅会让受益者真正受益，还会促进帮助者与受益者之间的友谊。无条件帮人不仅不会给受益者送去真正的帮助，相反还可能在帮助者与受益者之间造成嫌隙乃至怨恨。帮助只有在需要与被需要平衡之时才具有积极的意义，而对帮助提出条件恰好是需要与被需要取得平衡的筹码、避免双方产生嫌隙、怨恨的阀门。

人与人之间交流通常是由浅入深，由表及里，而最深的“里”就是思想交流。如果思想无法沟通，就会止于表层，有的交流止于工作或专业，有的止于爱好兴趣，有的只能谈谈生活。如果连生活都谈不了，那只有一个内容：寒暄。可是一两个小时不能车轱辘话来回说，总在那里寒暄吧，于是有害的交流便开始了。

听别人说话是生活中很常见的现象，但是常见不意味着简单。这是因为人与狮子、老虎等一类动物不同，思维高度发展，表达与想法常有差异，甚至完全相反。这样一来，对别人说出的话就要分析着听，而不是生吞活剥般接受，如果是就重要事项或事关生存问题说的话，一定要依据逻辑、环境、经验加以分析，如此才有可能得出正确的结论，也才有可能在不经意间得到您最需要得到的东西。听别人说话有时并不是为了让别人直接告诉我们什么，而是要达到提问者自己的目的，在这种情况下让别人说话仅仅是一种手段，说了什么更是无所谓。简而言之，分析是听别人说话后不可缺少的一环，这也是一种数据分析吧！

很多人听过马三立的相声，可是您是否注意过马三立说相声极富个人风格？什么风格呢？那就是“碎”，完整的句子很少，重复的话很多，好像漫无边际，信马由缰。切莫小看这种漫不经心的方式，神不知鬼不觉，观众就被带进了演员设置的包袱中。待等时机成熟，出手一“抖”，不引得满堂喝彩才怪呢！观众毫无准备，当然效果斐然。由此我想到人际沟通。如果事到临头才去接洽，是不是有点力不从心呀？着眼于无事之际、立足于无意之时方为上策。我很喜欢无事去登三宝殿①，如此沟通不仅我轻松，对方也没负担，而世界上最有效的沟通大概就是在这种情况下完成的。如此沟通几次，沟通者与被沟通者之间的关系一定会增进不少。有朝一日，真有什么要紧的事情面对而坐时，反而不用那么严肃，无需那么紧张，几句平常话说不定就把问题给解决了。所以，没事的时候多沟通，有事的时候少费事，可算得上一种令人陶醉的境界吧？

去一家酒店办事。酒店装饰富丽堂皇，可是酒店一层大厅除了围拢起来的封闭咖啡座，没有一把椅子、一件沙发供临时等候者使用。就算您不惜失去风度，找个替代歇脚之处，那也是极难的，一层二层我找了个遍，也没找到这样的所在。我不知这家酒店是否从事商业运营，不过我猜是有商业运营的，因为大堂总服务台有服务人员在给客人办手续。然而如此布置显然是明明白白地告诉人们：我们不欢迎闲杂人等在大堂逗留。不论您是住店的客人还是临时来店办事人员，只要在大堂逗留都属闲杂人等…… 如果真是这般想法，这住店的客人一定不悦，给外来的人员一定不会留下什么好印象。如果哪天我碰巧要入住这家酒店，我大概宁可到旁边找个什么层次低一些的旅馆，也不会下榻这种地方。京剧《沙家浜》中有句唱词说得好：“来的都是客，全凭嘴一张。”可是到了这家酒店，一言不发，一语不讲，无声之中，便与

① ［明］冯梦龙：《警世通言·白娘子永镇雷峰塔》中有“无事不登三宝殿”一句。

潜在顾客进行了没有任何积极影响的沟通。

俗话说，听话听声，锣鼓听音。一个人内心修炼高低，魅力大小，说话声音当是人们最早获悉的人物标识之一。经验告诉我，修炼水平低，说话声音既虚又飘，没有任何分量，因而缺乏魅力；修炼水平高，说话声音深而又稳，内涵表达丰富，很能打动人心。要想说话有吸引力，修炼内心看来必不可少。

人际交流讲究有来有往，有问有答。这就要求交流双方不论是在修炼上还是在口才上势均力敌、不相上下才好。这样双方交流起来，才会兴致勃勃，而且还才会相互启发，相互促进，共同提高。如果一边口若悬河，滔滔不绝，另一边唯唯以对，难说一二，就像南唐的徐铉碰上宋皇赵匡胤手下的殿前侍者，交流就会成为独角戏。交流一旦成了独角戏，便索然无味、难以为继。

《说苑·贵德》中说："爱其人者，兼屋上之乌；憎其人者，恶其余胥。"这两句话用白话讲就是爱一个人，连同他家房子上落着的乌鸦都喜欢，不喜欢一个人，连他家房子里墙壁都讨厌。前半句比较常见，容易理解，故而无需赘言。后半句，如果用于沟通之中，则需要解释一二。与人沟通，凡涉及第三人务必要小心，如果这个第三人还是自己的至爱亲朋，那就更要加倍谨慎。如果涉及第三人的事情只对您一个人或者只对您与第三人有益，或者对您的沟通对象多有不利，甚至有所伤害，结果不仅您与沟通对象之间会产生嫌隙，第三人与您的沟通对象之间也会在无形之中产生摩擦，民间管这叫"拴对"，说白了就是制造矛盾。如果哪天，这个第三人与您的沟通对象相识、见面时怒目相视，您可别觉得奇怪，因为您早已为两个人之间播下了不和谐乃至怨恨的种子，正所谓"憎其人者，恶其余胥"。正因如此，沟通涉及第三人，务必记住要让沟通对象觉得第三人未曾与沟通对象相识就为沟通对象着想，即便没做好事，至少也没出过什么有损沟通对象利益的坏主意，这样第三人与沟通对象有朝一日见面时，才会出现"爱屋及乌"的局面。

人际沟通讲究打提前量，也叫埋下伏笔。多年前，小女一上大学，我就与一位熟悉中国农业大学的朋友加强交往。等小女还差一年毕业的时候，交往的火候也差不多了，遂问这位朋友是否认识中国农业大学的老师，巧得很这位朋友还真认识一位，于是就请这位朋友代为介绍，以便机会合适时安排小女报考这位老师的研究生。没过多久，朋友告诉我一切联系妥当，面试时间也确定了下来。面试那天，我陪同小女去中国农业大学。到了学校，小女去面试，我去朋友那里闲坐喝茶。等小女面试完毕，朋友还请我们吃午饭，午饭后我与小女乘车回家。小女告诉我，老师对她的印象不错，准备接受小女为他的研究生，一切就看小女的学校是否报送小女进入中国农业大学。后来由于发生特殊情况，小女决定去美国留学，小女赶快给老师写了一封致歉信。这种事情如果临时想起来找朋友帮忙，先不说人家有无这个积极性，相关事情的沟通恐怕就来不及。所以，不论做什么事情，都要提前布局，预先布下闲棋冷子，关键时刻不仅沟通易如反掌，效果也会大不一样。

有些人嘴上说的与心里想干的经常相反，整个就在玩“三十六计”——嘴上说的是声东，心里想干的是击西；嘴上说的是围魏，心里想干的是救赵；嘴上说的是抛砖，心里想干的是引玉；嘴上说的是假道，心里想干的是伐虢……轻信这些人的话，会让善良与正直的人付出沉重的代价。

朋友邀请我去位于北京东四附近的一家私房菜馆吃饭。朋友此前在这家菜馆的另一家分店吃过，对那里的环境，尤其是用餐桌子大有印象，桌子长，摆菜很方便。由于那家分店所租用的房屋到期，只好合并到眼前这家分店。可是这家分店的桌子据朋友讲小得多，放上一大盆仔姜鱼，桌面所剩无几，我就对服务员说：“给你们提个建议，能否以后都换成长桌子，否则坐上四个人，点两盆仔姜鱼就会占了一大半。再要别的菜没准就放不下了，那样可就影响你们赚钱了。”服务员笑嘻嘻地回答：“是，是。”如果换个说话方式，说成“这么小的桌子，我们吃饭多不方便呀”，说不定服务员就会不高兴。为对方目标着想或者从对方利益出发去沟通恐怕会容易得多。这样做对方得了利，自己的意见也有了表达机会，这便是将本方利益藏于对方利益之中的策略。

一位大学教授的学生向一家传媒公司投送简历，希望应聘这家公司的营销编辑职位。教授问我是否与应聘公司的老板熟识，如果熟识，希望我代为推荐。我本不认识这家公司的老板，但是因我多年前参加过这家公司组织的一个版权贸易活动，认识这家公司的一两位员工。于是我根据教授提供的信息，请我认识的朋友帮忙。经朋友介绍，我加了这家公司老板的微信，很快便取得联系。老板说，即刻向人力资源和编辑部门询问报名投送简历一事。一天以后，老板告诉我已安排当日面试这位学生。我对此表示感谢并说有机会当面向其请教。老板回答："不敢，保持联系。"我说："我敢，保持联系。"沟通不论面试结果如何，我与老板沟通应算非常顺畅。何以如此？恐怕离不开我在行业中享有的美誉度吧。

很多人热心搞活动，只因这种活动很能满足一部分人朴素的心理需要，当然是没怎么动脑筋就有的需要。于是主办者推介时巧言令色地说，他们是全心全意地为活动参与者服务的。活动参与者也是坚信不疑地认为，他们最缺乏的大概就是这样的活动，只有经常参加这样的活动，他们的水平才能提高，日久天长他们便习惯于这样的活动，其潜意识认为提高水平就应该是这样的。可是突然有一天，有人提示那些经常参加这种活动的人，要其从逻辑、过程方面动脑筋想一想是否真如其一贯认为的那样。不想不知道，一想吓一跳——这时才明白原来是给人忽悠了。主办者、推广者都如期得利，可是参与者却得利甚微或者根本无利可得，相反还付出不少。以后如果再搞活动，即便是对参与者有利或者十分有利，参与者也绝不相信，就算是口若悬河说得口干舌燥，也未必能把潜在参与者说通。成了说谎话的孩子①，结果很不妙呀。

整体考虑

如果您头痛，医生就认为原因一定与您的头有关，是不是显得太武断了？相关资料显示，头痛分原发性和继发性两种。原发性暂且不说，只说继发性头痛，就有血管病变、占位病变、头面、颈部神经病变、全身系统性疾病、颅外损伤、毒物及药物中毒、内环境紊乱和精神因素等。怎么可能只与头有关呢？我们碰到困难或者寻求突破而不成时，如果仅从困难或者突破本身寻

① The Boy Who Cried Wolf from Aesop's Fables numbered 210 in the Perry Index。

求解决办法，是不是很像“头痛医头”的做法？头痛医头还算好的，毕竟没去脚上找问题。如果真因头痛割去一个小脚趾头[①]，那可真是离题万里了。本书第一章开篇伊始就举了一个患者看牙的例子。上颌的牙周围有痛感，病灶很可能不在上颌的牙上，认真检查下颌的牙兴许会发现病因。按医生的说法，患者痛感反应区域常常不准确。有问题，要突破，必须找准方向，千万不要被眼前假象所迷惑。这也是一种沟通，一种表面与实质的沟通。如果两者不通，您将会永远痛下去，更不会克服困难，也不会取得您希望的突破。

与人沟通之前，如果您在某个问题上有坚定而且长期施行的理念，您与人沟通时就容易阐述清楚，更容易为人所接受、认可。相反，如果您缺少这样的理念或者您极少施行您的理念，您就很难将事情说清楚。说不清楚还不算什么，如果让人给问住，那您与这个人的沟通就很难进行下去，因为人家再也不信服您了。我们总是说文化交流是双向的，可是我们很多时候却又带有明显的单方面强推痕迹。每当外国人问起这件事，我都不知如何回答。我们的理念前后无法连贯，遇到诘问，自然没法答将上来。文化交流如此，一般人之间沟通更讲究使自己的主张自圆其说。正是这个因素，坚定、有效且富有成果的理念是我们与人沟通的基础，不论是不同民族之间沟通，还是一个民族内不同人之间沟通，我看大体如此。

有人沟通、交往时太过心切，恨不得一步到位，甚至半步到位。一位同行在微信中加我为好友，可是却不告知姓名。循声问去，对方回答是要我将其拉入我建的微信群，根本不是找我。若不是不与我在微信中互为好友才能入群，我猜对方不会先联系我的。怪不得老子在《道德经》第三十六章中把“将欲歙之，必固张之；将欲弱之，必固强之；将欲废之，必固兴之；将欲取之，必固与之”称为似藏实露、似微实著的道理、称为“微明”呢。与人沟通必须懂得运用间接乃至相反之手段，唯此才可达到应有效果。断定对方年轻，我没太在意，将其拉入我的群中。若是碰上斤斤计较之人，说不定这般沟通会碰钉子的。

---

① 舒济：《老舍幽默诗文集》中“小病”，人民文学出版社，2004年。

与人沟通时很多人不讲通报姓名。即便您问，有的人也是遮遮掩掩，环顾左右而言他，好像名字不是用来识别身份、交往沟通的，而是用于隐藏或者其他什么目的的。战乱年代有隐姓埋名的，那是为逃离迫害；如今也有隐姓埋名的，那是为了逃避正义的惩处。可是正常人也常常隐姓埋名，尤其是沟通时将真实姓名包裹起来，那就令人百思不得其解了。当然，不同的人有不同的想法，也有各自的理由。可是不论出于什么原因，只要想与人沟通，尤其是希望与人进行深入细致的沟通，隐姓埋名恐怕是不行的，至少我是不乐意的。原因有三，详说如下。首先，不知您的尊姓大名，肯定会让与您沟通的人缺少安全感。可以设想，人家站在明处，您身藏暗处，人家还敢跟您说什么吗？是不是要留点心眼儿以防后患呀？一旦与您沟通的人有了严重的不安全感，您与其沟通还有意义吗？其次，不知您的尊姓大名，肯定会让与您沟通的人感觉不平等。两个人之间展开沟通，需要诸多条件加以配合，平等便是这诸多条件中不可缺少的一个。人家把姓名告诉了您，您却不告诉人家，这平等吗？试想内心一旦觉得与对方处于不平等的地位上，人家还有心思与您沟通吗？再次，不知您的尊姓大名，肯定会让与您沟通的人感觉没诚意。诚意是彼此沟通的基础，如果人家认定您没有沟通诚意，还会与您沟通吗？与没诚意的人沟通不仅浪费时间，而且还让人心情不爽。我是绝对不做这种浪费时间、心情不爽的事情的。

沟通时不通姓名，让我情不自禁地想起多年前为家父家母请保姆的事情。开始并不清楚，后来才了解到前后请的三个保姆没有一个名字是真的。身份证是假的，看了也得不到当事人的真面貌。不说不知道，一说吓一跳，为此我身上直出冷汗。为什么要弄假？恐怕没别的理由，那就是做坏事方便呗。弄假身份与不通名姓看上去是两件事，在我看来本质上是一样的，都是不诚，甚至是欺骗。就算您有各种各样说得出去的理由，如此待人是很难获得别人信任的，只因为己所不欲，勿施于人。得不到别人信任，漫说是做事，就是真诚的沟通也没法进行。在如今这个社会，之所以有很多人沟通时不喜欢将姓名通报他人，除了少数人有不可告人的目的之外，我猜多数人是怕什么信息泄露给自己带来麻烦。如今通过非法手段获得个人信息后实施欺骗或者诈骗的案件时有发生，从而不得不令很多人警惕性大增。如果因为这样的理由，与人沟通时就不主动通报姓名，虽然可以理解，但是沟通不成的结果还是要自己承担。说到诈骗，有一点需要指出，真正造成上当受骗的实际上不是什么信息泄露，而是自身人性所含的弱点，说白了就是一个“贪”字，什么贪图便宜、贪图简单、贪图面子、贪图官位、贪图酒色。如果一个人的贪性泛滥，就算把个人信息放在银行的保险箱中，也很难逃脱上当受骗的下场。

每个人说话、办事都有自己的目的。当您与人交涉问题、展开交往时，首先要做的不是听对方说了什么，看对方做了什么，也不管对方是高声称赞还是低声质疑，更别想对方是慷慨承诺还是诱以巨利，而是通过去粗取精、去伪存真、由表及里、由此及彼的分析、判断，弄清对方的真实意图，进而掌握其说话、做事的最终目的，遇到重大事项时尤其如此。如果对方的目的与您的目的相同或相近，就不要计较对方的说话态度与做事方式，相信、接受就是；如果结论告诉您，对方的目的与您的目的相距甚远，乃至完全相反，对方讲得即便再动听，做得就是再周到，也不能相信，更不要接受。怀疑一切不可取，相信一切也不可取。

时常从媒体上看到上当受骗的报道，如果事主缺少完全行为能力，那就不用说了。倘若是一个正常人，几句甜言蜜语就令人坚信不疑而且上当受骗，说明这个人缺少自我沟通及与人际沟通的基本能力。有人会问，上当受骗与自我沟通、人际沟通有何关联？表面看不出有什么关系，实际上大着呢。谎言是很特殊的一种表达，有着很多正常人讲话所没有的东西，其中最典型的表现就是甜蜜、美妙，好像这世界不是人通过劳动创造出来的，而是说出来的。可以这样说，正常沟通没有一个人会满嘴都是甜言蜜语——完全没有这个必要。如果是甜言蜜语不离口，那一定是居心叵测之人在打您的主意。如果您明白正常人际沟通，您就会对这种满嘴甜言蜜语的表达风格感到很奇怪，这便是人际沟通的学问。即便不奇怪，也要将对方所讲的东西放在您每天看到、经历的生活中比对、分析一下，只要不是先入为主，就一定能看出背后的名堂。我管这叫自我沟通。举例来说，如果有人告诉您按其要求汇款会摆脱麻烦，您就应该将这种说法与以往正常渠道获得的认知比对一下，以此判断这种说法是否合乎常理，是否合乎逻辑。如果有人告诉您把钱存在他那里可以获得高额利息，您就应该向相关机构咨询一番，了解通常情况下是怎么一回事。如果有人说您家里有人患上疾病住院，需要向其账户汇去一笔巨款，您可咨询医院有无这类事情发生，也可追问给您消息者与患者是何关系，患者症状如何。当然沟通能力是需要历练的，不是一下子就能掌握的。即便您沟通水平十分有限，也没关系。只要您不贪婪，只要您遇到问题多问几个为什么，您上当受骗的概率就很低。如果您让贪婪和欲望之草疯长，而您又缺少一定的情商和智商，那就很危险。如果您再忽略最后一道防线，不懂得自我沟通和人际沟通的规律，那您上当受骗的风险就大多了。总而言之，避免上当受骗只有一个招数，那就是提高自身素质，掌握自我沟通、人际沟通的规律，一切危险便会消灭在萌芽之中。

沟通的方式很多，有靠语言的，有靠手势的，也有靠眼神的，当然也有靠行动的。不过有一种形式的沟通一般人见的不多，在意的也不多，那就是态度沟通。这种沟通见不到人，也看不到行动，只需通过安排便一清二楚。我经常外出演讲，如果我应邀前往一个首富之区演讲，主人待我冷淡、刻薄，我会得到什么信息？估计离不开“相互拆台”“傲慢自大”一类的结论。如果我去一个一般程度的地区，又是盛情款待，又是陪同迎送，我会得到什么暗示？估计一定会是“尊重有加”“待人热情”之类的印象。所以说，沟通千万不要迷恋语言、眼神这些直接沟通，还要懂得听不见声音、看不到眼神的间接沟通。

沟通是一个相互了解、理解、包容、接受的过程，这当中有一点不可缺少，那就是相互让步或者叫妥协。与人沟通的时候，如果不懂适当让步，肯定无法达到沟通的目标；如果不懂适时让步，肯定更无法达到沟通的目标。我就看到一些人在接洽生意时，上来就说什么“我们的条件一向是这样的”“合同条款适用全世界”“从未卖过这么低的价”。如果真是这样的话，这世界上就不存在谈判了——不光是商业谈判没有，政治谈判、停战谈判、边界谈判统统都不会出现。每个人都有自己的诉求，如果每个人都坚持自己所有的诉求不退让，这世界上的很多事情就做不成了。

学人际沟通艺术不能一个技巧一个技巧地学，而是一个案例一个案例地参悟。为什么会这样？道理很简单，只因人际沟通永远不会单打一，永远不会只用一种形式或者一种手段。即便有些时候看上去只用了一种形式或者一种手段，实际上那是多种形式或者多种手段共同作用的结果。只不过有些形式隐蔽一些，有些手段次要一些；有些形式或者手段扮演主角，有些形式或者手段则担当配角。比如化解两个人之间的矛盾，一会儿是好话说尽，一会儿是满脸堆笑，一会儿是眉来眼去，一会儿是俯首帖耳，时不常还会拍拍肩膀，或者缄默不语。总而言之，要多则多，需少则少，相互配合，共同发力，只有这样相互之间的矛盾才有可能融化，问题才有可能解决。

应约前往某单位拜访一位领导。进门之后，我先递名片，对方收了我的名片，却没给我他的名片。我坐在领导斜后方的单人沙发上，与斜着身子的领导谈了 20 分钟。直到起身告辞，这位领导除了没给我名片以外，也没给我倒一杯水，更没有站起过一次，包括告辞的时候。我之所以对这件事记忆犹新，是因为我多年以前就与其相识，算是老熟人。认识以后交流过几次，感觉还不错。只是这次十分异样，难道是因为当了领导，抑或是在单位接见我必须摆上什么架子？没有就此与之沟通过，不好随便揣测。不论怎样，不论在什么地方，对待一位“老熟人”这般态度，恐怕还是有些不妥的。有朝一日，与我沟通时如果遇到什么麻烦，了解这个情况的人大概是不会觉得奇怪的。

人与人沟通经常没有积极效果的原因可谓多种多样。有个原因很少提到，那就是为人预设立场或者观点。一般人认为二十几岁的年轻人就该谈婚论嫁，如果一个人对此没有积极表现，就说人家不着急，殊不知对方对婚恋问题有自己独特的想法——您的立场观点不代表当事人的一切呀。一般人认为做文化产品推广应该按市场规律去做，一点一点浸润，如果一个人在这方面急得很，想要立竿见影，就说人家不按规律办事——您的立场观点在人家那里兴许根本没市场。一般人认为学技能应该多实践，从实践中学技能，可是有的人偏偏喜欢拿着书本念。如果您上来就批评人家不懂道理，人家多半就没打算真学什么技能，只不过是应付一下而已。可以说立场不同，观点各异，沟通就很难进行。从本质上看，人际沟通不是沟通别的，就是沟通立场、观点乃至态度，这些方面取得一致或者接近一致，具体问题肯定会迎刃而解。道理很简单，立场、观点、态度一致或者接近一致，具体问题就基本不是什么问题了，有时候甚至无需讨论就能解决得很地道。

人与人面对面沟通要讲实话、讲真话、讲接地气的话，只有这样沟通才能取得成效。人与人通过媒体沟通也要讲实话、讲真话、讲接地气的话，只有这样您讲的话才会说到受众的心底里去，才能取得预期效果。谁都愿意听实话、听真话、听接地气的话，谁也不愿意被人欺骗，可是面对他人的时候，很多人却不由自主地讲起了套话、虚话甚至是人世间极少听到的话。所以说，讲实话、讲真话、讲接地气的话不仅需要克服世俗的羁绊，还要拿出足够的勇气。

世界上很多事情比我们想象得复杂得多，即便沟通很深刻，也未必能达成一致，那就只好付诸阙如。比如两个关系亲密的人为生活琐事争吵。如果一方坚持要把另一方说服，而另一方摆出一副拒绝妥协的架势，为此争执不休是很无聊的——退一步海阔天空嘛。日常生活是这样，工作、业务也是如此。请人家就业务问题提供咨询，可是内心总是戚戚的，找出各种理由搪塞、推诿，反正是不接受您提出的意见，我看也没必要坚持讲下去——话不投机半句多呀。为一些成因极为复杂的问题争论不休，我看就更没必要。我国从美国引进大量图书版权，而卖给美国的图书版权却少得多，有人就从国家政策方面找答案。如果您告诉她从历史、文化角度观察会觉得很正常，对方会说文化差异是“双向的”，这样一来这个问题就越讲越复杂。由于双方的认知多有不同，对美国文化的了解又存在明显的差异，这个问题就很难在短时间内辩论清楚。与其花很多时间进行所谓的“沟通”，还不如放在那里，让时间去说明一切。待等对相关问题的认知提高了一个或者几个层次之后，这个问题兴许会不辩自明。沟通并非一定要弄个非此即彼、是非分明，留点不同才有回味的余地。

沟通不仅见于人与人之间，也见于文案与人之间。广告、告示、声明就属于这种情况，只因这些文字形成的东西是给受众看的或者听的。有的房产广告，上面的话经常让人不得要领，神乎其神，用的尽是一些词典上没有、百姓不怎么说的话，大有越是看不懂、越是听不明白就越好、越觉得有价值的味道。有的广告说自己的产品是专利产品，好像专利意味着优质。有的广告说自己的食品是绿色食品，似乎绿色食品就是安全食品。高铁列车上的告示告诉大家不要在高铁上吸烟，说吸烟会触发烟雾报警器，导致列车停运，而在人员密集场所吸烟最有可能出现的火灾这个最大的危害则只字不提。有的人联系不到著作权人就跑到报纸上发个声明，要著作权人看到声明后与之接洽稿酬支付事宜，著作权人授权与否反而可以忽略不计——您不就是在意稿酬吗？如此这般沟通，不仅起不到与受众沟通的作用，弄不好还会产生反作用。

一位朋友遇到困难，要找相关专家咨询，可是由于专家德高望重，担心向其求助会给专家留下不好的印象。实际上这样的担心没有太多必要。人生在世，请人帮忙场合多矣，请专家帮忙更是自然而然之事。只要把握以下几个要点便可大胆地去咨询。第一，要尊重专家，尊重专家的意见，比如有无闲暇、什么时间合适、安排在哪里妥当。第二，尽量正确评价对方的作用，如下说法多有不当，诸如“小事一桩”“占用不了您多长时间”。第三，咨询的问题一定是其擅长的领域，避免用一些超范围问题难为对方。第四，提出问题之前一定要做足功课，相关具体问题一定要自己先弄清楚、处理彻底，这样请专家提供意见就会有的放矢，专家也好发挥其应有作用。第五，最好不要询问一些大而无当或者难以回答的问题。浪费一般人的时间尚且会引起不快，浪费专家的精力就更不应该。第六，咨询过后，要给专家一些反馈，说明专家的帮助是否派上用场，这也是尊重专家的一个方面。简而言之，态度要诚恳，准备要充分，言谈要得体，反馈要及时。

据英国《科学》杂志刊登的一篇研究报告介绍，乌鸦能根据相关信息执行任务，使用工具、从事交易也不外行。在试验中，研究人员先训练乌鸦使用工具打开一个盒子，在其打开盒子后予以奖励。训练之后，研究人员只给乌鸦一个盒子，但是不提供工具。一小时后，研究员人取走了盒子，给乌鸦提供了工具和其他几件用以分散其注意力的东西。接下来，研究人员给这些乌鸦换了一个地方，这次只给盒子。报告显示：“几乎所有乌鸦都选择了正确的开盒工具，而且在15分钟内打开了盒子，14次试验，平均成功率高达86%。”研究人员还发现，在物物交换方面，乌鸦与大猩猩具备相似的能力。是耐心用工具打开盒子后有大礼包相送还是不费吹灰之力得到现成的安慰奖？乌鸦展示了相当的自控能力——这些家伙们用工具一点一点地打开盒子，因为盒子里的回报比现成的奖励大得多[①]。人比乌鸦聪明得多，思维也复杂得多，按理说相互沟通时很讲耐心、很有自律才行。实际情形远非如此。沟通时，有人总想着立刻见效，也有人总希望利益独享。乌鸦为了得到较大的好处都讲自控，讲自律，人恐怕更要如此，因为前文说了人比乌鸦聪明得多，思维也复杂得多——千万不要把沟通对象当傻子对待。

武周时期，狄仁杰与娄师德同朝为相，可是前者却使用手段排挤后者。遇到这种情况当皇帝的怎么办，召见二人分别谈话吗？武则天却把狄仁杰召进宫，问狄仁杰：“朕大用卿，卿知所自乎？”武则天的意思是说我重用你，你知道所为何故？狄仁杰也不客气：“臣以文章直道进身，非碌碌因人成事。”狄仁杰说得很明白：我文章写得好，为人正直，不像那些碌碌之辈靠拉关系往上爬。过了一阵，武则天才对狄仁杰说：“朕比不知卿，卿之遭遇，实师德之力。”这话说得很明白，我不了解你，你所以得到器重，都是娄师德推荐的结果。说着命人抬来一个装奏表的筐，从中拿出十几份推荐信，交给狄仁杰。狄仁杰看过，深感惭愧：“吾不意为娄公所涵，而娄公未尝有矜色[②]”。娄师德的涵养太深了，在狄仁杰面前从未流露出自夸得意的神情。不费吹灰之力，武则天便将两位大臣的矛盾解决了，如此沟通之道是不是值得我们学习？

宋仁宗当太子的时候，鲁宗道为谕德，负责讽谏规劝太子。当时他住在一个穷巷之中，常常去住所附近的一家酒馆喝酒。一天，宫中来人，传鲁宗道进宫面圣，可是鲁宗道不在家。等了会儿，鲁宗道回来了。来人就问回去

---

① Can Kabadayi, Mathias Osvath: Ravens Parallel Great Apes in Flexible Planning for Tool-use and Bartering, Science, Vol. 357, Issue 6347, July 14, 2017。

② ［北宋］王谠：《唐语林·卷三·雅量》。

后如何向皇上交代，鲁宗道回答："但以实告。"就是实话实说。来人说，那样会让皇上不高兴的。鲁宗道说："饮酒人之常情，欺君臣子之大罪也。"来人只好如实回禀皇帝。宋真宗见到鲁宗道时问他为何私去酒馆饮酒，鲁宗道就一五一十说："家里太穷，酒具匮乏，而酒馆则应有尽有，在那里喝酒有宾至如归之感。今次所以进宫晚了，是因为亲戚远道而来，我与他们一同去酒馆饮了几杯。"听完解释，宋真宗觉得鲁宗道很诚实，不仅没有怪罪他，反而更欣赏他。宋真宗晚年的时候，每每向章献明肃太后推荐鲁宗道①。果不其然，宋仁宗时，鲁宗道官拜参知政事，相当于副宰相。如果鲁宗道抖机灵，让来人对皇帝说假话，结果会当如何？一次说假话，为了圆谎，后面会有一连串假话。这世界没有不透风的墙，有朝一日露出马脚，皇帝追问下来，恐怕就是浑身是嘴，找出千般万般托词，甚至将全身的每根汗毛都调动起来想主意，也很难通过皇帝这一关——轻则削职为民，重则掉头丧命。诚实看似简单，实际上可是很有讲究的一种处世方略与人生境界。

生活中经常发现，有些人一去与人沟通，就起冲突。尽管有人提醒，尽管自己也有所注意，可是这种情景依然不少。这当中有观念问题，比如考虑自己多，考虑别人少。也有技巧问题，比如不懂掌握别人心态，沟通起来文不对题。当然更有修养问题，讲话乏味、见识浅薄，这样沟通让人提不起兴趣。问题抓得虽然不错，可是却很难作为重要原因，至少不能当成关键要素研究。据我多年观察，在绝大多数情况下沟通难是成见太深的缘故。我说的"成见"不是一人对另一人长久形成的看法，而是对问题先入为主的观点。举例来说，有人动辄怀疑丈夫外面"有人"，可是却找不到蛛丝马迹。越是找不到根据，就越想抓个现行。结果终有一天，在住宅门前发现丈夫与路过的一位年轻女人说了几句话，就大发脾气。之所以能对号入座，就在于路过的这位女人"年轻"。倘若是个五六十岁的老妪，估计就不会有这么浓的醋意。又有一天，在街上无意发现丈夫与另一女人有说有笑，就认定丈夫有了第三者。平静的生活越来越不平静，夫妻矛盾越来越大。找了许久也找不到

---

① ［北宋］欧阳修：《归田录·卷一》。

过硬的把柄，竟然企图制造一些把柄。也许这个例子有些夸张，但是至少说明有些人与人相处时一切都喜欢预设，总觉得自己的想象长远、正确。剩下的只有向这种预设填充材料，不论是否确凿，只要认为与之有关，哪怕是捕风捉影也一概填充之。不仅婚姻有这种情况，很多其他场合也有类似表现。问题不大时，这种情况表现得还不是很明显；一旦矛盾激化，一切都会令人瞠目结舌。请人吃饭时不停地给人夹菜——我喜欢吃什么您就喜欢吃什么，您不吃，我就不高兴。如果双方都固执，兴许会争吵起来。看到男人送女人看病，劈头盖脸就把男人痛批一顿——一男一女在一起好像不是情人关系就是夫妻关系，殊不知男人只是个见义勇为者。给外国人写书，事先认定外国人的口味与自己的口味一致，结果出了之后没人买。与人沟通如果预设结果，那就没必要了解情况，更用不着调查研究；不了解，不调查，还能指望与人沟通好吗？沟通预设结果看上去很好笑，可是深藏其后那个以自为中心的潜意识却很令我们深思，对其警觉更是不可缺少。

与人沟通不能只讲自己的逻辑，好像您认为什么东西存在，什么东西就存在；您认为别人做了什么，别人就做了什么；您认为别人怎么想的，别人就怎么想的；您认为您看到的是真的，那就是千真万确的。如果再人为制造点什么假象或者“证据”，以证明自己英明、伟大、正确、无辜，那就更糟糕。固执己见乃至一意孤行，结果只能是无法与任何人沟通，更无法与任何人相处。

有些人很计较。我这里讲的计较不是对别人，而是对自己。就拿日常生活来说，做菜做多了，务必要吃下去，即便是饱腹感很强了，也得全部吃掉，不吃掉就觉得是浪费。与其这样，为何当初不少做一些呢？参加培训班，明明老师讲的与自己的程度相差甚远，可是为满足老师的要求，不管费多大劲，也要把老师留的作业完成。与其这般费劲，为何不换个合适的班或者先把不足补齐，然后再去参加呢？有的人很想进步，可是孩子太小没人看管。眼看错过大好时机，焦躁的情绪让人觉得是心有不甘。对有些人来讲，这类问题常有发生，似乎成了一个永远也解不开的结——不懂放弃，只知添加。生活在这个世界上一定要知道，有所得必有所失，有所失也会有所得，这大概是难以违逆的一个规律。如果什么都放不下，什么都想得到，自我沟通永远无法畅通；整天别别扭扭，很多事情反而更做不好，失去的也许更多。电视剧《天之云地之雾》第八集中咖啡馆老板说了一句话："真正做生意的人只赚取有限的利润，暴利是长久不了的。"生活也是如此。真正讲生活的人，只追求有限的目标，不懂得取舍，终究是长久不了的。弄明白失与得、懂得控制自己的欲望，很多事情就好办多了。

人际关系中属婚姻关系最复杂，而人际沟通中也属婚姻当事人之间的沟通最复杂。夫妻之间遇到问题讲道理，就像联合国安理会那样辩论一番，肯定不行。遇到问题不讲道理，好像也不行，不讲道理一方似乎会受到巨大鼓舞，问题会变得越来越多，也越来越纠缠不休。正所谓清官难断家务事！一切都成习惯了再想解决，从人的心理角度分析，恐怕是很难的。这让我想起刘邦攻破咸阳后约法三章的故事。刘邦率军进入咸阳后，不仅手下将领对秦宫的珍奇玩好、金银财宝垂涎欲滴，你争我夺，就是刘邦本人面对前朝留下的珠玉重宝、醇酒美色也不能自已，待在宫中不想出来。经樊哙、张良等提醒，刘邦才如梦初醒，挥师霸上，约法三章：杀人者死，伤人及盗抵罪。刘邦的约法三章一出，"秦人大喜，争持牛羊酒食献飨军士①"，人心尽归刘邦。倘若没有约法三章，与前朝官吏、当地百姓发生问题后再去分辨谁是谁非，不仅问题不一定能解决，即便解决了也会在天下人中留下不良影响，这对刘邦夺取天下是非常不利的。刘邦的做法给了人们一个启示，一种关系确立之际正是相处原则形成之时，此时达成任何共识都是可能的。当然刘邦的约法三章是单方面的行为，但是却反映了彼时天下人的共同诉求，从而成为刘邦与天下人之间的共识。如果一对男女在其关系确立之时就日后相处达成几项原则，结婚之后关系就和谐得多，问题也会少得多。即便出现什么问题，也不难解决。经过多年观察与细细思考，我觉得至少要订立这样三项原则：不论说什么、做什么都要对这个双方组成的家有利，不论说什么、做什么都要站在对方立场想一想，不论说什么、做什么都要从要求自己做起——多要求

① ［西汉］司马迁：《史记·高祖本纪》。

自己，少要求对方。夫妻之间有了这样的“约法三章”，其后的日子说不上肯定很甜美，至少不会有很多问题搅扰双方；即便偶有“漏网之鱼”，出现一两个问题，那也容易解决得多。总之，提前达成一致，总比出了问题再协商、再解决强得多。要知道人这种动物遇到诱人的利益是不会轻易放弃的，更别说摆在眼前看得见摸得着的好处了，此时此刻谁肯与您协商？夫妻沟通就是这样，提早立下原则不失为一种明智之举。

观念不同，做法各异。不过如果您生活在社会当中，尤其是在与别人结成一定关系时，比如婚姻，就要遵守这个社会多数人或者大多数人遵守的观念。如果不是这样，就会与别人冲突，甚至引发众议乃至谴责；如果问题发展到相当程度，还会受到法律惩罚。不论什么关系，只要与人相处，就要在涉及别人的问题上持有与这世界上多数人或者大多数人相同或者相似的观念，否则您很难与别人沟通，更别说与其相处了。当然，您可以有自己的独家观念，不过那种观念必须是以下列条件为前提的，即您那与众不同的观念只涉及您自己，如果非要涉及别人，绝对不可伤及别人。

人一出生，就有了第一个身份，那就是儿子或者女儿。上学会成为学生，长到 16 岁，会成为公民。达到结婚年龄结婚，身份还会增加，或者是丈夫，或者是妻子。如果结婚之后再有孩子，父亲或者母亲的身份就会落在您的身上。如果您走向社会，还会得到更多的身份——员工、领导、战士、将军、教授…… 多个身份意味着多一份责任，多一份责任又预示着多一份乐趣。身份多了，责任也多了，这是毋庸置疑的。责任多了，快乐也会增多，这就看您如何履行这份责任。责任履行不好，不仅得不到快乐，还会徒增很多烦恼，家庭成员之间、社会成员之间就会产生很多矛盾。如果这种矛盾得不到缓解，酿出大祸也是很有可能的。有了身份，尽到责任，结果是快乐多，烦恼少；有了身份，不尽责任，快乐少，烦恼多。是不是身份少了，烦恼就少，快乐就多呢？责任少了，快乐能多吗？快乐不增加，烦恼会少吗？所以说，稍微聪明一点的人都懂得这样一个道理，那就是多尽责任，就会增加您在社会中存在的必要性。在社会中存在的必要性增加了，您才能多享快乐，多有幸福。所以，多尽责任乃尽享人生幸福的秘诀之一。

不经意间

谁有孩子，都希望其逐渐成才。可是要让孩子成才，就必须对孩子多加了解。如何了解才能有效果？交谈吗，询问吗？我估计不少人与孩子沟通理想问题时大概都是这个路数，可是实际呢？效果不仅不好，而且还经常看走眼。历史上这种例子不胜枚举。北宋仁宗朝时当过宰相的吕夷简在这方面则有独到之处。有一天吕夷简对夫人说，家里的四个儿子长大都会当官，只是不知哪个能当宰相。吕夷简想测试一下。经过一番考虑，吕夷简叫来了丫鬟，令其取来四件宝器，往里装进一些茶叶。一切准备完毕，吕夷简让丫鬟举着这四件宝器往外走，走到门口故意摔倒，宝器全都摔碎。三个儿子惊叫起来，还有的跑来报告吕夷简夫人。唯独三儿子吕公著一动不动地坐在那里。吕夷简对夫人说："此子必作相。"果不其然，在宋哲宗元祐年间，吕公著登上相位①。话说得简单，发现三儿子可堪大任的素质后，吕夷简一定是下功夫培养之，其与三儿子之间的沟通肯定也不会像与缺少素质的孩子沟通那样费劲。不论是与什么人沟通，一定要先作出准确的判断，然后方可对症下药，有的放矢地去沟通。明明没有济世安邦之才，还要追着赶着要其努力再努力，焉有遂心如意之理？

孩提阶段是一个人发展其天性的最佳时段，是完善其人性的最易时期。在这期间，务必要让孩子敞开胸怀，拥抱自然，了解社会，以便逐渐形成完整人格，为积累人格魅力奠定坚实基础。如果此时安排孩子一头扎进书本与技能学习这些只有利于自己的事情中，孩子有可能渐渐形成"一切皆为自己"的概念。一旦这种概念成为潜意识，恐将对未来成长乃至在社会立足不利。如果彼时再想纠正孩子的不良观念和意识，似乎已经极为困难，只因孩子的很多概念、意识已经固化，已经形成习惯。与孩子沟通务必要将重点放在发展天性与完善人性上，而且还要及早进行。将沟通孩子天性与人性的大好时机放过，改学知识、技能无疑是捡了芝麻，丢了西瓜。

① ［北宋］刘延世：《孙公谈圃·卷下》。

如果您在社会上混得不好，甚至混到了社会最底层，就应该向那些“混”得比您好的人学习。如果实在不想学习，也没关系，可是绝不能在“混”得比您好的人面前表现从老一辈那里继承的优越感，即便对方父辈与您父辈相比地位低很多也不可抱如此态度。相反，您应该放低身段，谦虚谨慎，只因此时您已没有大展优越感的资本。如果您一意孤行，坚持时时处处展现那久远以前获得的优越感，其结果只能是令人避之唯恐不及，毕竟那优越感的基础不是您自己奠定的，与您的人生表现与社会对您的评价已毫无关系。

人生活在这个世界上最怕什么？最怕前景不能把控或者不可预知。对自己的事情无法把控或者不可预知，就会陷入焦虑之中。焦虑积累太多，人就可能发脾气，甚至做出失去理智的事情。快递公司提供邮件跟踪服务，客户就会少生很多焦虑；飞机显示屏告诉乘客飞机到了什么地方，乘客就会少生很多焦虑；医生讲明病程将要持续多久，患者就会少生很多焦虑；汇款入账发短信通知，持卡人就会少生很多焦虑；会议召集人说明会议日程，与会者就会少生很多焦虑…… 并不是说所有的事情都要讲得精而准，一则很难做到，二则没有必要。只要让客户、乘客、患者、持卡人、与会者等有个大致的心理准备、事情完成有个大致期限就没有问题。对服务提供方而言这样做也许是小事一桩，对服务接受方却意义重大。当然有时候提供这些额外服务需要一番周折，在我看来，既然对服务接受方意义重大，无论费多大工夫，都应该做好。服务接受方高兴了，还担心做不好工作吗，还担心业务不发展吗？从事商业服务应该做好这种“小事”，人际沟通也是如此。尽可能给人一个安民告示，越详细越好，越准确越好。人家觉得您心里想着人家，多难的事情都有可能沟通好。

不论是开业务会议还是参加业务培训，会议或者培训的内容对我无所谓，那上面提供的东西，互联网上有的是，回来以后也能学。可是人一走，您就见不到；如果不认识，兴许永远也见不到，只因人脉乃第一要务。由于有了这样的意识，结识几个人与交流什么内容，对我来说是天大的事情。有了人，就有了一切；没有人，一切免谈！

在如今这个社会，与商家沟通是常有之事。陪一位朋友去银行存款。朋友想将一笔钱存 3 年，银行柜员说一旦利息调整，没法获取最大收益。向交易对象征询意见的事情很常见。去餐馆吃饭，不知道点什么好，请服务员推荐；去商场买包，不知哪款合适，请售货员提建议；去电信公司办业务，不知哪个套餐适合，请导购员给方案；去医院看病，不知是否应该接受某项检查，请医生拿主意…… 多年前我去中关村购买手机，就是因为听了导购员的建议买了一部麻烦手机。明明说的是中国台湾地区生产的，回家仔细一看生产商就在深圳。手机前后只用了 8 个月，就出现故障，即便信号全满，照样无法通话、发短信。虽说手机质量很差，可是有一样东西至今仍为我所用，那就是擦手机屏幕的布，可以说是超一流，任何眼镜店送的眼镜布都比不了。还有一次，同样是买手机，本来想买移动制式的，因为我的手机号码是移动的。导购员说有一款电信制式的手机，双卡双待，用这部手机，每个月赠送话费 95 元。如果接受了他的建议，可为我的移动号码办理 5 元的套餐。两个号码同用，花钱不多，却能收到最大效益。手机买回一问才知道，北京移动早就没有什么每月 5 元的套餐，结果再次让手机销售商给蒙了——吃一堑还是没长一智。有一次，朋友请我吃饭。到了饭店，朋友请服务员推荐，结果服务员推荐的都是比较昂贵的，我以一种开玩笑的口吻问服务员：“你怎么尽推荐贵的呀，有没有 15 元以下的菜？我这位朋友每月收入可不高呀！”服务员听完乐了，老老实实推荐了几道不贵的菜肴。从上面的例子可以看出，向交易对象征询意见，无疑是与虎谋皮。即便对方没有不良居心，推荐出来的东西也未必适合当事人。如果恰好碰上想赚您一笔的人，我买手机的遭遇便是不可避免的结局。实际上，买什么、需要什么样的服务，只有自己最清楚。听听别人的意见可以，但是万万不可让人牵着鼻子走。如果您是个没准主意的人，临时征询别人意见是大忌。坚持最初想法，一定会使您的利益最大化——那是您深思熟虑的结果。如果心里实在没底，可以采用如下办法：先去网上搜索一下，再去实地考察一番。也许两者很有差距，那也不怕。去网上核实一下实地采集的信息，全面衡量优劣，就会得出明确的结论。这叫从理论到实践，再从实践到理论。反复比较、分析确实没有太大问题，就痛下决心，而且坚持到底不动摇——不论商家怎么劝诱，就是把话说成花，也不要改变主意。这样与商家做交易就不会吃亏，至少不会吃大亏。小交易如此，价格昂贵的交易更要如此。

人际沟通时，即便您是为对方利益考虑，也必须适可而止，否则就会适得其反。就像前文所说，讲一遍是善意，讲两遍是建议，讲三遍则成为旨意。所谓旨意，就是试图牢牢控制对方，让别人按自己的想法、观点、立场处理问题。这世界上没有人愿意让人摆布，受人控制，而这世界上最令人痛恨、憎恶的事情就是遭人摆布，受人控制。所以不论是提建议还是帮助人，都要讲适度；适度不仅能赢得尊重，还能增强信任。如此沟通才是有价值的沟通。

人际关系中有一种情况不好处理，那就是“为你着想”。持有这种“为你着想”观念的人有时确实是为对方着想，还有时则是为双方关系更上一层楼考虑。不论是从哪个角度判断，至少不能说这种“为你着想”怀有什么恶意。既然没有恶意，即便善意不足，收到想法的一方也应该全盘接受，否则会让人觉得不识抬举或者是不知好歹。可是“为你着想”的人可能忽略了一点，那就是不同的人有不同的处境，对同一事情也有不同的立场与不同的感受。您觉得好或者可行的地方，从对方角度或者立场出发，结果很可能完全不同。如果真是这样，“为你着想”则很可能给对方带来糟糕的结果。如果您真为对方着想，比较妥当的做法是考虑周全之后再提想法。想法可以表达，但是务必适可而止。不论对方与您多亲，也不能强人所难。一定要尊重对方的立场和观点，正所谓“恭敬不如从命，受训莫如从顺①”。

在如今这个全新的年代，拘泥传统、谨守雷池越来越难以成事，而张扬个性、彰显自我则成了时髦的标牌。张扬个性并非不妥，彰显自我也不是什么坏事。可是凡事要个度，超过一定的限度，就会走向反面。就拿沟通来说，有些人尽显个性时无所不用其极。女儿才 20 岁，当父母的就四处张罗为其说亲，为把生米做成熟饭，甚至采取先斩后奏的方式，安排相亲饭局。等到女儿大老远从学校跑到饭店时才发现饭桌周围坐着两家人。“一时间，女儿感到

① ［北宋］赞宁：《笋谱·五之杂说》。

错愕、惊讶、被欺骗、被出卖的情绪从脚心涌到头顶”，气得女儿“几乎要离家出走①”。当父母的之所以这样任性，就因为他们是在为女儿着想。如今，“我为你着想”成了很多人用“我的立场就是你的立场”“我的感受就是你的感受”肆无忌惮地包办一切的遮羞布、挡箭牌。如果所有人都按照这个逻辑一意孤行，不仅无法与他人沟通，说不定还会招致他人的反感或者怨恨，哪怕您是这个人的亲爹亲娘也无济于事。如果真是为他人着想，就应该只建议，不强迫；只提醒，不代劳。

这世界上什么样的人最招人从心底喜欢而不是做做样子？对内宽而对外严的人。所谓对内宽，说的是对团队、对家庭成员宽厚、宽容。不论遇到多大的事情，团队、家庭成员在其心目中永远是第一位的。不仅如此，在给团队、家庭做事的时候从不显摆、卖弄，出现问题从不要求团队、家庭成员原谅、体谅。对外严，意味着在与团队、家庭以外的人打交道时严肃对待涉及团队、家庭的问题，严格捍卫有关团队、家庭的利益，分毫不弃，寸草不丢。不论团队、家庭成员处于什么地方，永远是百分之百地充当他们的后盾。当然对外严并非是一根筋，缺少灵活应对之策，不善以小博大之功，但那是建立在为团队、家庭更大、更长远利益考虑的基础上的。如此行事，一个人才会受到团队、家庭成员的爱戴，才会得到团队、家庭之外人士的赞赏。如此下去，这个团队、这个家庭在社会上才会受人尊重，才会享有地位，才会发展得好。遗憾的是，有些人的观念与之相反，对内苛求严厉，对外则曲意逢迎，不求内部和谐，只求外部支持。这样做的结果多半不会得到“外人”的赞赏，即便得到，那也是醉翁之意不在酒②。即使攫取了期盼已久的利益，这些“外人”依然会发自内心地厌恶那些对内苛求对外软弱的人，因为这样的人缺少人情，而缺乏人情的做法通常都是短命的。所以，要想成为一个受欢迎的人，就必须树立对内宽而对外严的观念，并以此指导自己的行动。

河南安阳有一家削面馆，在其显著位置挂着一张海报：“我们都会老，

① 谢洋、罗屹钦、韦晓宁：《大三女生被父母安排相亲：相亲低龄化时代来临?》，载《中国青年报》，2017年9月1日第8版。

② ［北宋］欧阳修：《醉翁亭记》。

趁我们还年轻多给老人做些事，让我们的社会更加和谐友爱。本店为 70 岁以上老人提供免费就餐服务！”这个海报一挂就是 7 年，店老板从未食言过。在过去的 7 年中，这家削面馆累计送出两万多碗面，按一碗面 10 元钱计算，大概送出去有 20 多万元①。几年前，我花 800 多元从一家世界知名企业购买了一只电子吸顶灯。我从相关渠道得知，这种灯所用的灯管，寿命长达 15000 个小时。实际上，我只用了 3 年零 3 个月，灯管发黑，灯光闪烁。按每天平均用灯 6 小时计算，大概只有 7100 多个小时，还不及告诉消费者的一半时间。询问客户服务中心是怎么回事，得到的回答是，15000 个小时是利用特殊手段测试出来的。难道消费者购买之后也要用特殊手段去用吗？为什么不通过市场调查，给消费者一个正常使用寿命呢？以特殊对一般，用这种手段与顾客沟通有意思吗？这不是骗人又是什么？相比于河南的那家削面馆，这家世界级的企业知名度大得多，实力也强得多，可是在诚信沟通方面做得怎么这么差呢？诚信沟通不是个技巧问题，而是理念问题。削面馆的观念与那家世界性大企业的观念悬殊真是相差十万八千里呀。

学本事应以搭桥为主，训练本事需要的动作为辅。悟透本事的内在道理，才能使您与本事之间实现互联互通。只有您与本事之间实现互联互通，您的练习效应才会达于大脑，练出的成果才会得到回应，这就叫得之于手、应之于心。仅仅做到这一点还不够，还要形成习惯，也就是习惯成自然。只有到了习惯成自然的程度，施展本事时一不用思考，二不用准备，张口就有，抬手就成。不谙本事内在道理，不管您借助什么手段，不管您阅读多少书籍，最终您还是您，本事还是本事，一切练习都是瞎耽误功夫。如果将学本事的过程分解，大致有三个部分，训练、参悟与形成习惯。一般而言，训练占学习过程的两成，参悟占五成，形成习惯占三成。只有这几个部分掌握妥当了，本事才有可能练好。学本事从参悟乃至悟透本事的内在道理开始，从与本事互联互通入手，以形成习惯为目标，以习惯成自然为基本境界。

学习沟通这种习惯切忌从阅读书籍开始，切忌从分解动作入手。相反，

① 高志强、牛静芳:《七年来坚持为老人提供免费餐》，载《大河报》，2017 年 6 月 12 日第 A1 –10 版。

要从实际生活找灵感，要从多方面觅真知。换句话说，要齐头并进，步步为营，直至需要时各种沟通理念、策略、方法、手段自然迸发，一气呵成。可以这样说，不露痕迹的沟通才是真正的沟通，看不出技巧的沟通才能取得无与伦比的效果，习惯成自然的沟通才是最佳境界的沟通。

后　记

本书涉及的主题是人们习以为常的沟通，但是本书的撰写方式却与常规风格大相径庭。为什么要以这样的方式围绕这样一个主题写一本书？原因只有一个，那就是我因为不善沟通而吃过大亏，职业生涯蒙受过重大挫折。也许这世界上有许许多多的人上过这样那样的当，吃过这样那样的亏，经历过这样那样的困难；也许这世界上还有许许多多的人有过这样那样的雄心壮志，谋划过这样那样的前景，可是最终却铩羽而归，甚至一败涂地。为什么会是这样的结果，为什么会付出如此的代价？

在一般人看来，也许有各种各样的原因应该为其负责，也许有各种各样的失算应该为其埋单。可是在我看来，如此这般并没有错，然而最应该归咎的恐怕不是别的，而是沟通不利——千万不要忘记我们是生活在具有社会属性的人群当中。不懂沟通为何物，不知沟通的作用在哪里，这恐怕是最应该弥补的一堂课，一堂即便刻不容缓地弥补也未必赶趟的课。沟通的锤炼需要很长时间才能出效果。我的幸运就在于我在接近50岁的时候茅塞顿开，深切感受到沟通对人生的意义，义无反顾地改变了。我写这本书就是为了各位读者及早意识到这一问题，以免错过人生的美好阶段而不知，而唏嘘不已。如果一个人在风华正茂之际就在沟通方面有所领悟，我相信其未来将不可限量。

沟通不是学来的，而是通过实际悟出来的。尽管如此，如果有人提供前车之鉴，这样醒悟得会早一些，能做成的事情也许就多很多。不过有一点要记住，沟通绝非坊间沟通书讲的是技巧问题，也不是局限于嘴巴上的能说会道。沟通得法、有利是一个人从里到外、从上到下各方面修养的最高表现。老子在《道德经·十七章》中说过一句话："太上，不知有之；其次，亲而誉之；其次，畏之；其次，侮之。"从字面上理解，这段话的意思是最好的侯王，百姓觉察不出他存在；次一等的侯王，百姓亲近赞誉之；再次一等的侯王，百姓敬而远之；最差的侯王，百姓群起羞辱之。将这段话套在沟通上，那就是：最好的沟通是没人察觉在沟通；次一等的沟通，蜂拥而至去学习；再次一等的沟通，艰深晦涩令人畏惧；最差的沟通，矫揉造作，让人不屑一顾。

锤炼沟通造诣，应该避开后三种，全力以赴争取第一种境界。这样人生之路上才会走得稳，走得正，最终到达幸福的彼岸。

2018年1月15日于北京